互联网使用对农村居民消费的
作用机制与影响效应研究

杨宗之 著

中国农业出版社

北 京

图书在版编目（CIP）数据

互联网使用对农村居民消费的作用机制与影响效应研究 / 杨宗之著. —北京：中国农业出版社，2023.11
ISBN 978-7-109-31516-7

Ⅰ.①互…　Ⅱ.①杨…　Ⅲ.①互联网络－影响－农村－居民消费－研究－中国　Ⅳ.①F126.1

中国国家版本馆 CIP 数据核字（2023）第 234628 号

中国农业出版社出版

地址：北京市朝阳区麦子店街 18 号楼
邮编：100125
责任编辑：王秀田
版式设计：王　晨　责任校对：周丽芳
印刷：北京中兴印刷有限公司
版次：2023 年 11 月第 1 版
印次：2023 年 11 月北京第 1 次印刷
发行：新华书店北京发行所
开本：700mm×1000mm　1/16
印张：12.75
字数：200 千字
定价：68.00 元

自改革开放以来，中国经济快速发展，然而高投资、低消费的经济发展模式却不尽合理，伴随着突发的新冠疫情，以及纷繁复杂的国际格局，国民经济增速明显放缓。中央明确提出高质量发展时期必须充分发挥巨大的国内市场优势，注重消费主导型的经济增长，因此，如何有效扩大居民消费成为近年来学界关注的热点问题。随着乡村振兴战略的持续推进，现行标准下全部农村贫困人口如期脱贫，农村居民开始表现出更高的边际消费倾向，国家统计局第七次全国人口普查公报显示，到2020年农村人口已经达到5.09亿人，户籍人口城镇化率却仅为45.40%，庞大的人口基数决定了扩大农村地区消费具有更大的市场潜力。面对农村消费市场长期以来启而不动的难题，随着近年来农村地区交通通信基础设施的普及深化，互联网的高效化、透明化和扁平化等特性正在有效改善这一问题，党中央也对乡村数字化发展予以高度重视，明确提出数字乡村战略。但由于城乡二元结构体系的制度障碍，城乡居民在互联网使用和消费模式方面均存在较大差异，因此有必要深入挖掘农村居民的数字化应用和家庭消费特性，进一步明确互联网使用对农村居民消费的影响机制，为农村地区消费的扩容提质和相关政策制定提供理论依据。

本书立足"数字乡村建设""共同富裕"和"双循环发展"的现实背景，依据2019—2021年"互联网经济时代农村居民消费调查项目"连续3年获取的968个一手农户样本，并结合中国社会调查数据库和相关统计年鉴数据，以家庭、区域和空间视角下的农村居民消费（包括消费总量、消费结构等）为研究对象，互联网使用作为核心解释变量，探究互联网使用对农村居民消费的影响。首先，在第2章构建全书理论框架后，第3章对农村居民消费规模、结构和行为变化特点进行总结，分析当前阻碍农村居民消费进一步扩大的关键因素，针对这些问题，提出互联网经济环境下农村居民消费的提升路径。在实证分析前，第4章开始梳理城乡居民在数字化应用和消费行为模式等方面的差异。由于农村地区独有的生产生活组织形式特征，决定了家庭是互联网使用和消费决策的基本经济决策单元。在此基础上，第5章从家庭视角考察互联网使用对农村居民消费的影响效应，并探讨其在农村居民群体内部、线上线下消费渠道和区域差异视角下的异质性效应。但以上分析皆是基于本地效应，鉴于互联网具有较强的正外部性特征，有利于区域间消费观念和消费模式的传递和模仿，因此第6章探究互联网使用对农村居民消费的影响是否具有空间溢出效应，为此进行相应的机制分析和提出假说，运用探索性空间数据分析法和空间计量模型进行实证检验。最后，结合研究结论，提出针对性的政策建议，以期为我国在数字乡村建设战略中实现农村居民消费的扩容提质提供理论参考。

本书的主要研究内容和研究结论归纳如下。

第一，研究农村地区的消费发展现状。从基本收支、生产方式变革和商业运作机制等广义角度梳理和判断农村居民消费的变化情况，并对其在互联网经济环境下的变化展开特征描述，结果表明：①近年来农村居民消费规模持续增加，消费需求得到深层次优化，区域间消费的不均衡现象正在趋缓，农村居民消费对国民经济增长的拉动作用逐渐显现；②农村地区仍然存在消费能力弱、消费习惯不佳、消费升级缓慢、消费环境差等问题，在一定程度上遏制了农民消费规模和结构的进一步调整；③互联网商业模式有效拓宽了农村居民的消费渠道，优化了交易过程，改善了消费习惯，缩减了消费成本，使得小规模、定制化、差异化、品牌化的消费需求得到满足；电子商务信用体系也在很大程度上弥补了交易双方的信息不对称，从而优化了农村地区的消费市场环境。

第二，研究农村地区的互联网发展环境和特征。在梳理农村信息技术环境变化的基础上，着重分析农村居民互联网使用和互联网消费的特征以及存在的问题，结果表明：①近年来相关政策的实施和农村基础设施条件的改善，使得农村互联网普及率和零售额均得到大幅增长；②农村居民信息意识不强、信息获取渠道单一、互联网应用水平较低等问题，致使城乡之间仍然存在巨大的数字鸿沟。特别是农村老年人接受和使用互联网的程度还远低于同龄的城镇居民；③互联网消费中的"操作复杂""虚假信息""隐私安全""售后服务"和"快递物流"等体验问题也制约着农村地区线上渠道消费的进一步扩大。

第三，研究家庭和区域视角下互联网使用对农村居民消费是否具有影响。在互联网使用对农村居民消费直接影响的作用机制分析基础上提出假说，采用倾向得分匹配法、无条件分位数模型对假说进行检验，并对结果进行稳健性检验和异质性分析，结果表明：①以家庭为评价单元更符合农村居民的上网和消费行为习惯，且互联网使用对农村家庭消费表现出显著的促进作用，并采用多种方法进行了稳健性和内生性检验；②随着消费能力的提升，互联网使用与农村家庭总消费呈倒 U 形关系，拐点位置位于 0.5 分位点附近；从消费主体来看，互联网使用对青年组的发展享乐型消费和老年组的基础生存型消费促进作用最为显著；从消费渠道来看，互联网使用对于线上渠道消费的促进作用明显优于线下渠道消费，但该作用随着用户年龄的增长和收入水平的下降呈减弱趋势，同时互联网使用对中低收入群体的线下渠道消费也表现出一定的促进作用；③从城乡区域来看，互联网使用更有助于农村居民消费的扩容提质；从地理区域来看，互联网使用对东中部地区农村居民总消费和发展享乐型消费潜力的释放效应更明显，且中部地区表现出一定的赶超效应，互联网使用对西部地区农村居民基础生存型消费的促进作用最为显著。

第四，研究互联网使用对农村居民消费是否具有空间溢出效应。在分析互联网使用影响农村居民消费空间溢出效应作用机制的基础上，提出相应假说，采用空间计量模型验证假说，并进行稳健性检验和异质性分析，结果表明：①2012—2019 年农村居民消费、互联网使用水平具有显著的空间正相关关系，互联网使用对于农村居民消费驱动作用的空间关联度不断上升；②互联网使用不仅对本地区农村居民消费具有显著的促进作用，对邻近地区的农村居民消费也具有一定的促进效果，该结论具有稳健性；③互联网使用对东部和中部地区农村居民消费的促进效果显著，且中部地区表现出一定的赶超效应，但互联网使用对西部地区农村居民消费的空间影响效应不显著。

基于上述结论，在进一步推动农村地区互联网普及率的前提下，本书从完善农村居民收入和保障体系，提升消费基础能力；提高农村居民消费观念，增强互联网消费意识；建立互联网消费监管体系，改善互联网消费体验；完善农村相关基础设施建设，激发互联网消费活力等方面，提出促进农村地区消费扩容提质的相关对策建议。

综上，与已有研究成果相比较，本书的边际贡献在于：①农村地区长期以来生产生活的组织形式特征，决定了家庭是农村地区互联网使用和消费的基本经济决策单元，而既有研究多从户主或被访者视角，忽略了其余成员的互联网使用行为对农户消费的影响。本书基于创新扩散理论和新家庭经济学，通过连续3年在江西省实地调研获取的968个农户一手数据，从家庭视角考察互联网使用对农村居民消费的影响效应；②由于互联网与传统零售渠道在购物环境、购买方法与支付方式等方面截然不同，造成互联网在两种渠道下对农村居民消费产生的影响有所差异。因此本书从线上、线下消费渠道视角考虑互联网使用对农村居民消费的影响作用，并探讨其在消费主体异质性视角下的影响效应差异；③鉴于互联网具有较强的外部性特征，有利于消费观念和消费行为在区域间的传递和模仿，因此在本地效应的实证分析基础上，本书首次引入双变量空间自相关方法，并采用空间计量模型深入挖掘互联网使用对农村居民消费的空间溢出效应。

CONTENTS 目 录

前言

1 导　　论

1.1　研究背景

市场经济以需求为导向，其中包括居民消费需求、投资需求和出口需求，三种需求之间的交互关系对市场经济的发展具有重要的影响和意义，人们常将三者并称为推动国民经济发展的"三驾马车"。改革开放至今，国民经济发展迅速，国内生产总值从 1978 年的 3 645.2 亿元，增加至 2020 年的 101.59 万亿元[①]，但是长期以来，我国经济发展的方式不尽合理，发展模式以高投资率和高储蓄水平为主要特征，居民消费作为市场经济活动的主要内容之一，并没有呈现出与经济同步增长的态势。虽然国家早已明确提出增加居民消费需求的相关政策，但居民消费的提升仍然乏力，因此一直呈现出"高增长、高投资、低消费"的发展模式特征（王冬，2015）。特别是近年来，随着美国遏制战略的全面实施，逆全球化思潮的不断加剧，以及前所未有的突发疫情冲击全球经济秩序，世界经济体系正经历百年未有之大变局，我国经济开始从超高速发展转入中高速发展，国民经济增长速度显著下降。

（1）消费是经济增长的新动力和居民美好生活的重要体现

当前中国社会的经济建设已步入一段崭新的发展时期，国家明确提出，为建立并促进双循环发展新格局，中国需要继续拓展国内市场，充分发挥国内市场的巨大力量，以促进各行业健康稳定发展，这也表明，在高质量发展时期的中国，较以往所有阶段，都更需要强调消费主导型的经济增长模式。

---

① 资料来源：《中国统计年鉴》。

相关统计资料显示，2021 年中国的消费、投资和净出口对 GDP 的贡献依次为 65.40%、13.70%、20.90%，带动效果依次为 5.30%、1.10% 和 1.70%[①]，由此可知，居民消费对 GDP 的推动效果已明显高于其他两项。事实上，从 2014 年起，中国居民消费对 GDP 的直接拉动效应就超过了投资和出口，已经成为推动中国经济发展的第一拉动力，之后也长期维持在较高的水平。另外，党的十九届五中全会通过的《中共中央关于制定国民经济和社会发展第十四个五年规划和二〇三五年远景目标的建议》中，明确规定了要"全面促进居民消费"，以强化居民消费对经济社会健康快速发展的基础性作用。可以看出，居民消费不仅是社会整体产出流程中的最终环节，也是其基本目的和前提，唯有全方位激发居民消费，才能畅通国内产出、分配与消费的大循环。同时，消费也是反映当前民众生活水平的主要参照指标，进一步提升和优化居民消费结构，是促进人民生活更加美好的重要举措之一。因此，我国从市场环境、城乡消费差异和新型消费取向等方面制定了大量的针对性政策，这不仅表明了我国政府对居民消费的空前重视，也意味着促进消费市场扩大和居民消费质量提高的迫切性和现实需要。

（2）启动农村消费市场更具潜力，但仍受到诸多因素的抑制

在我国，除了要促进城镇地区的消费增长外，扩大农村消费具有更大的潜力，这是因为，虽然中国的城镇化正在高速发展，但户籍人口城镇化率只有 45.40%。2020 年，中国仍有约 5.09 亿农村人口[①]。随着脱贫攻坚、全面建成小康社会的逐步实现和乡村振兴战略的不断推进，农村贫困人口在现行标准下已如期脱贫，加上最近 10 多年，我国出台了一系列支农惠农政策，使得农村人均支出的增长率已经高于城镇居民，逐步脱离贫困、已实现全面小康的农民群体，消费需求和能力明显提高（周应恒等，2021），2020 年农村居民的年均可支配收入已经达到 1.71 万元[①]，而且农村居民比城镇居民具有更高的边际消费倾向，尤其是在农村基础设施建设日新月异，消费环境日益好转的今天。可见，如何把握我国农村居民的消费趋势及其影响因素，对于促进我国农村消费扩大与升级具有重要的意义，但目前农村居民的消费仍受到消费能力不足、消费观念滞后、消费习惯不佳、消费环

---

① 资料来源：《中国统计年鉴》。

境较差等诸多因素的约束，怎样进一步扩大农村地区的消费是亟待解决的问题。

（3）互联网有利于弥补城乡消费环境鸿沟，成为消费增长新动能

世纪之交开始的信息网络大潮，带来了技术、消费方式的巨大变革。从20世纪90年代初期开始，信息通信技术的提高和广泛应用，给人类社会带来了信息产业科技的第四次革命，人类从此步入了智能信息时代。在这种大历史背景下，高速骨干互联网的建立，开始成为现代数字信息应用与发展的基本前提，互联网越来越成为创新的主要力量，对人类的工作与生活方式形成了全面且革命性的冲击。因此，互联网具有开放、公平等特点，能够以最少的成本连接信息和数据资源，并使其迅速转化为巨大的社会生产力，从而推动社会价值的持续增加。随着互联网蓬勃发展而形成的电子消费需求，开始影响商品制造、流通、贸易、消费等商业活动的全过程，也从根本上影响着居民的消费习惯，从而促进消费升级。2020年，中国互联网零售额已超过11.76万亿元，占社会消费品零售总额的30%[1]，可以看出电商的蓬勃发展促使互联网消费开始变成一种越来越普遍的消费方式。同时，由于信息网络的快捷、创新等特点，中国居民的消费模式也开始由大众化的消费行为向个性化消费过渡，互联网的发展已经成为促进居民消费水平提高的重要因素。

互联网对农村居民消费同样产生了较大的影响。随着农村居民持续增收，近年来显现出比城镇居民更高的消费倾向，但是农村居民不仅比城镇居民受到更强的收入约束，同时农村市场的信息不对称、商品品质没法保障等问题也在抑制着农村居民消费规模的进一步扩大，而互联网在农村区域的广泛应用使上述问题得到了一定程度的缓解，平台经济独有的特性正在弥补城乡消费环境的鸿沟。从统计数据中我们能够发现，随着近年来农村地区互联网普及率日益增加，互联网使用者的数量也在逐步上升。截至2020年，我国的农村网民约3.09亿人，占我国网民总量的31.30%，比2012年增加了1.53亿人。其中，农村区域互联网普及率达到55.90%，较2013年增加了27.80个百分点[1]，加上信息建设和电商、物流业的蓬勃发展，农村区域互

---

① 资料来源：中国互联网信息中心《第47次中国互联网络发展状况统计报告》。

联网消费规模不断扩大，2020 年已达到 1.79 万亿元①。可以看出，推进农业农村数字化发展，成为有效启动农村消费市场，促进农村地区居民消费提档升级的新动能。

1.2　研究意义

1.2.1　理论意义

（1）丰富了互联网使用与农村居民消费关系研究的实证案例

近年来许多专家学者参考了西方学者的思想，针对中国农村居民消费行为问题开展了多方面的研究，但目前针对互联网使用影响农村居民消费的研究还相对较少，对农村居民消费模型化描述方式在互联网经济条件下的改进与完善也没有进行系统全面的探讨。尤其是结合农村地区生产生活的组织形式特征，从家庭视角研究互联网使用对农村居民消费影响的文献几乎没有。本书基于农户行为理论、创新扩散理论和新家庭经济学，根据农村居民信息化运用与消费特性，通过细致的调研分析，从家庭和异质性视角出发，实证研究互联网使用对农村居民消费产生的作用机制。

（2）理清了互联网使用影响农村居民线上、线下渠道消费的影响作用

本书通过理论与实证探讨，认为互联网和传统零售方式在商业环境、购物模式以及付款渠道等方面均存在较大的差异。因此本书从线上、线下消费渠道视角考虑互联网使用对农村居民消费的影响作用，认为互联网使用有效促进了农户线上渠道消费，更有利于激发农村地区的消费潜力，并探讨了在消费主体异质性视角下的影响效应差异。

（3）探究了在空间经济学理论框架下，互联网使用对农村居民消费的空间溢出效应

在本地效应分析的基础上，本书进一步以信息技术升级下的农村居民消费分布为研究对象，首先根据农村地区技术进步和消费的固有特性，识别农村居民互联网使用和消费的空间结构。并基于空间计量模型分析农村居民消费在互联网经济宏观环境下的演变机制，结合宏观经济学、空间经济学以及信息经济学，拓展了信息技术发展过程中农村消费空间分布的综合性研究空间。

1.2.2　实践意义

（1）有利于进一步推动数字乡村建设和双循环发展战略

数字化技术在突破发展限制和扩大内需方面提供了极大的动力，《中共中央关于制定国民经济和社会发展第十四个五年规划和二〇三五年远景目标的建议》中提出"完善数字社会制度建设、改善信息服务和数字化、智能化水平"，这一方案的出台为弥合城乡数字鸿沟、激发农村消费潜力提供了重要的顶层设计，而能否达到理想的政策效果还依赖于能否基于农村居民数字技术行为特征，准确分析数字信息化对农村居民消费的影响效应。本书将互联网使用与农村居民消费结合起来，研究互联网使用是否能助推农村居民消费，是否有利于弥合城乡数字鸿沟，能否提高数字化时代农村居民在物质和非物质消费上的获得感和幸福感。

（2）为全国各区域、各群体制定相应的互联网发展战略提供依据

2019 年，中共中央办公厅、国务院办公厅发布的《数字乡村发展纲要》中指出：到 2025 年，中国数字乡村建设取得重大进展，农村 4G 深化普及，并创新应用农村 5G 技术；到 21 世纪中叶，全面建成数字乡村，达到产业兴、农村旺、农民富这一局面。但中国地域辽阔，以互联网为代表的信息通信技术在地区间发展不均衡，农村内部的阶层分化也比较严重，导致农村居民的信息化水平和互联网消费特征存在差异。如何因地制宜地保证农村数字化与农村居民消费并行发展，是进一步扩大内需、促进消费发展的重要途径。本书从不同地区、不同农村居民的内部差异出发，研究互联网使用对农村居民消费的影响，并进行了作用机制的深层次分析，从而有利于为不同区域、不同群体制定有针对性的差异化政策提供决策依据。

1.3　国内外研究现状

1.3.1　农村居民消费的研究进展

（1）农村居民消费的理论研究

第一，对西方消费函数理论的回顾。消费函数理论，是研究消费者怎样做出最优决定，并发现消费行为和收入等其他影响因素之间函数关系的重要

理论假设，也是扩大内需、探索经济与社会均衡发展的重要理论基石。西方学术界对于消费理论函数关系的研究，主要经过了四个时期：从 20 世纪 30 年代开始，并一直延续到 20 世纪 50 年代早期，这是第一个研究阶段。这一时期做出了阶段性总结的是 Duesenberry（1949）和凯恩斯（1999），他们先后提出了绝对收入假说和相对收入假说，这两种假设的侧重点就在于消费的价值与（绝对或相对）收入之间的关联。该阶段研究的主要特点是从宏观经济层面上分析了居民的实际消费情况，并不考察市场未来的不确定性以及可能对居民消费决定产生负面影响的因素。第二阶段则是从 20 世纪 50 时代中期至 20 世纪 70 年代中期。这一时期的主要消费理论为 Modigliani 等（1959）提出的生命周期假说。第三阶段为 20 世纪 70 年代后期至 20 世纪 80 年代初期，Hall（1978）受到了这一时期"理性预期革命"的巨大影响，他试图把人们的合理预期和生命周期—持久收入假设的理论相结合，并提出了消费并不完全取决于收入，同时也遵从随机游走过程的规律。第四阶段从 20 世纪 80 年代中期至今，这一时期学者们经过实证检验指出消费行为对生活水平的严重影响（Marjorie，1981；Charles，1987）及过度平滑性（Campbell et al.，1989）。一方面确认了个人消费行为受收入及其变化的直接影响，另一方面又彻底否定了随机游走假设。随后大量新的理论与假设也开始产生，主要包括：其一，流动性约束问题指因为信用市场不成熟或信用信息的不对称，人们在收入下降时，无法通过贷款来平滑社会消费的问题（Carroll et al.，1995；Gross et al.，2002；Benvenuti et al.，2017；Jagadeeswari et al.，2021）。其二，预防性储蓄动机假说，也就是说，消费者为了避免因未来收入的突然减少或应对意外开销而超额储蓄（Leland，1968；Caballero，1990；Deng et al.，2008）。其三，把持久收入理论与绝对收入理论结合在一起的 λ 假说（Coste et al.，2021）。其四，其他理论或消费模式，如个人偏好不可分的消费行为模式（Dejuan et al.，2006）、损失厌恶假说（Barbie et al.，2006；Fang，2010），以及新行为经济学视野下的消费价值函数模型等（Hobson et al.，2021）。

第二，中国消费函数理论研究的本土化调整。从 20 世纪 80 年代中期至 20 世纪 90 年代初期，国内外不少研究者开始针对我国城乡居民的消费行为特点，对西方的居民消费理论研究做出了本土化调整。此后，消费函数学说

在我国进行了更广泛的传播。对我国居民消费基础理论的研究也从 20 世纪
90 时代中后期得以逐步开展。如厉以宁（1984），指出了每一项消费假设的
具体条件。在此基础上，吴家培（1986）选择了相对收入假设，形成了符合
我国实际状况的消费函数。王延章（1988）在长期研究静态效用函数的理论
基础上，构建了我国居民的动态消费需求函数。朱先臣（1993）用生命周期
框架检验了中国居民也遵循可持续消费模式的假设。朱宪辰（1993）用生命
周期框架，对所有中国居民同样符合持久收入模型的理论假说进行了考察。
然而，由于我国特殊的国情，城乡居民消费模式存在较大差异，农村居民的
消费并不完全遵循西方消费理论函数，于是许多研究者开始针对农村居民行
为本身的特性对理论模型加以修改或延伸。

　　第三，农村居民消费函数理论研究。李明贤等（2006）认为，到 21 世
纪初期，中国农村居民的消费规模并没有和城镇居民实现同步增长。农村居
民消费不足不仅限制了社会居民消费规模对国民经济增长的带动作用，同时
对农村人力资本也造成了影响，已成为中国经济发展中非常突出的问题。
2009 年，国务院明确提出"扩大内需，潜力最大的是农村"。由于中国近年
来在乡村振兴中的努力不断深入，以及农村居民不断增加的收入，刘彤彤等
（2020）、刘顿等（2020）指出，农村居民消费已经成为促进中国经济发展的
最主要原因之一，而中国目前扩大内需的最大关键环节和难题，还在于农村
的发展。随着城市化程度的提高，虽然农村居民数量将越来越少，但在城市
化进程中却蕴含着巨大的消费潜力。不过，由于近年来受农村生产要素的价
格上涨、农村生产方式滞后、村民整体素质较差等多种原因的影响，不管绝
对规模还是相对规模，农村居民平均生活收支水平与城镇居民相比都相对较
低（苏钟萍等，2021）。转型期农村正在发生住房、医疗、教育、生活方式
等一系列社会变迁，宏观和微观经济环境都在不断发生改变（熊婉婷，
2021），农村居民不仅在农业生产过程中存在较大风险，同时外出务工报酬
的稳定性也不足，加之社会保险制度不完善、社会保障条件的不充分，容易
产生关于子女教育、医疗费用以及赡养老人的风险预期（左孝凡等，2020），
收入水平和支出水平之间的双重不确定性使得农村居民比城镇居民具有更强
的"勤俭节约"意识（王克稳等，2013；何爱平等，2019；张博胜等，
2020；杨芷晴等，2020），为了应对未来的不时之需和保持生活的长期稳定，

我国农村居民经常具有较高的预防性储蓄动机（李婧等，2020）。并且，在当前农村市场经济尚未健全的背景下，虽然城乡居民普遍存在着文化教育和健康医疗支出不断提高的问题，但由于农村地区金融发展相对于城镇而言还较为滞后，要通过正规渠道获取急需的贷款，农民肯定比市民困难得多，所以农村居民的消费行为受到更强的流动性约束影响（尹志超等，2020；赵伟等，2020；裴祥宇，2020；李研等，2021）。

第四，农村居民消费行为特征研究。国内理论工作研究者对农村居民消费行为特征问题进行了大量讨论和研究，主要结合消费习惯和消费环境等方面进行探讨。一是消费习惯。Duesenberry（1949）首先把居民的消费习惯带入了消费行为的分析中，发现不但当前的居民收入会直接影响其消费行为，而且以往及身边人的消费行为习惯也存在影响作用，即消费存在着棘轮效应和示范效应。随后，消费习惯研究受到更多研究者的重视（Ferson et al.，1991；Fatma，2021；Zhang et al.，2021；Shaowei，2021），国内的研究分析显示：一方面，中国农村居民普遍受到传统观念的冲击，存在着相对谨慎的消费心态（韦淼等，2020），很大程度上不认可贷款消费和超前消费行为（王娜等，2015；王保花等，2016），另外农村的消费行为往往还带有社交属性（郑家豪等，2020），而外部习惯容易致使家庭的消费水平故步自封、幸福感下降（Dnmez et al.，2021）；另一方面，农村人口在食物、服装等非耐用品消费上有着较强的固有习惯，而且各个家庭之间差别明显（吴学品等，2021）。二是消费环境。消费环境是指人们在生活和发展中，所受到的外部客观制约，对消费者本身也有一定的影响（Princen，1999；Dasgupta et al.，2013），消费环境分为硬环境和软环境（金基瑶等，2020；何翔，2021）。从硬环境的角度来看，农村道路通信等重要基础设施从数量、规格、品质等方面均无法满足农户的消费要求，很大程度上阻碍了农户对家电、手机等现代工业电子产品的消费（殷丹丹，2017；朱佩芬，2021）。从软环境的角度来看，我国农村市场服务机制并不健全，市场秩序也相对较差，商品的出售、配送、安装和售后服务缺乏完善的体系支持（钟燕琼，2016）。随着社会主义市场经济体制的逐步建立，农户收入已大大提高，生活方式也日益趋向现代化，农户对高端耐用消费品的需求量在逐步增加，而与之相配套的基础设施却相对薄弱，因此对农村地区基础设施的进一步完善也将更加迫切（骆永民等，2020）。

纵观上述国内关于居民消费情况的论述，已有研究从各个视角对居民消费情况展开了深入而细致的探究：①西方居民消费理论在调整中不断发展壮大，其理论思想对我国居民消费研究有着很大的启迪意义。②基于我国目前的具体国情，导致西方居民消费理论的不适用性，众多学者开始对消费理论进行中国化探索。③在中国经济制度转型与演变的过程中，针对中国城乡二元经济构成，研究者根据农村居民消费的有关理论，做出了必要的调整、修改以及进一步的创新，发现农村居民面临更强的收入不确定性、流动性约束，因此表现出较强的收入预防性储蓄倾向，从而引致消费总量的不足。④相比时间可分的框架，含有居民消费习惯与消费环境的模式比较适合中国农村地区实际，因此近年来不少论文都从这两种视角阐述中国农村居民的消费行为特点。

（2）农村居民消费水平测算研究

第一，农村居民消费水平测算方法的演变。20世纪末期，国内专家关于中国农村居民消费模式的探讨，主要以西方的理念为依据，针对中国农村居民消费行为本身的特征和具体实际对理论模式加以调整或延伸。到了21世纪初期，学者们开始利用不同的实证方法，针对不同时期、不同区域范围的统计资料，分析农村居民消费是不是遵循这一消费理论。农村居民消费评价模型，由最初的扩展型线性支出模型（ELES），发展到后来的近似理想消费需求模型（AIDS）和二次几乎理想需求系统模型（QUAIDS）、面板数据模型（PDM）、灰色关联分析（GRA）、聚类分析（CA）等，研究途径与方法更加多样化（Deaton，1991；李翔等，2013；章贵军等，2021；吴学品等，2021；烟竹，2021）。另外，通过对比不同类型实证应用研究数据，范金等（2011）的分析表明，基于希克斯需求的模型拟合优度远优于马歇尔需求模型，而QUAIDS模型的计算结果则表明，需求与支出弹性的标准偏离度表现最好。

第二，农村消费水平的变化情况。通过一系列模型化手段，研究者针对中国农村居民消费水平展开了更广泛的实验研究，得出了较为一致的结论：首先，改革开放至今，中国农村居民总体消费水平不断提升；其次，农村人群消费构成变化态势明显（郭新华等，2010；谭涛等，2014）；同时，餐饮开支大幅减少，住房与交通通信等费用大增（胡发刚，2016），石明明等（2019）、余峰（2021）等研究者进一步在不同食品的消费类型以及恩格尔系数演变趋势等方面，对农村居民消费结构开展了针对性的分析。

众多学者运用不同方法分析了农村居民消费规模和结构变化，通过对上述文献的总结可以发现，农村居民消费水平测算研究具有以下特征：①近年来居民消费水平测算的实证方法不断演变，农村居民消费水平评价主要有ELES、AIDS、QUAIDS、PDM、GRA、CA 等，而 QUAIDS 是对需求支出弹性及其标准差表征意义最强的定量分析方法，学界多采用这种方法来测算农村居民消费水平。②对于农村居民消费水平的变动，国内外研究者得到了比较统一的结论，即改革开放以来我国农村居民生活总体水平持续提高，社会消费结构进一步优化，食物消费开支大幅减少，住房与交通通信设备等消费显著增长。

（3）农村居民消费的影响因素研究

第一，农村居民收入对消费的影响。学者们用不同的方法对收入总量、收入差距、不同收入形式、不同收入来源进行了分析和研究，并从收入分组的角度进行了进一步的探讨，得出了许多有价值的结论。郭亚军等（2007）、高孟滔等（2008）、王健宇等（2010）探讨了农民总收入状况和消费的直接联系，并指出收入水平始终是制约农村居民消费能力的决定性要素，两者之间存在长期稳定的平衡关系。徐亚东等（2021）则指出，城乡人均收入差异较大、农民期望收入降低、预期消费规模增长以及农民贷款困难，是影响他们消费能力的最主要原因。另外，也有不少专家研究了不同的收入水平对居民消费能力的影响作用。如田珍等（2021）试验了相对收入假说和持续收入假说在我国农村居民消费中的应用。杭斌等（2004）则通过分解实验证明，中国农村居民往往会消费多于一半以上的新增临时性收入。郭亚军等（2007）认为消费需求主要依赖永久性收入，与临时性收入关系不大。从收入来源构成来看，王小华等（2016）认为农村居民的基础收入（家庭经营性收入和工资性收入）对其消费的刺激作用强烈，而非基础收入（转移性收入和财产性收入）对其消费的刺激则不强烈，但张秋惠等（2010）、彭小辉等（2013）均指出非基础收入对农村居民消费的作用显著强于基础收入。从收入群体构成的角度来看，已有研究认为，因为生活水平差异，消费行为也具有阶层特点，具体来看，低收入农村人口的消费支出大多用来保障基本生存，而高收入农村人口的消费更强调在满足基本生存需要的基础上改善生存品质（彭海艳，2009；韩洪云等，2013）。

第二，社会保障体系制度对农村居民消费水平的影响。按照马克思提出的社会再生产理论，分配并不仅仅是联系生产与消费之间的桥梁，而且是决定消费的重要前提（Khalooii，1986）。社会保障基金本质上仍然是消费基金，因为它影响人们的消费预期，成为限制消费的重要制度因素（Taher，1986）。然而，社会保障体系包含着非常复杂的内容。在当前制度不完备的基础上，增加社保某一方面的资助，并不会产生促进居民消费的效果。主要在于：一方面，农村居民的医保、教育、老年赡养等制度不完备，严重降低了农村居民对于未来收入提高的期望，挤出了大部分的居民消费需求（姜百臣等，2010；丁继红等，2013）；另一方面，我国人口的年龄结构出现了较大改变，当前我国的医学水平和人民生活条件都得到了较大程度的提高，国民平均预期寿命也越来越长，在现行的体制下，消费者为了不降低晚年时期个人的生活水平，考虑到当前社会养老保险的保障程度不足，个人也会更倾向于在中青年阶段尽可能做好资金储备，以备安度晚年（汪伟等，2019）。李春琦等（2009）学者利用 1978—2007 年我国人口的宏观统计资料加以实证分析，检验了这一观点，认为在农村社会保险制度不完善的背景下，人们在教育、医疗、健康方面的变化过程也是各种风险逐渐产生的过程，为了应对未来可能出现的风险，农村地区人口更偏向于把新增长的收入用作储蓄，同时也更愿意缩衣节食，以给后代留下更多的财产（王静，2020；刘彤彤等，2020；田珍等，2021）。从现有文献来看，人口红利的逐渐消失对国民经济发展将形成巨大的负面影响，就业机会和资本劳动比的增加已经很难作为国民经济增长的主要来源，而经济总量的持续提高则不得不依靠社会全要素生产率的提升（Barbie et al.，2006；Fang，2010）。未来国家的政策，还需更多地考虑人口老龄化对消费、经济及社会发展的影响，并做出有效调控，这也从侧面说明社保机制的健全将更有利于激励农村地区的消费增长。

第三，财政支农对农村居民消费的作用。西方的凯恩斯理论主张政府的经济支出增多能够产生乘数效应，即以财政支出来推动国家经济的成倍增长，再以国民经济增长、农业生产增多来推动居民消费增长。因此想进一步了解政府财政支农对居民消费的作用，需要进行定性判断和定量分析。王奎泉（2003）、Renkow 等（2004）、崔元锋等（2005）、Klerkx 等（2008）从定性角度，研究国家财政支农总量和结构对产出的影响。在实证研究分析方面，研究者们主要通过信息传导机制模型（高玉强，2010）、误差修正模型（陈卫洪等，2013）和协整模型（马艾等，2020）研究政府财政开支怎样影响农民的消费，指出地方财政支农开支与农村居民消费呈正相关关系。而张崑等（2010）则采用 1980—2007 年辽宁省的时间序列数据，并引入 Granger 因果检验和向量自回归模型，证明在财政支出的各个方面，对收入与消费的影响并不完全相同。

第四，互联网发展对于农村居民消费产生的冲击。纵览目前已有的文献，互联网在经济增长（Ivus et al.，2015）、生产率（郭家堂等，2016）、国际贸易（施炳展，2016）、就业（邵文波等，2017）以及产业结构（叶初升等，2018）等领域的研究已成为学术界关注的热点，随着电商的出现，及其在社会消费方面的巨大影响，电子商务也逐渐引起学者的关注。"电子商务经济学"观念的第一次明确提出确立了互联网经济的基础，美国市场经济学家 Vanhoose（2001）指出电子商务可以大大降低贸易生产成本，更方便、快捷地实现购买的实时交易行为，是一个依赖网络为媒介的社会活动。而后国内开启了互联网对消费行为影响的理论机制探讨，高孝平（2015）指出，由于工业生产方式的改变，在互联网经济时代确实出现了马克思主义指出的"消费行为与生产方式一致性"现象。此外，互联网经济还可以有效减少信息不对称现象（赵明辉，2018）、减少零售价格、减少信息搜索成本、改善居民消费条件（安增军等，2016）、精准匹配消费类型（林挺等，2017），从而导致了消费者的购物观、行为和消费结构的复杂性改变（Ferguson et al.，2010）。可以看出，互联网技术的进一步完善促进了电子商务水平的提升，近几年互联网消费已经成为流行行为，从平台经济的特性来看，互联网使用对农村居民消费的促进作用主要体现在线上渠道消费领域，但却很少有研究深入探讨两者之间的传导机制。现有的研究主要集中于互联网经济背景下消费者对电商平台的持续使用意向（Hew et al.，2016）、消费者对电子商务平台的信任（Leong et al.，2021）和消费者在电商平台中的购买行为

（Zhang et al.，2021）。然而，侯旻等（2017）、周楠（2018）等学者认为心理需求、消费动机和消费心态的变化是驱动居民消费行为特征变化的内在因素。心理决策作为最常见的中间行为，其中，心理决策最能代表消费者对于互联网技术特性的接纳程度（Hausman，2000），但在相关研究中尚未得到充分的关注。在实证分析方面，早期研究者主要通过宏观统计分析，指出互联网使用和电商平台对居民消费产生的正面的促进作用（Ferguson et al.，2010；李勇坚，2014；方福前等，2015；黄卫东等，2016），同时互联网使用和消费的相互作用在微观方面的探索也得到了发展，且多是集中于整体或城镇视角（杨继瑞等，2015；王茜，2016；杜丹清，2017；孙浦阳等，2017；何大安等，2018；杨光等，2018；向玉冰，2018），而互联网对农村地区消费的影响近年来才开始引起学术界的关注（汤才坤，2018；陈林波，2019；张永丽等，2019）。

经过对众多与农村居民消费影响因素研究有关的文献的整理，可以看出，相关研究具有以下特点：①现有研究主要从收入、社会保障、财政支农、互联网发展等方面对农村居民消费的影响因素进行了定性和定量分析。②近年来互联网发展对于消费的影响成为学界的研究热点，但受限于数据的可得性原因，已有的实证分析主要基于整体和城镇层面，农村地区的针对性分析较为缺乏。③互联网使用通过降低消费成本、提升消费效率、改善消费实现条件拉动农村居民消费，同时这种促进作用更多体现在线上渠道消费，但现有研究鲜少通过实证方法检验互联网使用对不同渠道消费的影响作用。

1.3.2　互联网使用的研究进展

（1）互联网使用水平测度研究

目前，对互联网使用水平的评价还未形成统一标准，评价互联网发展水平的方法大致有两类，一类是通过单一指数加以衡量，包括：网络普及率、网民数量、网民渗透率等。因为互联网的应用包括许多方面，为了能够完整准确衡量应用能力，专家们从几个角度建立评估框架并加以衡量。其中俞立平（2005）从互联网的使用深度入手，构建了包括互联网基础设施、互联网普及、初级和高级应用等的指标体系。王子敏等（2016）充分考虑到互联网产业发展、应用水平程度和网购发展等几个方面，选择了 9 个子指标，测度了我国 2006—2014 年各地区的互联网使用水平。在此基础上，张红伟等（2016）又从中国网络技术发展和用户应用情况等角度，选择了 12 个指数衡量中国的信息化程度。韩先锋等（2019）从基础设施、数据来源与应用等两个方面入手，通过 11 个二级指数量化研究了中国省域网络整体建设情况。由此可以看出，单一指数的评估框架仍是当前评价互联网建设水平的主要手段。

（2）互联网使用影响因素研究

第一，经济水平对互联网使用的影响。Chinn 等（2006）对跨国调查的实证分析表明，某地的整体人均收入直接决定了居民对互联网应用需求的情况，同时经济水平的落后还体现在基础设施的缺乏上。Whitacre 等（2015）发现在互联网知识较为普及的美国，城乡数字鸿沟一半以上是由收入因素造成的，而约 40% 是由供给层面的基础设施差异造成的。Salemink 等（2017）的研究总结指出，乡村区域互联网基础设施建设程度和信息传输效率低下是造成城乡网络接入差异的原因。虽然互联网技术日益由城镇向乡村扩散，但随着乡村人员越来越分散，乡村网络设施的建立与覆盖必然滞后于城镇。而随着互联网设施的发展与健全，城市和乡村在网络信息基础设施建设方面的距离将进一步缩短，这在较为发达的国家和地方尤其突出（Park，2017）。

第二，个体因素对互联网使用的影响。互联网信息技术的使用要求居民具备基本的互联网知识和技能，并能够承担各种互联网使用成本，如终端设备购置成本、互联网通信费用等。这些因素还取决于居民的性别、年龄段、文化教育程度以及社会收入水平。Korupp 等（2005）利用德国数据分析了"数字鸿沟"的发展趋势，表明人力资本和社会投资在解释私人计算机和网络技术的实际应用方面，比经济投资具有更关键的意义。LaRose 等（2015）通过对个人宽带使用动机差异的调查研究表明，互联网体验、对宽带应用的预期结果，以及自我效能感都是影响个人使用宽带的主因，而且性别、收入与宽带使用之间同样具有直接关系。Zhu 等（2013）通过中国的 1 288 份问卷调查资料，测量了中国居民在互联网接入与个体电子商务应用中的数据差距，认为中国的网络发展具有很大的城乡差异和社区差异，其中还包括人口、性别、文化水平等因素，都会影响个体电子商务的应用。彭青云（2018）

利用第四届全国老年人生活状况问卷调查，反映了中国农村老年人的互联网接入还受到家庭支持不足、社会经济障碍和外部激励不足的制约。

第三，社交网络对互联网使用的影响。使用互联网的最大优势之一就是外部性，因为互联网对于一个人的意义并不仅仅体现在他的专业知识、体验与应用能力方面，更在于他的家人、好友或工作圈是不是也在用互联网。Korupp 等（2005）、Caa（2022）等基于国家数据的分析结果表明，社会资本理论在解释个人计算机和互联网的实际应用中起到了很大作用。Schleife（2010）的研究还表明，与人口密度相比，德国城乡人口个体特征的结构性差异以及由此产生的网络效应是造成区域"数字鸿沟"的根本原因。Xiong 等（2019）的研究则表明，老年群体的信息化福利并非完全来自自身对互联网技术的认识，而是更多源于家庭成员的支持。尤其是我国农村地区家庭成员具有较强的离散型特征（金一虹，2009），导致村居者老龄化现象严重，对于新兴技术的获取、采纳和应用与城镇居民存在较大差异（程名望等，2019）。同时，由于我国农村家庭成员之间一般共享收入与消费（魏鲁彬，2018），只要有家庭成员具有互联网使用行为，家庭整体消费水平就可以得到提升。但目前研究在分析互联网应用对农村居民消费的影响时，评价家庭的互联网应用方式还较为简单，仅考察户主及被调查者的应用状况。

总体而言，对互联网使用影响因素的研究多集中于经济水平、个体因素和社会网络几个方面，在农村信息基础设施不断完善的背景下，城乡居民的互联网使用差异更多表现在个体因素和家庭组织形式上，所以应该从家庭视角评估农户的互联网使用行为，及其对家庭总效用的影响程度，但由于数据的可获取性差，以此为切入点的研究较为缺乏。

1.3.3　互联网使用与农村居民消费的研究进展

近年来，互联网对农村地区消费的影响也开始得到学界的关注，学者们主要从消费总量、消费结构、城乡消费差距、农村居民组群差异和空间因素 5 个方面，对互联网和农村居民消费的关系进行了研究。

第一，互联网使用对农村居民消费总量的影响。王茜（2016）指出"互联网＋"不仅能够从需求侧推动消费升级，还能从供给端驱动农村居民消费升级。罗健萍等（2018）研究发现，基于互联网的电子商务不仅可以通过增加农民收入直接促进农村居民消费，还可以通过降低搜索成本间接提高农村居民消费。陈林波（2019）教授利用 2003—2015 年省级面板数据，采用分位数回归方法开展实证研究，发现互联网对农村居民 8 类消费支出具有正向促进作用。汤才坤（2018）利用国内 30 多个省份的数据，得出互联网的广泛应用使中国农村居民的消费水平提高了 18％。祝仲坤等（2017）基于 2015 年中国社会状况的综合调查数据分析，认为掌握互联网技术会改善我国农村居民的消费层次，但随着消费规模的日益增加，这个促进作用正在下降。

第二，互联网使用对农村居民消费结构的影响。葛殊（2013）和刘湖等（2016）通过实证分析发现，互联网的发展可以显著促进我国农村居民消费，也会引导其由传统型消费向发展享乐型转变。杜丹清（2017）教授认为，通过互联网技术能够推动中国居民消费方式、价值观的转型。刘根荣（2017）认为农村电商的迅速发展，不仅促进了广大农村居民的消费结构升级，缓解了供需矛盾，同时推动了互联网金融的蓬勃发展，由此促进了农村居民消费的扩大。贺达等（2018）认为促进农村消费结构优化升级，首先要重视农村地区的互联网建设。张永丽等（2019）则认为发展互联网将有助于减少农民教育的成本，增加农村家庭教育支出。李旭洋等（2019）指出互联网应用大大增加了居民的文教费用开支占比，但对医疗健康费用会产生负向效应。张永丽等（2019）通过对甘肃省 1 735 名农民的调查发现，互联网的使用有助于提高农村家庭的消费水平，优化消费结构。经过本书的整理可以看出，已有文献主要聚焦互联网使用对我国居民消费形式的改变，随着互联网文化的日益发达，多渠道购物也成为常见的居民消费形式，而现阶段研究忽视了互联网使用对农村居民线上和线下不同渠道消费的影响。

第三，互联网使用对城乡消费差距的影响。由于各地区经济社会发达程度和各阶层居民收入层次差异较大，家庭资产结构、教育水平、消费观念也存在差异，使得城乡居民消费具有多维度的层次特征。已有文献证实，计算机技术的发达能够减少偏远地区的巨大经营活动成本，从而增加当地供应商的运输范围，并且随着信息网络的广泛应用，也给广大农村居民提供了更多的工作机会，从而减少了城乡之间的消费总量差距（Chris et al.，2005；

Kuhn et al.，2014）。程名望等（2019）的分析表明，互联网的普及可以缩小城乡消费差距，主要是通过生存、享受和发展消费等多维路径来实现的。王成林等（2016）则根据 2010—2016 年的 CFPS 数据，通过两阶段最小二乘法考虑了互联网接入对城乡居民消费差异的影响，发现互联网接入家庭数量的增加也可能加剧城乡消费差距。可以看出，现有文献多是将城乡居民消费的总量差距作为被解释变量，较少基于城乡对比视角分析互联网使用对城乡居民消费产生的影响。

第四，互联网使用对农村居民消费的组群差异影响。这是由农村居民内部的分层性质所决定的，家庭联产承包责任制把农户从高度制约中解放出来，农村劳动生产率的提升又使农村以乘数速度逐渐向城市输送剩余劳动力，也促使部分村民向市民转化，为农民分化创造了大量农产品和物质基础（栾赛娜，2018），因此农民的组织归属、产权归属、职业归属、社区归属等随之趋于多样化和分化（张红宇等，2020）。随着农村产业结构和就业结构的变化，乡镇企业的发展促进了大量农村剩余劳动力的产业转移。农村居民之间社会地位（声望、收入、财富、机会等）差距扩大，农民发生了阶层分化（张燮，2020），正是由于这种阶层分化，致使农村居民的信息化程度与消费特性也各不相同。为此，不少专家从农村居民的组群差异，诸如受教育程度、年龄、性格、地域等角度展开研究。Mishra 等（2009）的调查表明，农场所有者及其配偶受教育水平提升以及家庭中青少年孩子数量增多，均提高了使用互联网采购农资产品以及家庭用品的比例。王彦（2018）发现，互联网应用对年轻人和农村男性居民生活消费的影响很大。同时，网络覆盖率、网络发展环境以及流通规模对农村居民消费的影响具有明显的地域差别（秦晓娟，2018）。张永丽等（2019）通过倾向得分匹配法发现，互联网的广泛应用可以大大降低中西部地区农民的市场交易费用，从而扩大居民消费渠道，优化农村消费市场，对于改善中西部贫困地区的农民消费结构有着重要意义。祝仲坤（2020）基于 2015 年我国经济社会发展研究数据库，认为网络技术对我国居民消费的作用在地域上变化明显，在京津冀与东北地区对居民消费能力的释放作用更为突出，而在东部区域对于消费结构调整的意义更大。

第五，互联网使用对农村居民消费的空间影响。随着新经济地理学的建立和大数据技术的应用，各省之间的沟通和联系更加紧密（苗长虹等，2011），空间成为消费经济研究中需要考虑的重要因素。研究者们开始分别从国家和地区视角解释居民消费在空间上的差距。Anselin（2010）的研究表明，相邻地区经济特征之间存在着高度关联。居民消费作为国民经济活动的最后环节，在国民经济的上下游企业中存在着强烈的空间关联性，地区间居民消费水平的空间结构较为明显。黄彩虹等（2020）研究发现，我国居民消费率呈现出明显的空间正相关关系。毛中根等（2020）以成渝城市群为主要研究对象，发现城镇居民的消费层次呈倾斜关系分布，消费低的区域人口占比高，社会发展较为平衡，整体差距也日益收窄，但居民消费对于工业化程度、产业结构、城市化程度等因素具有明显的空间依赖性，区域间居民消费空间差别仍然显著，中国东部和沿海地区的居民消费层次明显高于其他区域。旅游消费、能源消费以及信息消费等都呈现出了高度集中的市场格局。可以看出，对于当前居民消费的空间效应分析仍停留于全国和城镇范围，关于省域层面农村消费的空间研究成果较少，关于农村区域居民消费需求的空间相似性、消费强度、地域间空间关联、空间分布格局的描述性统计分析及相关因素的定量分析等方面的研究文献也较少。随着经济基础、文化教育水平和消费观念上的差异，省域农村居民消费也出现了明显的空间差别。所以，深入研究中国省域间农民消费行为的空间特征，剖析农村居民消费的差异性与集聚效应、农民消费行为与网络应用之间的空间依赖性，是提升农村居民消费、解决城乡居民消费公平的关键手段。

综合以上文献，可以发现当前研究者们对互联网应用和农村居民消费的关系研究从理论与实证层面都有涉及，但乡村地区的针对性研究仍相对不够：①城乡消费市场的"分层困境"是进一步释放居民消费潜能、达成共同富裕理想的现实阻碍，同时这种分层特征还存在于农村居民群体内部，现有文献多是将城乡消费总量差距作为被解释变量，研究互联网使用对其产生的作用，较少基于对比视角进行分析，需要从不同区域、线上线下消费渠道和农村居民群体内部差异剖析互联网使用对农村居民消费影响的异质性。②由于目前有关农村地区居民生活消费的空间相似性、空间分布格局、空间结构关系的描述统计及在信息网络条件下的成因计量研究的资料还不多，还需深入探索省域间农村居民消费活动与互联网应用的空间结构特征。

1.4　研究述评

　　首先，通过文献的系统梳理可以发现，众多学者对互联网使用的水平评价和影响因素进行了研究，也对农村居民消费的测算、影响因素进行了探析。在从收入、社会保障、财政支农等角度定性和定量分析的基础上，近年来互联网使用对于消费的影响逐渐成为学界的研究热点，但由于城乡和农村居民群体内部的分层特性，对于农村地区的针对性研究仍有诸多可进一步探讨的空间。首先，在农村信息基础设施不断完善的背景下，城乡居民的互联网使用差异更多表现在个体因素和家庭组织形式方面，应该从家庭视角评估农户的互联网使用行为，以及对家庭总效用的影响程度，但由于数据的可获取性差，以此为切入点的研究较为缺乏。其次，互联网和传统的零售渠道在商品环境、购物方法、付款方式等方面都存在着区别，造成互联网在两种渠道下对农村居民消费产生的影响不同，但鲜有对互联网使用影响不同渠道消费的实证分析。最后，由于目前对有关农村地区居民消费应用的空间相似性、空间分布格局、空间结构关系的描述统计，以及互联网条件下成因分析的资料还不多，因此必须深入探索不同省域农村居民消费活动及其在互联网应用中的空间结构特征。

　　综上所述，国内外学者研究取得的丰硕成果，为本书研究奠定了坚实的基础。但针对现有研究的不足，本书将从以下几方面进一步深入研究：①以往文献研究中，多基于户主或被访者视角，忽略了家庭其余成员的互联网使用行为对消费产生的影响。而农村地区长期以来生产生活的组织形式特征，决定了家庭是农村地区互联网使用和消费的基本经济决策单元。本书将基于创新扩散理论和新家庭经济学，通过更为细致的农户问卷调查，从家庭视角考察互联网使用对农村居民消费的影响效应。②受到农村市场环境的客观影响，相比传统线下渠道消费，互联网在农村区域内的广泛应用尤其促进了农村电子商务与网络消费的高速发展。同时，在线上渠道消费的发展中，随着移动支付的广泛应用，线下销售服务也不断走向了信息化、互联网化、大数据化的全新阶段，线上商务机构也在加速线下实体化。因此，本书从线上、线下消费渠道视角考虑互联网使用对农民消费的影响作用，并探讨其在消费主体异质性视角下的影响效应差异。③随着交通、信息技术的普及发展，各省份之间的交流联动变得愈加紧密，空间成为消费经济研究中需要考虑的重要因素，而以往研究多是对于整体或城镇居民消费的空间计量分析。因此，本书将深入挖掘互联网使用和农村居民消费在时空上的演变趋势，并分析两者间的空间溢出效应。

1.5 研究内容与结构

1.5.1 研究内容

本书在"数字乡村建设""共同富裕"和"双循环发展"的现实背景下，探究互联网使用实现农村居民消费的路径、互联网使用对农村居民消费的直接影响、互联网使用对农村居民消费的空间溢出效应。基于上述研究思路，对相关政策文件进行解读和文献总结。首先，第 2 章在构建全书理论框架后，第 3 章对农村居民消费规模、结构和行为变化特点进行总结，分析当前阻碍农村居民消费进一步扩大的关键因素，针对这些问题，提出互联网经济环境下农村居民消费的提升路径。在实证分析前，第 4 章开始梳理城乡居民在数字化应用和消费行为模式等方面的差异。由于农村地区独有的生产生活组织形式特征，决定了家庭是互联网使用和消费决策的基本经济单元。在此基础上，第 5 章从家庭视角考察互联网使用对农村居民消费的影响效应，并探讨其在农村居民群体内部、线上线下消费渠道和区域差异视角下的异质性效应。由于上述分析方法均是基于本地效应，又由于农村互联网有较强的正外部性特点，因此可以促进区域间消费观念和消费行为模式的相互传播，所以在第 6 章分析了互联网使用对农村居民消费的影响以及两者间是否存在空间溢出效应，并为此进行了机理剖析并提出假设，实证方面则采取了探索性空间数据分析和空间计量分析方法。最后，结合研究结论，提出针对性的政策建议，以期为我国在数字乡村建设战略中实现农村居民消费的扩容提质提供理论参考。具体研究内容包括以下几个方面。

（1）农村地区居民消费发展现状分析

本书采用《中国统计年鉴》和《中国农村统计年鉴》等宏观层面数据，

以相关消费理论为基础，采用统计性描述方法，从广义角度分析农村地区居民消费总量与结构、主体类别、观念特征、消费业态形式的发展演变，并分析存在的消费问题。基于农村实际，提出互联网经济环境下农村居民消费的提升可能以及机制形成的内部逻辑。

（2）农村地区互联网发展环境与特征分析

本书结合中国电子商务研究中心、中国互联网信息中心发布的数据，以及微观调研获取的样本数据，系统梳理农村地区互联网发展的阶段历程，并从互联网使用、互联网零售、农村物流和信息基础设施等方面介绍当前农村地区互联网的发展现状。基于城乡二元结构下城乡居民的数字鸿沟特性，从互联网信息应用、信息获取渠道、互联网信息意识、互联网消费体验等方面探讨农村地区居民的互联网使用问题。

（3）互联网使用对农村居民消费的直接效应分析

在互联网经济对农村居民消费直接影响的理论研究基础上，首先，利用2019—2021年"互联网经济时代农村居民消费调查项目"持续3年收集的968个一手农户数据，并根据中国社会调查数据库和相关统计年鉴数据，采取倾向得分匹配法，确定了互联网使用对农村居民消费的直接影响。其次，通过替代指标方法进行稳健性测试，并利用工具变量法克服了内生性问题。最后，从农村居民群体内部差异、线上线下消费渠道和不同区域等异质性视角，分析在各种条件下互联网使用对农村居民消费的影响效应是否存在差异。

（4）互联网使用对农村居民消费的空间溢出效应分析

本书的目的是探究互联网使用对农村居民消费的影响是否具有空间溢出效应。首先，提出互联网使用对农村居民消费存在空间溢出效应的假说，并进行作用机制分析。其次，构建单变量和双变量空间相关性模型，对互联网使用、农村居民消费和两者驱动作用的全局空间相关性和局部空间相关性进行分析。最后，利用空间计量模型对空间效应进行了实证检验，并进行了稳健性检验和异质性分析。

1.5.2　研究结构

本书共分7章，具体结构如下。

第 1 章，导论。本章首先提出了本书撰写的研究背景和选题的意义，并简要说明了本书的结构和采用的研究方法。然后详细介绍了近年来国内外关于农村居民消费、互联网使用、互联网使用与农村居民消费关系的相关文献，指出了这些文献的参考意义和观点差异，最后讨论了本书可能的创新之处。

第 2 章，概念界定与理论基础。首先，根据消费理论的发展阶段，简要介绍了本书涉及的相关术语和概念，以及 20 世纪 30 年代以来的西方主流消费理论，包括经典消费理论、农户消费行为理论、技术扩散理论与新家庭经济学理论、搜寻理论和长尾理论，从而为下文的分析提供理论依据。

第 3 章，农村地区居民消费发展现状分析。本书首先考虑了各时期我国居民消费需求的变动及特征，进而研究农村与城镇居民的消费水平和构成。经过研究发现近年来我国农村居民的消费能力明显增强，消费构成逐步升级，而且消费主体的类别、消费观念和消费业态也发生了重大变化。同时，指出中国农村居民的消费还存在一些问题。最后，结合农村居民消费现状，认为当前中国农村居民消费受到消费能力不足、消费结构升级缓慢、消费习惯不良、消费环境恶劣等一系列因素的影响。以此对近年来互联网经济环境下农民消费行为的变化进行梳理，互联网技术条件通过改变消费能力、消费习惯和消费模式来驱动农村居民的消费过程，并通过影响宏观政策和外部支持环境，达到优化农村居民消费的目的。

第 4 章，农村地区互联网发展环境和特征分析。首先，梳理农村互联网发展历史，将互联网发展划分为起步阶段、徘徊阶段、快速发展阶段和高速发展阶段，分析各个阶段互联网发展的特点，分析国家出台的政策在各个阶段起到的推动作用。然后，根据统计数据分析中国农村互联网发展的现状和存在的问题，主要从农村互联网普及率、农村网民规模、农村物流覆盖率、农村信息基础设施建设等方面进行分析。由于城乡二元结构和数字鸿沟的存在，在研究数字技术对城市和农村居民的消费影响时，不仅要考虑区域间的经济发展水平，还要充分考虑各区域人口对数字技术的接受能力，因此从互联网信息应用、信息获取渠道和互联网信息意识几个方面描述农村地区互联网的使用问题，并基于微观调研数据进一步分析农户在互联网消费体验中遇到的常见问题。

第 5 章，家庭和区域视角下互联网使用对农村居民消费的实证分析。以农村居民的消费类型和消费结构为研究对象，通过 2019—2021 年连续 3 年的"互联网经济时代农村居民消费调查项目"对江西省的农户进行跟踪调查，采用倾向得分匹配法、无条件分位数模型。基于家庭、农民群体内部差异、线上线下消费渠道视角，同时结合中国综合社会调查数据库，从区域视角建立计量模型后，推断互联网使用对农村居民消费产生的具体效应，并利用工具变量法对模型可能存在的内生性问题进行检验，以此探索互联网经济条件下农村居民消费特征变化的途径和内在机制。

第 6 章，互联网使用对农村居民消费的空间溢出效应分析。本章首先阐述了互联网使用对农村居民消费影响的空间机制，提出了互联网使用对农村居民消费的空间溢出效应。其次，利用单变量和双变量空间探索性数据分析方法，分析互联网使用、农村居民消费和互联网使用驱动农村居民消费的全局和局部空间相关性。此外，利用空间计量模型对农村居民消费的影响因素进行回归分析和稳健性检验，并探讨异质性，以此把握互联网使用对农村居民消费的空间溢出效应。

第 7 章，结论、建议与展望。本章将重点汇总各章的研究结果，并给出具体的政策建议。根据农村居民互联网使用促进消费的异质性效应，找出阻碍农村居民互联网使用和消费的关键因素，提出具体的提升和解决策略，并指出研究的不足和进一步研究的方向。

1.6　研究方法与技术路线

1.6.1　研究方法

为了达到研究目标，本书通过文献分析法获得理论来源，在统计分析法的现状测量基础上，采用调查研究法、倾向得分匹配法、无条件分位数模型和工具变量法从家庭和区域视角研究互联网使用对农村居民消费的影响作用，并通过空间相关性检验模型和空间面板模型分析空间视角下的影响差异（图 1-1），具体研究方法将在下文进一步阐述。

（1）文献分析法

文献分析法是研究各种问题的首选方法，本书主要是通过搜集、梳理、

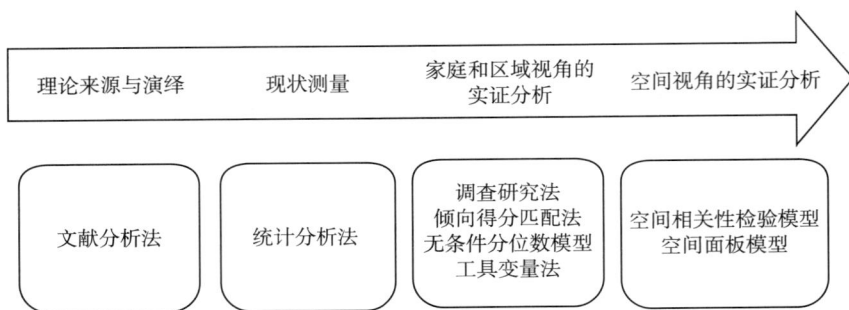

图 1-1 研究方法分析框架

归纳等手段，对国内外互联网发展、居民消费等理论研究成果进行系统总结，明晰当前的研究进展和所面临的问题，为本书理论架构的构建奠定基础。

（2）调查研究法

采用问卷调查法，结合 2019—2021 年"互联网经济时代农村居民消费调查项目"，以江西省农村居民为调查对象，就当地农村居民互联网使用、日常消费等方面进行了详细的访谈，从而获取一手数据资料，为本书第 5 章实证部分的分析提供数据支撑。

（3）统计分析法

运用统计描述方法，通过计算机软件，对以问卷和访谈的形式收集的数据进行统计分析和数据描述，观察农村居民消费行为和消费结构的数据特征，为第 3 章和第 4 章揭示互联网经济环境下农村居民消费变化的现状和特点提供支持。

（4）倾向得分匹配法

第 5 章运用的倾向得分匹配法可以观测具有相同条件的农户在选择是否使用互联网的情况下，消费的变化情况，以此更为准确地评价互联网使用为农户消费所带来的影响，包括选择划定分组变量和建立 Logistic 模型，并通过参数估计和分组实验证明影响效应的具体差异。

（5）无条件分位数模型

在对实际问题的研究中，为了保证参数的一致估计，人们通常关注自变量对因变量的总体影响，近年来发展起来的无条件分位数回归技术可以在模型参数估计一致的前提下，估计解释变量对被解释变量每个分位数的边际影响。因此，第5章使用该方法分析在不同消费能力下，互联网使用对农村居民消费产生的影响。

（6）工具变量法

工具变量法主要用于解决模型中的内生性问题。在一般的回归分析中，模型中自变量的变动一部分与随机干扰项相关，另一部分与随机干扰项无关，工具变量法能够分离出第二部分的信息，从而集中研究这些与随机干扰项无关的自变量的变动，而忽略那部分使最小二乘法估计量有偏的自变量的变动，因此，该方法用于解决第5章中的内生性问题。

（7）空间相关性检验模型

第6章进行空间分析。目前主流的空间关联测量方法是探索性空间数据分析法，是一种通过"数据驱动"，主要实现空间数据挖掘的方法，利用全局和局部空间自相关两种方法来探测研究对象内部的空间联系。全局空间自相关主要反映了整个研究范围内的空间特性和总体变化趋势，局部空间自相关反映的则是局部地区的空间特性。

（8）空间面板模型

地理学第一定律解释说，一切事物都与其他事物相关，但相似事物之间的关系更为密切，空间计量学的发展为这一理论研究提供了强有力的工具。对于消费总量提升和消费结构转型升级的问题，从时间和空间的角度，第6章利用空间面板数据模型实证检验互联网使用对农村居民消费的空间溢出效应，有助于研究分析时空分异视角下互联网使用对农村居民消费的提升与优化程度。

1.6.2　技术路线

本书的技术路线如图1-2所示。

1.7　研究创新点

本书在充分吸收前人理论研究成果的基础上，坚持理论突破与创新的思路，探索可能的新视角、新方法，本书的创新之处主要体现在以下几个

```
┌─────────────────────────────────────────────────────────────────────────┐
│  ┌──────────────┐      ┌──────────┐      ┌──────────────┐                 │  ┌────┐
│  │ 双循环发展战略 │ ───> │ 研究背景  │ <─── │  共同富裕     │                 │  │提  │
│  │ 扩大内需      │      └──────────┘      │ 数字乡村建设  │                 │  │出  │
│  └──────────────┘           │           └──────────────┘                 │  │问  │
│                      ┌──────────────┐                                     │  │题  │
│                      │ 理论回顾与文献综述 │                                  │  └────┘
│                      └──────────────┘                                     │
│  ┌───────────────────────────────────────────────────────────────────┐   │
│  │ 农村居民消费限制因素    ┌──────────────┐    互联网经济环境下           │   │
│  │ 1.消费能力较弱   ───>  │ 互联网成为农村居民消费 │ ─> 农村居民消费发展趋势  │   │
│  │ 2.消费升级缓慢         │ 扩容提质的新动能 │      1.消费约束缓解          │   │
│  │ 3.消费习惯不佳         └──────────────┘      2.消费结构改善          │   │
│  │ 4.消费环境较差                              3.消费习惯改善          │   │
│  │                                            4.消费环境优化          │   │
│  └───────────────────────────────────────────────────────────────────┘   │
│  ┌─────────────────────┐          ┌─────────────────────┐               │
│  │ 互联网对农村居民消费的  │          │ 制约农村居民互联网使用和 │               │
│  │ 作用机制和促进程度如何? │          │ 消费的关键因素?        │               │
│  └─────────────────────┘          └─────────────────────┘               │
└─────────────────────────────────────────────────────────────────────────┘
```

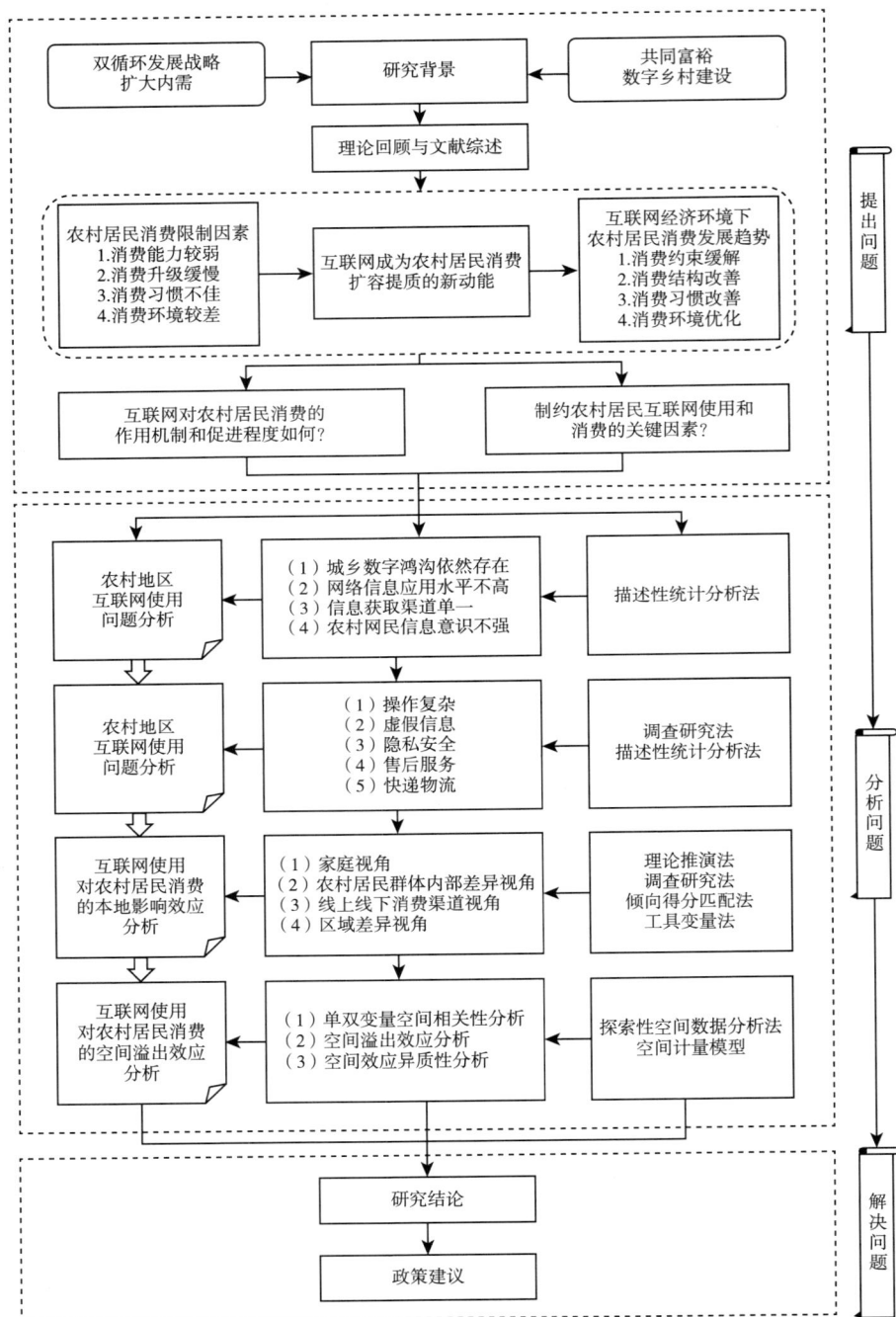

图 1-2　技术路线

方面。

创新点 1：农村地区长期以来生产生活的组织特征形式，决定了家庭是农村地区互联网使用和消费的基本经济决策单元，而既有研究多从户主或被访者视角，忽略了其余成员的互联网使用行为对农户消费的影响。本书基于创新扩散理论和新家庭经济学，通过更为细致的农户问卷调查，从家庭视角考察互联网使用对农村居民消费的影响效应。

创新点 2：由于互联网与传统零售渠道在购物环境、购买方法与支付方式等方面截然不同，造成互联网在两种渠道下对农村居民消费产生的影响不同。因此本书从线上、线下消费渠道视角考虑互联网使用对农村居民消费的影响作用，并探讨其在消费主体异质性视角下的影响效应差异。

创新点 3：鉴于互联网具有较强的外部性特征，有利于消费观念和消费行为在区域间的传递和模仿，因此在本地效应的实证分析基础上，本书首次引入双变量空间自相关方法，并采用空间计量模型深入挖掘互联网使用对农村居民消费的空间溢出效应。

2 概念界定与理论基础

本章研究互联网经济环境下农村居民消费的变化情况，而使用互联网从本质上讲属于农村居民对新技术的采纳，这一决策过程归根结底属于行为经济学的研究范畴，但因为中国是一个典型二元经济结构的发展中国家，城乡经济发展水平极不平衡。在数字社会中，由于基础设施、产业形态、技术、居民文化水平等方面的差距，城乡数字差距仍然存在，所以农村居民开通、使用互联网的行为和城镇居民有所不同。近年来，农村区域微观视角的研究已经开始越来越多地着眼于农村居民自身的特征和活动模式，导致农村居民行为研究快速发展。所以，要重视农村居民对于新技术的采纳与行为研究，除必须从消费理论出发之外，还必须在农村居民行为理论领域挖掘相关信息。在以往的研究中，农村居民的所有行动前提都要求农村居民本身是充分理性的。事实上，农村居民由于受自身禀赋、自然环境条件和各种因素的影响，在行动和做决定时通常较难做到充分的理性，更多表现为有限理性。通过有限理性的角度，考虑农村居民对于新技术的采纳与行为才更加富有科学性，这也是本书与以往研究的主要差异之一。所以，本章将首先对互联网使用、农村居民消费、消费需求层次、消费者行为和数字鸿沟等相关概念进行界定，在此基础上归纳经典消费理论、消费行为理论、技术扩散理论、搜寻理论和长尾理论等，以此作为全书的理论基础。

2.1 概念界定

2.1.1 互联网使用

国外学者 Dutton 等（2005）提出，农村居民互联网使用是指农村地区居民利用计算机和手机上网的情况。基于以上分析，本章从研究的内容和目标出发，对我国农村居民互联网使用的内涵进行了界定，认为农村居民互联网使用是指农村居民利用移动电话、计算机等网络设备进行一系列有关的互联网操作。随着科技的发展，互联网逐渐渗透到人们的生活中，并对人们的社会生活产生了积极的影响：第一，互联网为广大农村居民提供电视、电影、游戏等多种网络娱乐活动，使农村居民的身心健康得到了极大的改善；第二，农村居民利用微信、QQ、微博等网络工具，可以与家人、朋友保持紧密的联系，可以有效地减轻他们的孤独感；第三，农村居民能够在网络上浏览新闻及时掌握时政动态，与社会产生更强的联系；第四，农村居民逐渐开始利用电子商务平台，享受着经济社会发展的成果，并乐在其中。由此可以看出，互联网在农村居民的日常生活中所起的作用日益突出，并对其自身的健康和行为产生了一定的影响。但是，各种应用软件、网站和工具都在不断地发展，由于受自身身体、心理等因素的制约，农村居民的上网行为与城镇居民有明显的差别。在互联网日益普及的今天，由于信息传递、社会和医疗卫生等方面的不平等，农村居民仍存在着被排除在网络之外的可能，从而形成"数字鸿沟"风险。

得益于互联网经济的独有特性，促进农村居民的互联网使用行为有助于缓解城乡的数字鸿沟和消费差异（Park et al.，2015）。1995 年联邦网络理事会（The Federal Networking Council）提出互联网是使用特殊的中介，相互联系在一块的全球性网络系统，通过"信息传输管理协议"或一些协定形成互联网络，给互联网用户带来更有效、方便、多元的信息服务（Dabu et al.，2020）。从构造上分，可以把互联网区分成骨干网络和接入网络，骨干网络是指基础信息设备的铺设，而接入网络也就是"互联网连入的最后一公里"，具有覆盖面广、数据容量大、传输速度快、互动性强等优点（罗俊，2021）。互联网经济是人类市场经济发展的最新阶段，主要指互联网的经济组织、经济结构和经济效应，涉及互联网金融、跨境电子商务、互联网消费、互联网教育和数字数据服务等领域（Kuang et al.，2021）。从实践意义上讲，互联网经济是指所有企业和组织利用互联网（包括企业网、外网和局域网）解决经济和社会问题，以降低生产经营成本、增加市场价值、创造新经济机遇的一切经济实践活动，作为互联网经济的两个重要组成部分，经济主体和经济链条构成了互联网经济的整个"集合"（Wojan et al.，2020）。互联网经济不再是简单的信息收集中心，而是对信息进行加工和整合，最终促使消费不断优化升级的媒介，其中不仅包括生产和消费的经济主体，也包括这些主体之间相互关联的经济链条，事实上，经济链可能是同一行业，也可能是不同的行业（陈刚等，2019）。这种生产与消费关系构成了新的生产力条件下消费升级的网络逻辑，可以有效整合消费者信息，使得生产商和消费者能够及时沟通和联系，生产过程与消费过程可以平行，有效提高商业效率和价值（陈昌东等，2021），这种"网络"的存在，不会造成资源的过度浪费，不仅能提高企业的生产效率，还能使消费者的消费过程更为便捷，一定程度上促进消费升级（王金杰等，2018）。

2.1.2　农村居民消费

市民和村民是整个社会的主要劳动群体。在《中国统计年鉴》中，关于城乡居民已有了较为清晰的界定。其中，农村居民指农村常住户，具体而言，就是"长期（一年以上）居住在乡镇（不包括城关镇）行政管理区域内的住户，以及长期居住在城关镇所辖行政村范围内的农村住户。同时，外出从业人员在外居住时间虽然在6个月以上，但收入主要带回家中，经济与本户连为一体，仍视为家庭常住人口"。因此，根据国家统计局规定，持有农村户口而在城镇工作的农民工显然包括在农村居民范围内，统计局公布的相关农村居民消费数据中包含了对农民工这类特殊群体的统计，在统计时也是按照农村住户原居住所在地进行归属。

居民消费区分为城镇和农村居民消费。《中国统计年鉴》中的主要统计数据说明："居民消费支出是指在某一特定时间内，一个家庭在某一特定时间内所产生的最终消费支出。除了直接用金钱购买的产品和劳务以外，还有通过其他途径得到的产品和劳务的消费，也就是所谓的虚拟消费。"居民的虚拟消费支出主要是指"单位通过实物支付、实物转移等方式为劳动者提供的产品、劳务；住宅的生产与消费，而服务只是住宅本身的服务；金融中介服务，由金融机构提供"。在实际生活中，居民的货币支出很大程度上反映在购置或新建房屋上，但根据国家统计局的统计原理，房屋属于固定资产，其购置行为属于投资而非消费，对应的货币支出是固定资产，而与住宅相关的消费支出，则主要来源于住宅提供的服务融资，例如租金、水电、燃料、物业管理等，也包含了自己房屋的换算租金。将购买和新建房屋的统计数据纳入投资是符合统计学原理的，并且符合世界各国的统计惯例。

2.1.3 消费需求层次

人的需求水平决定了消费水平。马斯洛的需求层级理论认为，人的需求水平分为生理需求、安全需求、情感归属需求、尊重需求和自我满足需求。这五种需求，就像梯子一样，从低到高，逐步升级。根据人们需求水平上升的规律，消费升级的方向也表现为从低水平需求向高水平需求的转变。随着经济的发展，在基本生活需求得到满足的基础上，需求逐渐向更高层次发展，即在基本的生存消费需求得到满足后，人们转向发展享乐型消费。从经济学的角度来看，消费数量受到效率最大化的制约，消费者衣食住行等基本消费需求的数量会随着初级需求被满足而逐渐下降。当有限的基本消费需求得到满足时，人们会转向弹性更大的发展享乐型消费。农村居民消费结构是指在特定的社会经济条件下，农村居民在特定的时间内所消耗的各种物质的比重，包括各种消费方式和内容所占的比重，以及各种消费之间的关系（尹世杰，2007）。我国目前普遍采用恩格尔系数作为衡量我国农村居民消费结构的一个重要指标，即恩格尔系数较小，消费结构越合理（文启湘，2005）。另外，根据国家统计局发布的《居民消费支出分类（2013 年）》的标准，居民消费支出分为八大类，分别是：食品烟酒、衣物、居住、生活用品和服务、交通通信、文化教育娱乐、卫生保健和其他商品服务。在生活消费中，一般认为如果基础生存型消费支出在消费中所占比重较低，而发展享乐型消费支出比重较高时，则说明其消费结构更加合理，而消费结构升级也可以体现为农村居民对主流产品或服务的要求（文启湘，2005），它会随着经济社会的发展而动态变化，经济社会发展水平越高，越有助于社会消费结构的优化提升（毛中根等，2017）。

2.1.4 消费者行为

消费结构是消费者活动的结果与体现，互联网经济时代农村居民消费结构形式的变化，很大程度上是由互联网直接影响消费群体行为方式完成的，所以探讨互联网发展对农村居民消费方式的影响必须紧密联系消费群体的具体行为。美国学者 Woods（1981）提出：消费者行为是人类在进行社会消费时所形成的活动，一般包含：挑选、对比、选购服务等一连串的行为。在此基础上，国内学者尹世杰（2007）提出，消费者社会活动是指消费者在一定的收入水平下，通过购买商品或劳务而完成消费的过程。由此可以看出，消费者行为大致涵盖两层含义：一是消费者是消费行为的基础和中心，任何消费行为活动都离不开消费者；二是消费者行为是一种包括买前、买中、买后的长期过程（魏勇，2012）。除此之外，消费者行为还有多重的影响因素，其中包括：个人与群体消费心理、消费的客体心理以及社会环境因素等，消费者本身的经济资源价值（包含收入、财产和信贷等）、消费客体（商品或服务）的相对价值都是其中的重要组成要素，对消费者本身的购买决策和消费者行为起着至关重要的影响（丁水平等，2020）。

农村居民的消费行为是指农村居民为了实现其产品或服务的消费而进行的一系列经济行为。农村居民收入水平的提高，使农村居民的消费水平发生了巨大的变化。农村居民的消费行为是影响整个国民经济、社会发展和人民自身发展的根本原因。农村居民的消费行为呈现出一系列特征，其中最显著的特征是：相对城市居民而言，农村居民的消费行为受到了很大的限制，在消费行为中，农村居民更希望用更少的价钱购买更多的产品，消费行为也始终与农村居民的收入、文化素质、社会环境、社会地位、生活观念等因素相协调，大部分消费者的消费行为都发生在自己的承受范围内。在不同的消费者群体中，消费者的消费行为常常是不确定的，并且在任何时候都会发生改变。因此，在研究农村居民的消费行为时，必须考虑购买商品和服务的种类、购买方式以及购买动机等因素。消费经济学、营销学、心理学、社会学等学科的综合运用，成为消费行为研究的题中应有之义。

2.1.5　数字鸿沟

在信息化时代，人们面对着一种新的贫穷现象，那就是"信息贫穷"。信息贫穷与信息富足是任何国家、任何团体、任何产业都存在的数字鸿沟，使得信息贫穷者不能分享信息的红利，导致贫富差距扩大。信息技术革命给社会带来了新的财富不公平。一方面，在信息科技推动社会发展的同时，低收入国家与发达国家相比，信息科技更为缺乏。例如 20 世纪 90 年代，人类进入信息化社会之后，全球信息鸿沟并未因社会发展而缩小；另一方面，由于信息化导致不同行业、不同人群在信息技术运用上的不同，富人可以通过信息技术获取更多的信息，而穷人却没有掌握先进的技术和信息，从而扩大了穷人与富人之间的鸿沟。因此，在瑞士日内瓦召开的第 99 次通信会议上，联合国前秘书长科菲·阿特塔安南认为，将贫困人口排除在信息革命之外是十分危险的，因为贫困人口本身就缺乏许多物质条件，包括食物、干净的饮用水、住房、工作、医疗等，而现在，如果他们的基础通信设施被切断，那将是又一次的灾难，甚至可能使他们丧失致富的希望。

数字鸿沟是一个综合性的、不断发展的概念，指不同地区、不同阶层、不同人群在信息获取、应用、评价和利用信息技术、信息资源方面的差距，是反映个人、家庭、企业、地区、国际差距的指标之一，处于弱势一端的人群形成了新的数字贫困、信息贫困、知识贫困，数字鸿沟实际上也是一种财富创造能力的差距（Ranjit，2009）：第一，基础差距，包括信息技术和信息获取、互联网接入和信息能力的差距，是一个条件问题；二是垂直差距，即互联网使用者与非使用者之间的差距；三是横向差异，例如国内互联网使用者之间的差距，是社会一体化的问题。以中国为例，到 2020 年，全国、城镇和农村地区的网络覆盖率分别为 55.90%、79.80%、23.90%。另外，在互联网普及率高的地方人们往往更加富有。从这一点可以看出，数字鸿沟是互联网情境下家庭、个人获得资讯和通信技术的差距，这不仅仅是技术上的问题，更是一种社会经济问题。

2.2　理论基础

2.2.1　经典消费理论

消费不仅与收入具有函数关系，而且也与宏观经济因素密切相关。居民消费理论，也叫居民消费函数论，是通过经济学角度探究影响消费者行为各种因素的学说（黄思皓等，2020）。从凯恩斯时代开始，居民消费理论就受到许多研究者的重视，并进行了深入的研究和发展，从而促使居民消费理论越来越充实和完备。

（1）"短视性"消费与"前瞻性"消费理论

第一，"短视性"的消费理论。凯恩斯（1999）提出了绝对收入假说，他指出居民消费水平会随着收入的增加而上升，两者是同向变动的关系，但是它们变动的幅度范围不同，通常居民消费的变动幅度范围要小于收入的变动幅度范围，所以居民的边际消费倾向一般在0～1，同时边际消费倾向和平均消费倾向都会随着收入的增长而不断降低。在该理论中，居民的基础消费行为可以分为两个部分：自发性消费行为与引致性消费行为。自发性消费行为与总收入不存在太大的关系，只是维持基本生活水平所必需的基础消费行为，而引致性消费行为则与总收入的变动有关，这一理论可以用公式（2-1）的线性函数描述。

$$C_t = a + b_t Y_t \qquad (2-1)$$

其中，C_t代表第t期居民的消费支出总量；a表示居民的自发性消费量；b_t代表居民第t期的边际消费行为偏向量；Y_t代表第t期居民的绝对收入总量。参数必须满足的必要条件是：$a > 0$，$0 < b_t < 1$。

在绝对收入理论中，主要阐述了消费水平和总收入之间的关联，其中总收入才是最终影响消费水平的决定性因素，并且二者之间具有相对稳定的正向关联，据此得知，凯恩斯的绝对收入假说比较适合于短期分析。

第二，"示范效应"和"习惯形成"的消费理论。Duesenberry（1949）提出了相对收入假说，认为居民的消费除了受到个人总收入的影响外，还会直接受到周围人的消费习惯和行为的影响。因此，居民消费变量的长期和短期形态是不同的。短期消费函数的截距为正，而长期消费函数则是从原点出发的一条直线，居民消费和总收入之间的比值则保持不变。该学说的基本思路可以具体表现为以下两项效应：一是居民消费的"棘轮效应"，当居民收入增加时，人们也较快地增加了自身的消费，可是当总收入减少时，人们并非就此减少自身的消费，反而会采取减少存款等方法维持其过去的消费习惯。二是居民消费的"示范效应"，人们相互之间的消费偏好都是有密切联系的，消费者的消费支出也会受周围人的影响，当身边的人总收入和生活水平都提高时，尽管消费者自身总收入并没有发生显著变化，但出于互相攀比或维持社会地位的考量，消费者还是会增加自身的消费总量。

第三，"前瞻性"的消费理论。与凯恩斯的"静态"消费理论不同，"前瞻性"的消费行为理论是把消费行为作为一种新的研究视角，它的代表是Modigliani 等（1959）和 Friedman（1957）的生命周期理论和持久收入理论。生命周期理论强调理性的消费者不但通过现期收入来确定自身的消费，同时他们还会在更长的时期内计划自己的花费，以便达到在整个生命时间里的效益最大化，所以在消费者不同的年龄，由于其消费偏好与消费决策都有较大的差别，人们的消费也存在着相应的年龄特征，因此根据生命周期的假定，可表述为公式（2-2）。

$$C_t = aW_t + bI_t \qquad (2-2)$$

其中，C_t为 t 期消费者的总消费支出；a 为财富带来的边际消费倾向；W_t为消费者在 t 期获得的财富；b 为消费者净收入带来的边际消费倾向；I_t是 t 时期消费者的净收入。而持久收入理论则认为，如果把消费者的总收入分为两个部分，则分别为公式（2-3）中的长期收入与临时收入。

$$Y_t = Y_t^P + Y_t^T \qquad (2-3)$$

其中，Y_t、Y_t^P 和 Y_t^T 分别代表第 t 时期的净收入、长期净收入和临时净收入，而针对这几种收入类型，长期净收入就决定了人们的消费支出，如果临时收入变化是偶然性的，并非长期的，那么临时收入也就不能影响到人们的消费支出，只有当收入的变化是长期的，消费者才会在新的长期收入水平上重新调整消费行为。持久收入 Y_t^P 和持久消费 C_t^P 之间的关系，用函数形式可表达为公式（2-4）。

$$C_t^P = f(r, W) Y_t^P \qquad (2-4)$$

其中，r 和 W 分别表示利率以及财富。

这两种学说既有联系又有差异，不同之处在于生命周期理论是指在消费者有限寿命的假设下，通过储蓄视角，将个人财富概念引入消费函数模型中。而长期收入假设也就是将消费者本身抽象化，通过构建居民消费的无限期模型探讨居民消费的长期动态现象。两者在基本思想上是一样的，都是把消费者本身看成是"前瞻性"的管理者，把终生或长时间当作完成消费行为的基础。

（2）"收入的不确定性"与"理性预期"的消费理论

第一，随机游走理论。Hall（1978）从消费函数中考察了理性预期与不确定性的影响，从而形成了随机游走理论，其基本思路是假定利息为不变动的常量，则消费者本身的瞬时效用函数必然是二次型，并在跨时间预算约束的前提条件下，利用欧拉方程求解消费者效用的最大化，结果发现消费者的消费变动过程是无法预知的。所以，该理论的基本思路是，消费者行为遵循随机价格变化的过程，这是不可预测的，该理论也可表述为公式（2-5）。

$$C_t = \lambda C_{t-1} + \varepsilon_t \qquad (2-5)$$

其中，t 为时期；λ 为 $t-1$ 期消费的影响系数；C_t 和 C_{t-1} 分别代表第 t 期和 $t-1$ 期的消费；ε 为误差项。

从该函数公式的定义中可以得知，本期和前期购买消费行为之间具有较强的交互关系，除此之外并不受其他变量影响。

第二，流动性约束假说。所谓流动性约束也叫做信贷制约，是指在人们有融资需求时，却不能从金融机构或者其他信用组织中获得信贷的状况，其成因主要包括：消费者没有抵押金、收入情况较差、信贷市场不成熟、信息不对称等。该假设的主要思路是：当消费者遭遇流动性约束时，不管是即期或者预期的流动性约束，都会造成人们消费的减少，原因大致在于以下几点：第一，如果假设消费者遭遇的是即期流动性约束，那么尽管消费者有消费需求，也无法进行消费；第二，如果消费者面临着可预见的流动性限制，那么为了防止将来的风险爆发，消费者会增加存款。所以，不管是当前还是未来的流动性约束，都会降低消费者的实际消费（尹志超等，2021）。从另一个视角来看，近年来快速发展的互联网金融服务是互联网和传统金融业的融合，不但减少了人们的信息不对称，而且革新了传统交易方式和付款方法，减少了金融服务的交易成本，也给消费者创造了更多可供选择的投资途径，从而增加了人们投资的便利性，也就是说，由于互联网金融服务的存在，极大地减少了消费者的流动性制约或信贷束缚，达到平滑消费路径的目的，从而增加消费（Fukuhara，2020）。

第三，预防性储蓄学说。所谓预防性储蓄是指当面临未来不确定性时，消费者为避免以后消费价格波动过大或维持未来的生存水平，而提高当期现金储备的经济活动。通常来说，未来消费的改变更多来自消费者收入的变化。所以，该假说所探讨的问题是在不确定性的情形下，消费者们在成本约束下如何进行跨期选择，以实现利益最大化的问题。与确定性情况相比，在我国金融市场正面临风险及未来不确定性之际，通常理性的消费者都会选择增加存款，将其财产平均分配到各个时段内，以避免因为收入不确定性所造成的未来生活水平大幅下降，进而平缓整个生命周期内的消费行为路径（Ibanez et al.，2021）。

通过上述理论可以看出，影响居民消费行为的通常包括：过度的收入敏感性、时间偏好、不确定性和预防性动机、支出预期动机等。这几个方面的相互影响表明居民的消费行为是一个非常复杂和变化的过程，单靠一种因素无法解释具体的消费行为。不同的消费者在同一时间内进行消费，其动机也不一样。

2.2.2　农户消费行为理论

18世纪，被称为"第一个行为经济学家"的亚当·斯密（Adam Smith）与著名的行为经济学家丹尼尔·卡尼曼（Daniel Kahneman）建立了一个双重曲线的折现模型，用来检验经济人的自利性是导致经济行为的根本原因。新古典经济学说的拥护者们主张，一切经济决定都应当理性竞争（Becker，1993）。Gilad等（1982）将新古典经济学中的"无限理性"替换成"有限理性"，对经济活动中人们的行为进行了深入研究。但此后，许多学者对新古典主义经济学提出了质疑，并提出了以新古典经济学为基础的期望效用最大化模型，由于忽视了人的心理动机对行为的影响，从而使其分析的结果与实际情况有较大的出入。

而从农户的角度来看，农户在其所处的社会、经济条件下，为达到其预定的经济目的而产生的反馈被称作农户行为，农户行为也是由其在经济活动中做出的各项决定而产生的。根据决策领域的差异，农户的行为可以划分为生产和消费两种类型。在此基础上，农户的生产行为可以分为投入、种植、资源利用、技术采纳几个方面。从目前的情况来看，农户的行为具有更大的市场属性，这是因为农村经济全面市场化的结果。首先，由于国内外市场的竞争日益加剧，农户在做出各项决策时，必须充分依靠市场的变动和引导功能。其次，随着我国农业市场的商品化、专业化、精细化，高劳动密集型的农业生产经营必然要综合考虑资源、环境、成本、效益、市场、技术等多种要素。目前，农户行为已由原来的单纯以生产为主导转向了综合考虑多种经济因素的行为模式，学者对农户行为是否理性的研究已形成了许多学派，其中最具代表性的是理性行为理论、组织生产理论、社会心理学理论，其中关于农户消费行为分析的理论主要包括：理性小农理论、生存小农理论、期望理论与羊群理论，下面分别介绍这几种理论的具体内容。

（1）理性小农理论

理性小农理论认为如果农业市场是完全的竞争，农村居民会按照自己的特征和周边环境来进行资源的合理分配，以最少的投资获得最大的利益。在这样的条件下，农村居民的生产要素分配效率并不低。因此，这些农村居民的行为与帕累托最佳理论一致，在发展中国家，家庭农场是高效而贫困的，传统的小农户在农产品市场上寻求最大的利益。而且利益最大化假设并非一定要以金钱的方式存在，也能以心理上的需求被满足来实现。另外，农村居民也会在利益与风险之间做出选择，因此在新技术出现的时候，农村居民会根据新技术的收益与风险，充分考虑是否能给自己带来更多的利润。同样地，网络信息技术作为一种新的技术，农村居民在选择或者使用互联网的时候，都会考虑到投资的成本，以及这种技术能给自身带来的好处。

（2）生存小农理论

对小农户来说，他们抵御风险的能力很弱，因此一般情况下，他们都会优先考虑自己的经济安全。美国经济学家 Scott 等（2006）提出了"道义经济"这一著名的理论，即个体的生存倾向很强，他们不会为了利益的最大化而将经济安全置于末位。由于农村居民的保守性，不确定因素会导致他们对于新事物的接受产生迟疑，并且在一定程度上会对他们的经济活动产生影响。不确定性分为自然风险、市场不确定性、社会不确定性、政府行为不确定性、战争不确定性。与此类似，采纳新的信息科技也会产生不确定性，并可能造成经济上的损失。在发展中国家，由于市场不稳定、信息匮乏、市场不完善等因素，导致了农村居民的生活不稳定，所以风险规避可以很好地满足他们的生存需要。同样，农村居民上网也是一种不确定性因素，农村家庭虽然可以通过网络获得经济利益和心理上的愉悦，但是也容易受到网络上虚假信息的欺骗，因此一些家庭会拒绝开通或者使用网络。

（3）期望理论

期望理论，又称前景理论，是 Kahneman 等（1979）提出的一种行为经济学说。他把人的选择过程分成两个阶段，首先是抽象和描述被选取事物的条件、可能的结果，从而使事物的实际状况变得简单。然后在评估对象实际状况的基础上做出选择。如果人们绝对理智，那么他们选择的结果就会趋向一致。然而，由于人们的天赋不同，所有的决策都会有不同的结果，期望理论的实现可以通过两个功能来衡量决策者的行为，如公式（2-6）所示。

$$\sum P(p_i)v(\Delta w_i) > \sum P(p_j)v(\Delta w_j) \qquad (2-6)$$

公式（2-6）中，P 为决策者的预期效用；i 表示决策者选择该项行为；p 表示决策者选择该项行为的概率；v 是价值函数；w 是权重函数；j 表示决策者放弃该项行为。

本书运用这一理论，对由于农村人口的差异而导致的网络服务属性偏好和行为进行分析，并从资源禀赋和信息需求类型两个方面进行探讨。该理论主要用于分析解释农户对信息技术的接受情况，包括对信息技术的认知有效性和体验有用度两方面（Scheper et al.，2019）。可以看出，从农户显示出的行动意图就能够推断出其采纳技术的实际活动，而且农户对新技术产品的使用心态也会影响农户对新技术产品的行为意愿。也就是说，如果农户对新技术产品所保持的心态越是积极，他的接受程度和使用意愿也将越强烈（Nath et al.，2019）。

（4）羊群理论

羊群理论是一种具有代表性的行为经济学理论。当羊群中的头羊受到一定的刺激而做出某些行为时，羊群里的其他羊也会跟着做出同样的举动，即使环境的条件改变了，它们也不会停止。其实这样的跟风现象，在整个人类世界都是很常见的。人们的思维方式、行为规律往往倾向于与大多数人保持一致，而在某些时候，他们却忽略了自己的处境（Gupta et al.，2020）。因此，羊群理论在行为经济学中占有举足轻重的地位。在行为经济学中，羊群行为之所以经常出现，是由于其与效用最大化原则相一致，同时又是群体压力下的非理性行为。在经济活动中，人们忽略了自己的情况和所能获得的信息，盲目地从众是不合理的，但是从风险规避和纳什均衡的观点来看，这是非常合理的，羊群理论的数学模型描述如公式（2-7）所示。

$$\Pr(A|B) = \frac{\Pr(A|B)\Pr(A)}{\Pr(B)} \infty L(A|B)\Pr(A) \qquad (2-7)$$

公式（2-7）中，$\Pr(A|B)$ 为已知 B 发生后 A 的条件概率；$\Pr(A)$ 为 A 的先验概率或边缘概率；$\Pr(B)$ 为 B 的先验概率或边缘概率；$L(A|B)$ 是 B 发生时 A 发生的可能性。

从公式（2-7）可以看出，群体意识在一定程度上主导农户行为，农村居民对他们所在的群体有着很强的归属感，他们不想变得特殊，也不想成为新技术的第一个尝试者。在乡村，小众行为将被所有人唾弃，而当一小部分人的所作所为可以获取利益时，在攀比、模仿的心理下，这种行为在人群中会迅速蔓延，成为一种普遍的行为。

通过分析上述理论，本书认为，我国居民的消费行为受多种内外因素的影响，尤其是农村居民，其消费行为的比较、决策等，因其所处的不同经济、社会发展环境而更加复杂。因此，本书将在消费规模和消费结构变化的基础上，基于农户消费行为理论，分析城乡居民消费行为的异同以及面临的主要问题。

2.2.3 技术扩散理论与新家庭经济学理论

技术扩散的理论主要有 Cochrane（1958）和罗杰斯（1972）的创新扩散理论，创新可以是新知识、新技术、新观念，网络是一种新技术，也是一种新的观念，因此网络的接受与应用都是基于技术扩散的。随着新技术的持续传播，农民可以被划分为：革新者、早期采纳者、早期跟随者、后期跟随者和落后群体。而且，新技术的传播速度一开始很缓慢，随着接受的人越来越多，它的传播速度也越来越快。与此相对应，农户接受新技术的过程分为认识、说服、决定、实施、确认五个阶段，而实际接受新技术的过程并不会完全遵循这五个阶段，这是由于非理性风险的存在（高启杰，2003）。农业技术扩散理论的核心思想是：为了获得最大的利益，农村居民要不断地使用新技术。从这一理论中，我们可以看到，如果某个农村居民接受了网络新技术，那么他就会利用网络技术获得更多的利益，而其他的农村居民，则会模仿这个农村居民，通过网络获得更多的利益。Rogers 等（1962）教授还提出了创新传播 S 曲线理论，即所有创新性产物的传播都呈现"S"形的发展路径，也就是说在生产初期，接触和应用的人较少，因此扩散进度十分迟缓。但是，如果这些新产物一旦被某类用户接触后，扩散速度将会骤然加快，曲线也将呈现急剧上升趋势，到了临近最饱和点的时候，速度又会再次慢下来。

新古典主义经济学中，效应函数的最小单位是家庭，因此家庭内部的个体成员在函数效应上无法单独相比，同时效用函数也不能相加，所以，在对家庭效用函数进行考察时，新家庭经济学理论假设在家庭内部分工的基础上，所有的家庭成员都把他们的偏好置于公共利益下，即最适合的效用分析单元不是个体，而是家庭（除非二者完全一样）（Berker，1965）。效用不仅可以直接从市场上的商品中获得，也可以从家庭生产的最终消费品中获得。家庭作为一个综合经济行为主体，根据时间价值的波动，可以对家庭生产、家庭消费、家庭决策做出理性的安排，以实现家庭效用最大化为最终目标（贝克尔等，1987）。农村区域多以家庭为单位进行农业生产，农户是农业生产和经济发展到一定程度产生的结果。准确地说，随着社会的分工越来越完善，出现了以家庭为单位进行农业生产和经济活动的单位体。丘兴平（2004）认为，农户这个概念必须从经济和生活两方面来解释：在经济方面，农户是充分利用主要劳动力，以实现农业生产，并从事农业经济活动的载体。在生活上，农户是一种以婚姻、血缘为纽带的生活组织。因此，农户在从事农业生产和经营活动中，一方面存在着对利益最大化的经济需要，另一方面又存在着改善家庭幸福感的目的。综上所述，农户属于农村户口，拥有对农村土地的管理权，并以血缘关系、婚姻关系为纽带，以家庭为单位，以家庭全体成员或部分人员为主体，从事农业生产和经济活动。家庭是乡村社会各个微观经济活动的重要组成部分，也是最根本的决策单元。互联网接受行为实质上是由个体的经济行为和家庭的经济行为共同决定的，互联网的利用不仅仅可以对一个家庭成员效用有贡献，更能对整个家庭效用带来贡献。另外，因为家庭成员之间存在信息的分享，因此，利用互联网获得的信息也可以被视为家庭经济活动。

综上所述，本书基于技术扩散理论与新家庭经济学理论，分析农村地区长期以来生产生活的组织形式特征，基于农户信息化应用和家庭消费特征，以家庭为研究对象，探讨了互联网应用对农村居民消费的影响。但是，因为缺少家庭成员上网的数据，现有研究仅简单从户主或被访者的互联网使用视角研究其对于家庭消费的作用机制，未进行更深层次的机制分析和实证检验。

2.2.4 搜寻理论

搜寻行为形成的前提是信息不对称以及消费品价值的离散（Cheynel et al.，2020）。Stigler（1961）首先创建了搜寻理论模型，它指出搜寻是消费者在特定的价格约束条件下，实现最佳收益或最低消费成本的问题。而按照搜索的方法，搜寻理论可以分成固定样本搜索和连续搜索。其中，固定样本搜索是指假如市场消费者得知整个市场售价的平均分布状况，但是却并不知道每个销售者的具体价格，那么首先消费者就需要确定一个相对稳定的价格搜索样本，并在一定范围内对所有卖方提供的价格进行查询比对，并据此选择价格最低者加以购买，至此整个搜寻活动就完成了；而连续搜寻模式，则不要求消费者必须预先确定搜寻样本。在传统搜寻理论中，将人们对资讯搜索而付出的代价称为搜寻成本，并且该成本随着时间的增加将会越来越大，在理论上，如果期望边际收益与实际边际成本二者完全等价时，则人们的搜索活动就将终止。但是，在传统的搜寻理论中，因为存在信息的不对称，所以消费者必须展开搜索活动，同时由于搜索费用成本的存在，使得人们并不可以无限次地搜寻下去，因此在不充分信息条件下，消费者最后的购物决策并不一定是最佳选择，而是在综合考虑了成本费用和利益以后的最可行选择。可以推断，互联网技术条件下的新市场模式将会对人们的搜寻成本和搜索行为产生重要影响（Liao et al.，2020）：一方面，搜索行为可以不受时间与距离的约束，消费者能够在任意时刻对全世界范围内的产品进行搜索；另一方面，互联网技术让消费者和生产经营者之间随时交流，足不出户就能够得到大量信息，减少了信息不对称。综上所述，互联网发展不仅扩大了人们的搜索范围，还节约了巨大的时间成本和经济成本，与传统市场方式相比较，互联网技术可以使消费者更加简单、快速地获取有关产品和服务的资讯，必将极大地减少搜寻成本，并且提升搜寻效果。因此，本书将基于"搜寻理论"视角，对互联网商业模式拓宽农村居民消费渠道和缓解消费约束的作用机制进行阐述。

2.2.5 长尾理论

Wired 杂志主编 Anderson（2004）首次提出了长尾理论概念，即商品

销售的未来发展并不意味着传统社会市场需求曲线中代表"热门产品"的头部，而是代表经常被遗忘的"非热门产品"的长尾。长尾理论是对传统 80/20 原则（20％的人拥有 80％的财产，即财产在总人口中分享不均）的突破（Kampes，2021），"短尾"指的是大规模市场经济，而"长尾"指的是范围市场经济。就规模经济而言，企业产品种类越少，生产成本越低，投资效益也就越好。但就范围经济而言，在全球信息共享的前提下，企业的经营类目越多，单个产品的投入成本也就越低，也就更容易产生高额利润。因此，长尾理论探究的实际问题是社会上企业的经营怎样从规模经济阶段发展到范围经济阶段，而在互联网经济时代，则是企业研究"长尾"，充分发挥"长尾"作用的关键时期，即企业怎样在高度信息化的互联网中低价、大量、高效率地满足消费者的个性化需求（张翼飞等，2020），特别是利用互联网表达和传播信息的消费领域，"长尾"更是随处可见，如在线电影、音乐和游戏等发展享乐型消费文化的主导领域（Zeng et al.，2020），这也说明"长尾理论"是互联网经济时代指导生产与消费的主要基础理论。因此，本书将基于"长尾理论"视角，对互联网商业模式改善农村居民消费需求、优化消费结构的作用机制进行阐述。

2.3　本章小结

本章通过对本书所包含的有关概念与理论加以划分，旨在为总体的研究提供有力的理论基础。首先，根据研究内容，结合农村地区互联网使用和互联网消费的特点，对互联网使用、农村居民消费、消费需求层次、消费者行为和数字鸿沟等相关概念进行界定。然后，在理论基础方面，首先介绍了经典消费理论，在此基础上根据农户消费行为理论，并以新兴技术采纳为切入口，通过技术扩散理论、新家庭经济学理论对农户互联网使用的行为特征进行了阐述，最后根据搜寻理论和长尾理论等对互联网经济时代下农村居民消费变化特征进行了介绍，从而构建了本书的理论框架。

3 农村地区居民消费发展现状分析

在前文的相关概念界定和基础理论剖析之后，便可发现在进行互联网使用对我国农村居民消费发展影响变化的因果关系推断、影响机制探究和实证分析之前，首先应该厘清我国农村居民消费发展变动的基础情况，同时利用描述性统计的方法，揭示我国居民消费变化的主要特点。总体上，居民消费由狭义消费和广义消费构成（艾天霞等，2019），狭义居民消费的变化表现在消费的数量上，包括消费水平、消费结构等。所以，要全面把握中国农村居民的消费状况，就需要从广义的居民消费角度来看，包括消费总量、消费结构和消费行为特征等，梳理和判断主要影响因素，并运用经典消费基础理论，揭示农村人口消费变化过程中的基本收支机制、生产方式变革机制和商业运作机制等。同时，在互联网经济时代，零售模式、物流覆盖、信息基础设施等方面都发生了巨大的变化，为此本章将从多角度对我国农村居民的消费及其在互联网经济环境下的变化展开特征描述，相关指标选取依据《中国统计年鉴》及《中国农村统计年鉴》的主要数据口径，并采用国家统计局发布的正式统计数据辅以分析。

3.1 农村地区消费发展概况

根据《中国农村统计年鉴》，改革开放以来，我国农村居民消费总量呈现逐渐增加的态势，但增速呈现阶段性震荡的特征。从各发展阶段来看，受农村经济发展宏观环境和相关政策的影响，农村居民消费呈现周期性波动特征，从消费增长率变化趋势来看，农村居民消费波动主要呈现出五个阶段特征。

第一个阶段：1978—1985 年，农村居民消费水平迅速上升。中央高度重视"三农"问题，实行家庭联产承包责任制等惠农政策，使得农民收入迅速增加，在收入增加的基础上，农村居民消费支出水平也相应提高，已从贫困状态逐步提高到温饱水平。党的十一届三中全会召开后，我国的农业、农村问题得到了社会的普遍关注，尤其是实行了家庭联产承包责任制等农业方面的优惠政策，使我国农民的消费水平迅速提高，1978 年农村居民消费增长率为 15.15%，1985 年提高到了 29.48%。

第二个阶段：1986—1991 年，农村消费增速出现回落。这一阶段，由于物价上涨等因素的影响，农民的人均消费增长率明显降低，1986 年增长率为 1.44%，到 1991 年也仅回升至 8.76%，这与我国农村居民人均可支配收入增长缓慢相关。1985 年农民人均可支配收入增长率为 11.90%，1986 年后迅速回落至 6.58%，1991 年仅为 3.20%，导致农村居民人均生活支出一直处于温饱水平。

第三个阶段：1992—1995 年，农村居民消费又进入了一个快速增长时期。在经历了第二阶段的增长速度放缓以后，我国农村居民消费继续进入高增速时期，到 1992 年全国农村人口的消费实际增速已经提升到了 15.62%，比第二阶段末提高了 6.86 个百分点。由于农副产品的价格上涨，加上中央的宏观调控，物价上涨的趋势得到了遏制，1992 年农村居民的平均收入增长率达到了 10% 以上，而 1995 年更是翻了一番，这使得农村居民消费也相应地大幅增加，同年农民消费增长率达到 28.26%，但在消费水平层面仍然维持着基本的温饱状况。

第四个阶段：1996—2003 年，我国农村居民的消费增长速度较慢。由于受到全球金融危机的冲击，这一时期的经济增长速度急剧下滑，与上一阶段相比，2000 年的增幅只有 0.68%，而农民的生活消费却由解决温饱上升到了相对富裕的水平。

第五个阶段：2004 年至今，中国农村居民消费进入了一个快速增长时期。中国加入世贸组织后，农业税收逐步取消，农民消费持续增长，从 2004 年起，增长率上升到 9.81%，2012 年超过 23.60%，创近 15 年来的新高，加上中央政府对"三农"工作的高度关注，尤其是 2017 年乡村振兴战略的实施，伴随农村居民持续增收、农村基础设施的完善、市场环境的优化，农民消费稳步提升，相比历史其他阶段，该时期我国农村居民生活消费层次的年均增长率相对较高，农村居民人均生活水平逐步从小康状态转为富裕水平。

3.2 农村居民消费规模变化

3.2.1 农村居民消费总量

如图 3-1 所显示，2019 年，我国农村居民名义收入为 16 020.70 元，名义消费支出为 13 327.70 元，收入达到 1978 年的 119.94 倍，消费达到 1978 年的 98.12 倍。为了剔除市场价格变动对农村居民收支的影响，分析农村居民货币实际购买力的强弱，根据 1978 年农村居民消费价格指数，对农村居民的收入和支出数据进行了平减。在研究期内，农村居民实际收支分别是 1798 年的 18.75 倍和 15.34 倍，可以看出改革开放以来的 40 余年，我国农村居民收支规模都呈现了显著的上升态势。由于后文各板块的研究基期有所差异，为了保证指标间数值的统一性，按照王冬（2015）、袁小慧（2019）等学者的做法，仍以《中国统计年鉴》和《中国农村统计年鉴》显示的名义量数据口径为准。

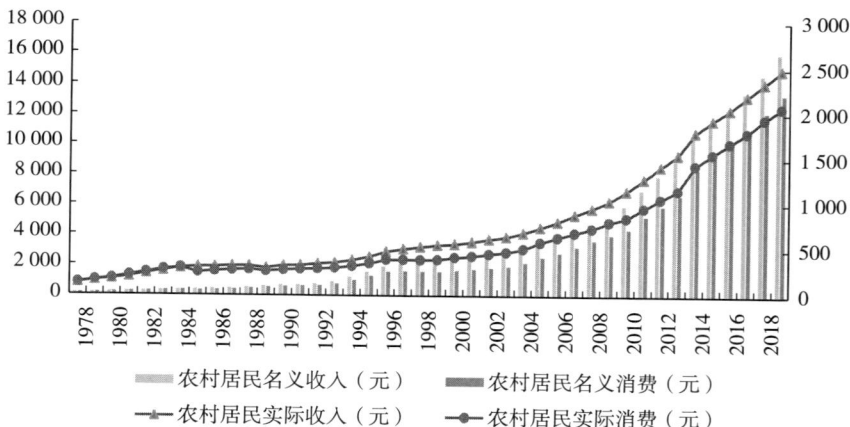

图 3-1　中国农村地区居民收支水平的总体变动状况

资料来源：根据《中国农村统计年鉴》计算得出。

如图 3-2 所示，随着我国农村居民消费规模的不断扩大，农村居民消费水平也在逐步提高，农村人口食品消费的水平和类型也发生了很大的变化，其中食用油、肉类、蛋类、水产品等食品消费量明显增加。

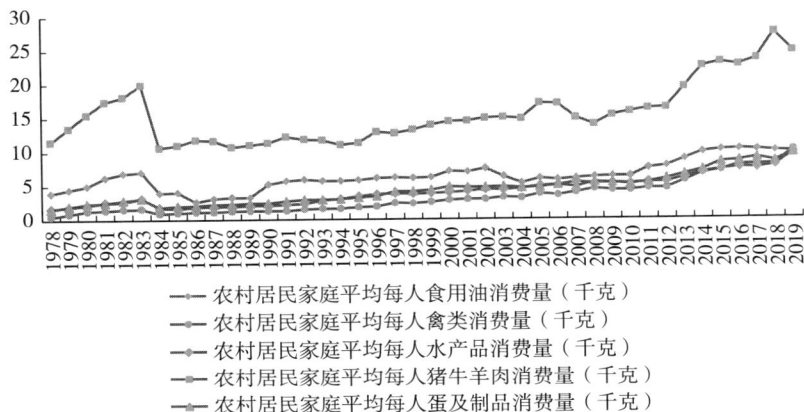

农村居民家庭平均每人食用油消费量（千克）
农村居民家庭平均每人禽类消费量（千克）
农村居民家庭平均每人水产品消费量（千克）
农村居民家庭平均每人猪牛羊肉消费量（千克）
农村居民家庭平均每人蛋及制品消费量（千克）

图 3-2 中国农村居民人均食品消费量变化情况

资料来源：根据《中国农村统计年鉴》计算得出。

如图 3-3 所示：农村人口对主要耐用消费品的消费规模也在逐步扩大，2000 年以来，以手机、彩电、冰箱为代表的家电消费规模更加突出，农村人口也更加追求发展享乐型消费。

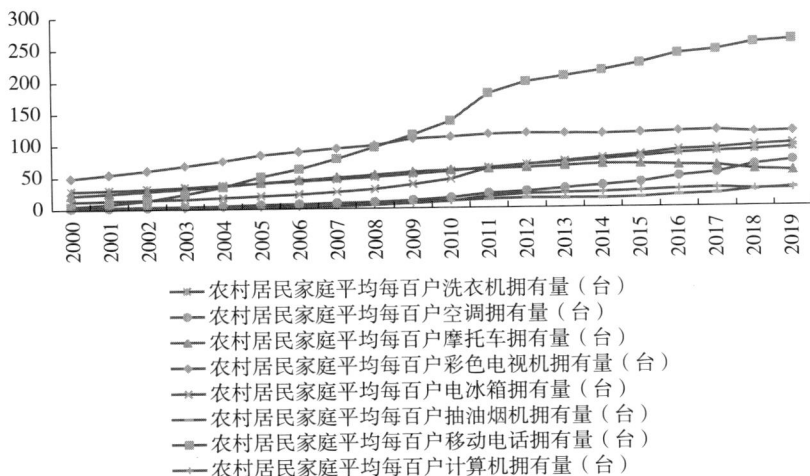

农村居民家庭平均每百户洗衣机拥有量（台）
农村居民家庭平均每百户空调拥有量（台）
农村居民家庭平均每百户摩托车拥有量（台）
农村居民家庭平均每百户彩色电视机拥有量（台）
农村居民家庭平均每百户电冰箱拥有量（台）
农村居民家庭平均每百户抽油烟机拥有量（台）
农村居民家庭平均每百户移动电话拥有量（台）
农村居民家庭平均每百户计算机拥有量（台）

图 3-3 中国农村居民家庭每百户年末的主要耐用品总量变动状况

资料来源：根据《中国统计年鉴》计算得出。

3.2.2　农村居民消费增长率

如图 3-4 所示：在大多数年份，中国农村居民的消费增长幅度均小于 GDP 增长幅度。改革开放以来，我国 GDP 增长率均值约 14.82％，农村居民消费增长率均值为 12.50％，农村消费增速比 GDP 增速慢约 2.32 个百分点。虽然随着农村居民的持续增收，生活质量的不断提升，消费观念的逐渐更新，农村居民消费倾向持续上升，但是与国民经济发展增速相比，农村居民消费增长率仍然偏低，有效需求依然不足，严重抑制了农村区域消费对经济发展的推动效果。从更具体的时段分析来看，1986 年之前，也就是我国改革开放初期，农村居民消费增长率比全国总体经济增长率要高，到 1979 年末达到 15.15％，而 GDP 增长率为 11.47％。但是，1986—2010 年，除个别年份外，GDP 增速明显高于农村居民的消费增速，在此期间，农民的消费平均增长率仅为 11.42％。而后在 2011—2019 年这个阶段，伴随强农惠农富农政策实施、四个现代化同步发展、乡村振兴战略稳步推进，这一阶段农村居民消费平均增长率提升至 13.56％，农村居民消费增速开始超过 GDP 增速，农村居民消费对国民经济增长的促进作用也开始逐渐显现出来。

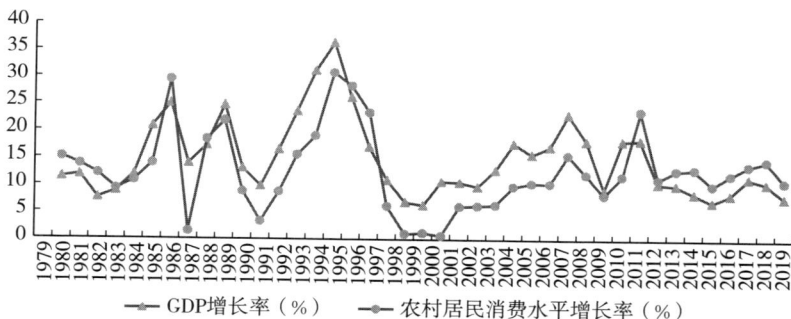

图 3-4　中国 GDP 增长率和农村居民消费增长率变化情况

资料来源：根据《中国统计年鉴》计算得出。

3.3　农村居民消费结构变化

3.3.1　城乡结构

图 3-5 显示，城镇居民的收入支出比总体上呈现下滑态势，该比率由

1978 年的 90.62％下滑到 2019 年的 66.25％，而农村居民的收入支出比则呈现出先降后升的态势，尤其是在 2010 年之后，农村居民收入支出比出现了明显的增长，2019 年达到 83.19％，与城镇居民已经拉开了很大距离，农村人口的边际消费倾向正在持续增加，农村消费潜力正在逐步释放。

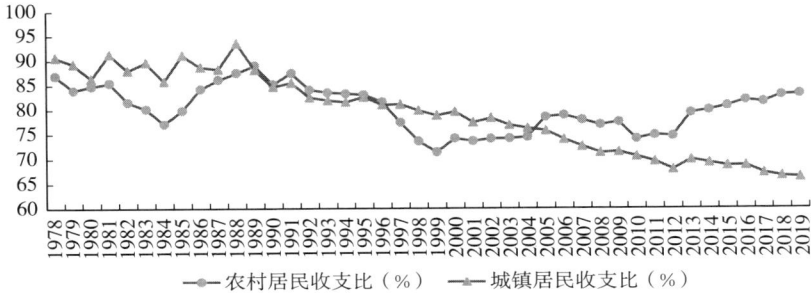

图 3－5　中国城乡居民收支比变化情况

资料来源：根据《中国统计年鉴》计算得出。

从图 3－6 的人均消费情况可以看出，我国农村居民的消费水平虽然有所上升，但是农村和城镇之间的差距依然很大。1978 年，中国农村居民人均消费支出为 135.82 元，2019 年增加到 13 327.70 元，是 1978 年的 98.13 倍；1978 年，中国城镇居民人均消费支出为 311.20 元，2019 年增加到 28 063.40 元，是 1978 年的 90.18 倍。我国农村和城镇居民消费差异在 1985—2003 年间不断扩大，农村与城镇居民消费比率由 1978 年的 2.29 增长至 2003 年的 3.35。2003 年以来，城乡消费水平差距逐步缩小，2019 年城乡消费之比仅为 2.10，这也说明农村居民消费水平在上升，城乡居民消费差距在缩小，农民整体生活质量得到明显改善。

从图 3－7 中的恩格尔系数来看，城乡地区食品支出在家庭消费支出中的比例都在下降，城乡人口的消费结构也在不断升级和优化，但是农村地区人口的恩格尔系数仍然高于城镇居民。1978 年以来，农村地区人口的恩格尔系数不断下降，2000 年之后的恩格尔系数降低到了 0.49 之内，2012 年之后更是降至 0.40 之内，按照系数标准，逐步实现了由全面小康向绝对富裕发展阶段的过渡。也就是说，当前除了基本的食物消费需求以外，城乡居民的其他基本消费支出已经开始增长，而在"吃"这一根本问题得到了解决之后，很多人都在为追求更高的生活消费水平而奋斗，社会需求得到深层次优化。

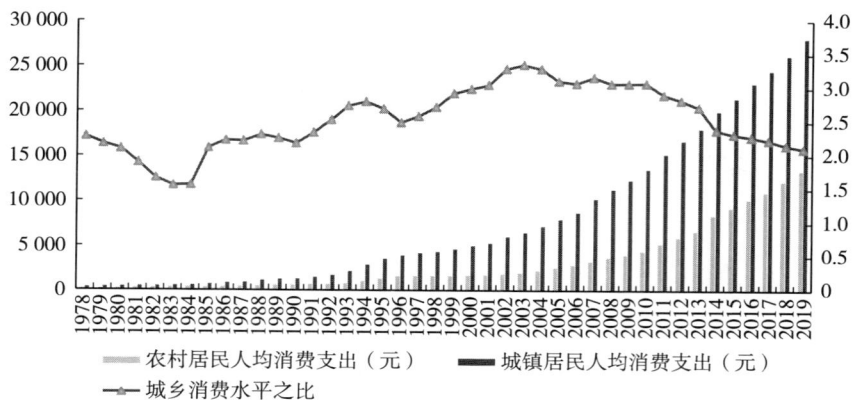

图 3-6　中国城乡居民消费水平与差异变化情况

资料来源：根据《中国统计年鉴》计算得出。

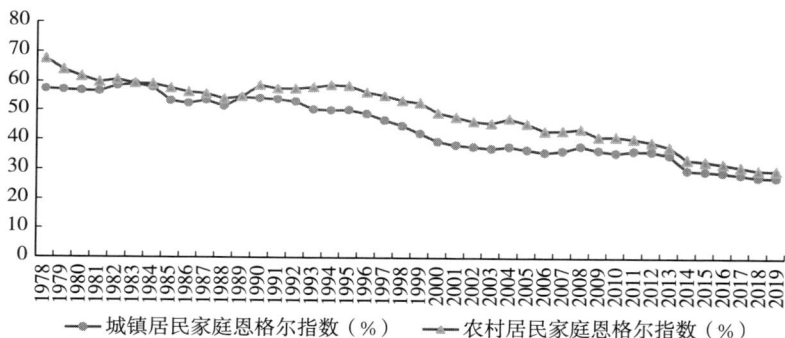

图 3-7　中国城乡居民家庭恩格尔指数的变化情况

资料来源：根据《中国统计年鉴》计算得出。

3.3.2　区域结构

为了更好地反映全国各地农村居民的消费差异，本书基于中国 31 个省市区（不含港澳台），对东、中、西部农村居民的消费情况进行了对比分析。根据《中国统计年鉴》的区域分类①，对 2003 年至今我国各地域农村居民

---

　　① 《中国统计年鉴》地区分组中，东部地区指辽宁、北京、天津、河北、山东、江苏、上海、浙江、福建、广东、广西、海南等 12 个省、自治区、直辖市；中部地区指山西、内蒙古、吉林、黑龙江、安徽、江西、河南、湖北、湖南等 9 个省、自治区；西部地区指陕西、甘肃、青海、宁夏、新疆、四川、重庆、云南、贵州、西藏 10 个省、自治区、直辖市。

人均日常生活消费支出加以梳理。从图 3-8 农村居民区域消费层次对比分析可以看出我国东部区域的农村居民一般日常生活支出最高，其次是中部区域，西部区域相对较低。东部地区农村居民人均生活消费支出从 2003 年的 2 781.79 元增加到 2019 年的 15 844.28 元，达到 2003 年的 5.70 倍。对中部区域来说，农村居民人均生活消费支出从 2003 年的 1 709.62 元增加到 2019 年的 12 458.82 元，达到 2003 年的 7.29 倍，虽然在发展初期，中部区域农村居民生活消费支出相较东部区域而言存在较大差距，但是，在深化"中部崛起"战略的背景下，中部地区农村居民的生活消费水平得到了改善，与东部区域的差异也进一步缩小。而西部地区的农村居民生活支出水平从 2003 年的 1 423.83 元上升到 2019 年的 10 672.72 元，达到 2003 年的 7.50 倍，但仍明显滞后于东部和中部地区。

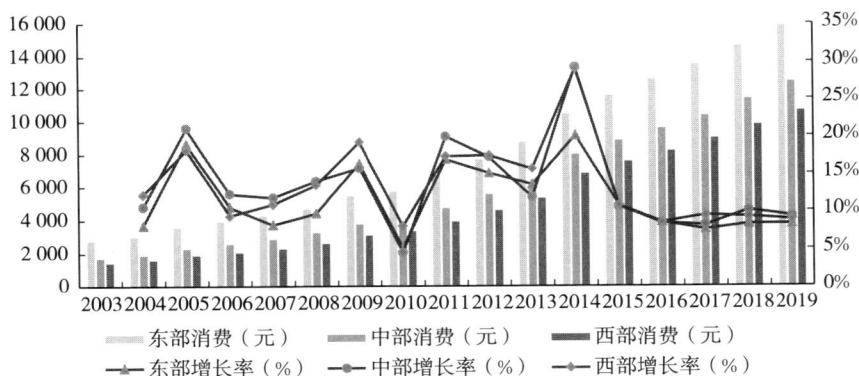

图 3-8 中国各区域农村居民消费总量和增长率变化情况

资料来源：根据《中国统计年鉴》计算得出。

从地区消费增速来看，农村居民消费支出水平相对低的西部和中部地区增长速度反而较快，东部地区农村人口在研究期内的消费平均增长率为 11.57%，而在中西部地区，年均增长率都超过了 13%。从地区消费差异变动来看，东部和中西部区域农村居民消费差异呈现不断减小态势。东部沿海地区作为我国改革开放的重要试验区，一定程度上促进了东部沿海地区的经济发展，人民的生活质量得到了改善，2003 年我国东部沿海区域与中部区域农村居民消费之比为 1.62：1，与西部区域之比为 1.95：1。由于我国后来加入了世界贸易组织，以及"中部崛起"和"西部大开发"政策的有力实施，中西部区域农村居民生活消费水平得到快速增长，与东部经济发展程度较高区域的农村居民消费支出差异也逐渐缩小，2019 年东部与中部、西部的农村人均消费支出比值分别已经减少到了 1.27：1 和 1.48：1，区域间消费的不均衡现象正在趋缓。

3.3.3　消费品类结构

图 3-9 和图 3-10 分别展示了农村居民的人均消费支出总量和组成部分。大体上，随着国民收入的快速增长，农村居民的消费环境越来越好，实际消费也在增加。虽然食物、住房等仍为农村居民的重点消费支出类型，但随着农村居民消费总量的显著增加，消费结构逐渐从基础生存型消费向发展享乐型消费转变，从基本商品消费向服务消费转变，从传统消费向新兴消费转变。特别是 2000 年以后，农村居民消费的转型升级趋势更加明显。

具体来看：第一，虽然基本的生活支出（如食物和房屋等）仍是我国农村居民的主要消费类型，但消费品质发生了很大的变化。如图 3-9 和图 3-10 所示，自 1993 年以来，随着我国农村经济社会的高速发展，农村地区的居民对各类商品和服务的消费显著增加，其中食品和住房消费总额明显高于其他各类商品和服务，2019 年农村居民的平均食品和住房消费支出分别为 3 998.20 元和 2 871.30 元，分别是 1993 年的 8.94 倍和 26.88 倍。在我国农村居民的消费结构中，粮食等食品消费比重大幅下降，而恩格尔指数则由 1993 年的 0.58 降至 2019 年的 0.30。按照联合国的标准，我国农村人口从贫困水平开始转入小康水平，从解决基本的温饱问题逐步转变为多种消费形式的联合发展，这种变化趋势不但体现在总体产品服务中，在食物消费内部也发生了类似的消费结构升级。由于我国农村地区民众生活水平的提高，用以解决基本生活功能的谷物（原粮）、果蔬等供应量逐年减少，人们对猪肉、牛肉、羊肉、禽蛋、水产品的需求迅速增长，食品的品质也在不断提升。此外，随着农村居民生活水平的不断改善，人们对居住品质的要求也越来越高，消费资金也越来越多地投入在改善居住条件和改善居住环境上，房屋消费支出比例由 1993 年的 13.88％提高到 2019 年的 21.50％。同时，随着我国城乡一体化等国家经济发展战略的实施，更好地推动了我国农村地区人民生产生活条件的改善，更多的外来务工人员就近就业，对居住品质和生活环境的要求也越来越高，也更加强调室内装潢考究、设备完善等，也必然造成该项居民消费支出比例的明显上升。

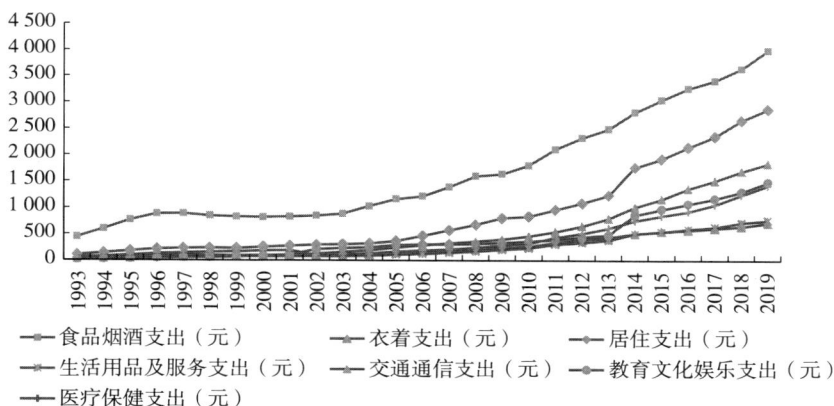

图 3-9 中国农村居民不同产品服务的人均消费支付总额变化情况

资料来源：根据《中国统计年鉴》计算得出。

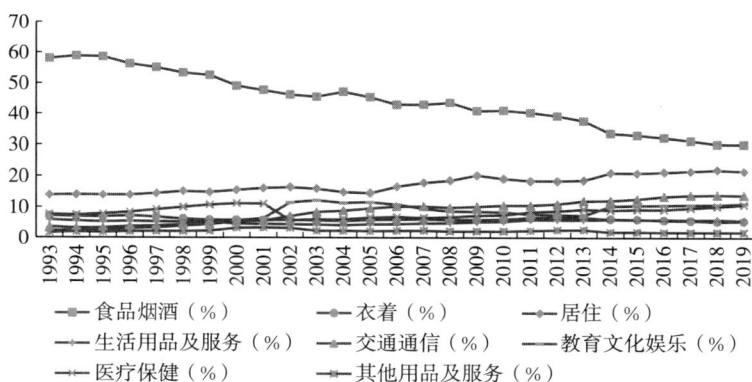

图 3-10 中国农村居民不同产品服务的人均消费支出构成变化情况

资料来源：根据《中国统计年鉴》计算得出。

第二，在服装消费中，生活必需品的属性正在逐步改变，而农村居民的衣着消费比重也在逐步降低。改革开放初期，由于我国居民还处于极度贫困状态，衣、食、住、行等仍然是农村家庭面临的最大问题，所以在服装上的支出和比重都很高，1993 年的时候，该项消费比重已经达到 7.19％以上。然而，随着改革开放的不断推进，服装消费已经不仅仅是满足基本的生活需要，更多地体现出个性化、特色化等新的消费特征，服装消费开支比例仍在持续减少，2019 年该项支出比例仅为 5.40％。

第三，家庭设备、商品和服务消费支出比呈现先上升后逐渐下降再缓慢上升的趋势。如图3-10所示，从1993年开始，农村住户家电设备和生活用品消费情况在不同的经济发展阶段，其变化速度不尽相同。随着中国农村居民生活质量的逐步提高，温饱问题得到基本的解决，人们对基本生活服务的需求逐渐增加，家电如洗衣机、冰箱、彩电等也逐渐进入了农村家庭。与此同时，随着我国社会主义市场经济的迅速发展，农民对消费品的选择也日趋多样化，尽管从总体上看，农村居民的家电设备等生活用品和服务项目消费量上升显著，但其占总消费开支的比例却呈现逐年下降趋势，比例由1993年的5.80%逐渐减至2004年的4.08%，消费结构的转型升级逐步表现在交通出行、通信、文化教育、休闲娱乐等公共服务型居民消费类别的增加上。同时，从2004年开始，随着经济全球化和网络技术的普及，中国农村居民的生活方式日益多样化，对新的家用电器的需求也随之增加。并且，为了满足新形势的农村消费升级，国家还出台了一系列"家电下乡"的政策，从而有效刺激了广大农户对家电和相关服务的需求，农村居民对家电设备消费的支出比例提高，2019年该项支出比例已达6%左右。

第四，交通通信、医疗、文教娱乐等服务性消费增长的趋势越来越明显。随着我国经济社会发展阶段的转变，在解决了温饱问题之后，农村居民对生活质量的重视程度也随之提高，特别是在2004年之后，交通通信、教育文化娱乐和医疗等方面的消费有了明显的改善。此外，我国农村人均可支配收入在10 000元以上的家庭比重也在不断增长，相关调查资料显示，2005年人均纯收入10 000元以上的农户约为3.40%，2012年达到30.30%。此外，政府相关部门相继出台了一系列扶持农村区域有序健康发展的政策和举措，也有力地推动了农村居民的消费需求。从我国1986年颁布实施《中华人民共和国义务教育法》以来，九年义务教育发展资助等项目的建立开始在我国各区域内基本完成，随着各地农村居民教育水平的不断提升，农村家庭生活中文化教育娱乐消费支出的比例开始逐年增加，由1993年的2.26%增加到了2019年的11.10%，平均提高了8.84个百分点。伴随着现代科技的迅速发展，以及乡村道路交通设施的完善和交通方式的进一步提升，大大促进了广大农村居民对交通通信消费支出的提高。特别是随着农村区域信息网络覆盖率的迅速增加，以及信息设备及其关联产品消费价格的明显降低，更加推动了农村区域人口在交通通信方面的消费开支。而且，农村居民对发展享乐型消费的需求也体现在卫生保健方面的支出总量和比重的不断提高。一方面，新农保、新农合、大病救助等新农村社会保险制度的出台，对新型农村医疗卫生器械设施建设、医务人员队伍建设、医药保健用品供应和售后服务等的政策支持力度进一步增强，为农村人口医疗消费提供了有效支持和保障；另一方面，由于乡村文化水平的不断提高，农民对卫生保健的认识逐步增强，农村居民对卫生保健的需求也在逐步提高，并逐步向多样化、全方位发展。

3.3.4　不同收入农户的消费结构

由于收入对农户的日常生活支出有很大的影响，所以各个阶层的家庭支出差异较大。因此，从收入分类的视角对我国农村居民的消费状况进行了深入的研究，并根据不同的收入群体对农村居民的消费支出进行了研究。2002年国家统计局才开始公布有关农村家庭调查的统计数据，而且各收入家庭的生活开支记录已从 2012 年起停止，因此这一节仅对 2002—2012 年的数据进行了分析。如图 3-11 所示，尽管不同收入群体的农户人均消费支出水平存在差别，但总体上都得到了明显的提高，平均增幅超过 11%。而在不同收入群体的消费对比情况下，2002—2012 年，农村低收入、中低收入、中等收入、中高收入、高收入群体的居民消费支出平均增速分别为 14.28%、13.17%、12.77%、12.81%和 11.39%，低收入组和中低收入组的农村居民生活消费支出平均增长速度明显高于其他收入组。

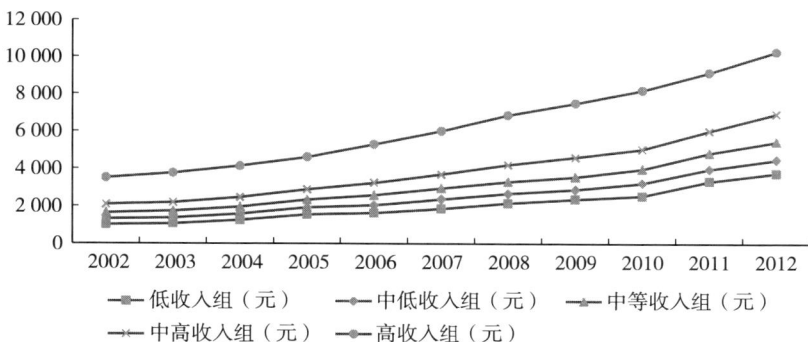

图 3-11　中国农村不同收入分组家庭人均消费支出变化情况

资料来源：根据《中国统计年鉴》计算得出。

3.4 农村居民消费行为变化

3.4.1 消费主体类别

一方面,农村人口文化素质的不断提高,促进了他们消费观念和消费结构的更新。表 3-1 往年的《中国农民工动态监测调查》结果显示,在全国的农民工人口中,1990 年 60.50％的农民工文化教育程度只有小学及以下水平,其中没有接受过教育的人口比例就超过了 20.70％。随着我国对文化教育事业的重视,以及农村教育体系的不断完善,农村劳动者的文化素质也得到了很大提升,2019 年未上过学的农民工人口只占 1.00％,小学文化程度占 14.70％,初中文化程度占 55.40％,高中文化程度占 16.70％,专科及以上程度占 12.20％,可以看出我国农村居民的整体教育水平正在逐步提高,从而对消费观念、消费行为模式等产生了重要影响。

表 3-1 中国农民工教育文化程度及构成变化情况

单位：％

年份	未接受教育	小学程度	初中程度	高中程度	大专及以上程度
1990	20.70	39.80	32.80	6.60	0.10
2010	1.30	12.30	61.20	15.00	10.20
2015	1.10	14.00	59.70	16.90	8.30
2016	1.00	13.20	59.40	17.00	9.40
2017	1.00	13.00	58.60	17.10	10.30
2018	1.20	15.50	55.80	16.60	10.90
2019	1.00	14.70	55.40	16.70	12.20

资料来源：根据历年《农民工监测调查报告》计算得出。

另一方面,新一代的农村人口已逐步替代了传统的农民,并已成为我国农业生产与消费的主要力量。改革开放后,由于农村人口的年龄结构发生了变化,农村地区原有的消费主体也逐渐进入了老龄化阶段,传统的农业生产和消费水平也出现了显著滞后,相应地,"70 后""80 后"和"90 后"逐渐成为新的农村消费主体。《2020 年农民工监测调查报告》显示,中国目前的流动人口平均年龄为 41.40 岁,其年龄构成中,40 岁及以下的农民工比例约为 49.40%，而新生代农村人口则逐渐成为我国农民工主体，因为该群体是在我国改革开放以来的城乡开放环境下逐步成长起来的，因此相比传统的农村人口，他们的消费理念更为超前，对消费的模仿性也更强，并且对新兴产业的适应和应用能力也更快。

3.4.2　消费观念特征

消费观念是指人们根据对产品与劳务进行消费时的心态和价格观念取向，对其可支配收入进行分配的行为（Xiang，2020），但农村居民的传统消费观念依然存在，特别是在经济发展相对落后、受传统文化影响严重的中西部农村地区仍然一直存在着高储蓄、低消费的谨慎生活观念。与此同时，由于农村医疗保障制度的不健全，很多农民依然面临着看病难、晚年生活困难、生活不稳定等问题，导致农民的生活质量下降，因此，他们往往会增加存款，减少支出（臧旭恒等，2020）。改革开放以来，农村人口存款规模快速增长，国家统计局在 2012 年前的旧口径数据（2012 年后不再统计，故本部分分析 1986—2011 年的数据）显示，1986 年我国农村人口存款规模为766.12 亿元，到 2011 年已增加到 70 672.84 亿元，为 1986 年的 92.25 倍，表明农村人口的存款倾向一直较高。

随着我国生产力发展水平的提高，夯实了农村地区人口向现代消费理念转变的物质基础，现代消费观念逐步形成。此外，由于国家义务教育法的推动和落实，农村人口思想文化品质得到了极大提升，具有高人文素养的劳动者的快速成长，为农村人口现代社会消费理念的建立奠定了人才基础和智力保证（杨文杰等，2021）。随着农村地区消费规模的扩大和现代化居民消费制度的建立，农村居民的消费水平从低层次走向高层次，消费类型也越来越多元化，特别是农村电商的发展，更有效地推动着我国广大农村居民对现代生活消费需求的适应与改变。

3.4.3　消费业态形式

"消费业态"，就是零售商为消费者提供商品和售后服务的特定实现方式，即零售企业把商品"销售给谁""销售什么""如何销售"等具体的执行方式和运作方式（Horst et al.，2019）。一方面，在新一轮信息技术革命的推动下，已形成了一种规模庞大的全新网络消费模式（王思琛等，2021），依据中国互联网信息中心发布的《第 47 次中国互联网发展状况统计报告》，2020 年我国互联网消费用户已达到 7.82 亿，占网民整体的 79.10%，同年我国线上购物总额占社零总额比重已超过 24.90%，相较 2019 年提高了 10.90%，并且近 10 年来基本以每年 2 个百分点的速度发展；另一方面，随着现代电子商务新体系的快速发展，现代化、信息化的农业体系的建设和推广，以及国家积极开发和发展农村电子商务市场，为传统农户消费方式的转型提供了重要条件。

同时，农村居民消费也产生了一种新型的零售业态。随着我国城乡一体化的不断深化，城市居民的消费行为也将对农村居民产生很大的影响，农村居民日益认同和追求与城市居民同样或相近的全新生活消费模式，特别是在他们的经济水平明显提高以后。而在管理模式规范化、产品种类多样化、质量保证程度高、服务制度完善等的创新特征下，新兴零售消费业态对农村居民消费市场也显示出了很强的带动效应。此外，随着农村生产体系、社会市场管理、服务设施和物流配送体系的不断完善，也使得这种消费业态模式在农村地区得到了较快的发展，对带动农村地区的消费市场发挥着至关重要的影响（田红彬等，2021）。

3.5 农村居民消费存在的问题

前文分析表明，近几年，我国农村居民的收入水平得到了显著提高，农村居民的消费水平也有所提高，但作为一种潜在的消费人群，由于长期存在的城乡二元结构，农村居民的文化水平和消费习惯等原因，使得城乡的消费水平仍有很大的差距。本节主要针对中国农村居民消费能力、消费结构、消费习惯、消费环境等问题进行成因分析。

3.5.1 农村居民具有较强的收入约束，整体消费能力弱

在我国，农村是一个消费潜力巨大的市场，但总消费与人口比例的不对称也表明农村消费增长仍极为缓慢，这是阻碍我国经济快速增长的重要原因之一。古典的消费理论认为收入是影响消费行为的最主要原因（Campbell et al.，1989)，从前文的分析得知农村居民的实际人均可支配收入低于城镇居民，农村人均收入增长速度与城镇区域相比也更加迟缓。同时，不同的经济来源对农村居民消费支出的影响也不尽相同，根据收入的稳定性，有的收入变化比较稳定，从而促成了长期的消费支出增长，而有的收入并没有对长期消费支出的变化产生显著的影响。从图 3-12 可以看出，农村居民的工资、经营收入与消费支出之间存在一个相对稳定的、长期的平衡关系，但是财产和转移收入的比重却很小，没有表现出对农村居民总消费明显的带动作用。

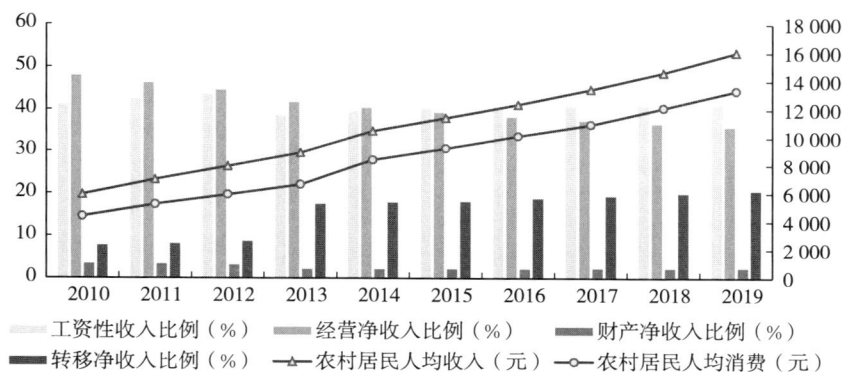

图 3-12　农村居民收入构成变化情况

资料来源：根据《中国农村统计年鉴》计算得出。

同时，在与居民消费相关的各种统计指标中，消费零售总额也是衡量一国或区域消费需求的最直观指标（余华义，2020）。由于 2010 年前后《中国统计年鉴》中消费品零售总额的统计口径不一致，因此本节仅统计了2010—2020 年的数据。图 3-13 表明，2010 年全国农村社会消费品零售总额为 20 875 亿元，占国内社会消费品零售总额的 13.29%，近年来该指标的比重一直在上升，截至 2019 年，这一比例提升至 14.65% 左右，比 2010 年增加了 1.36 个百分点，但 2020 年受新冠疫情的影响，出现了负增长。总体而言，虽然农村区域消费品零售总额规模在逐年上升，但其消费规模占全国消费总量比例一直处于较低水平。

3.5.2　农村居民消费结构升级相对缓慢

我国农村居民仍然注重基本的生存型消费，以满足温饱的生活需要，发

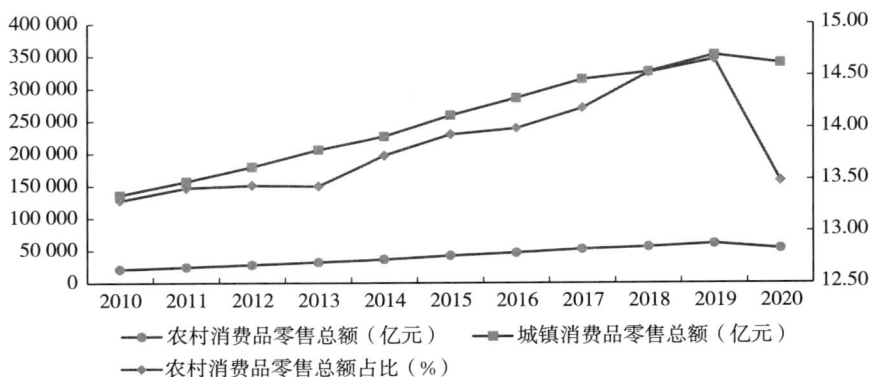

图 3-13　中国城乡消费品零售总额变化情况

资料来源：根据《中国统计年鉴》计算得出。

展享乐型消费在整个生活消费中所占比例较低。由图 3-14 可知，1993 年农村居民基础生存型消费支出占消费支出总额的 84.93%，而发展享乐型消费仅占生活消费总额的 15.07%，这一时期农民的消费水平很低，发展享乐型消费在基础生存型消费中所占比例不足 17.74%。尽管随着市场经济的不断发展，农村居民人均收入不断提高，生活基本支出逐步降低，但从目前的情况来看，农村居民消费的主要目的仍然是解决最基本的生活需求，消费水平依然偏低。2019 年发展享乐型消费在居民生活支出中所占比重仅为37.40%，也就是说，农村居民还是把大部分的钱花在了满足基本生活需求上，发展享乐型消费仅占基础生存型消费支出的 1/3。总之，目前我国大部分农村居民的基础生存型消费仍占主要地位，消费水平依然偏低。

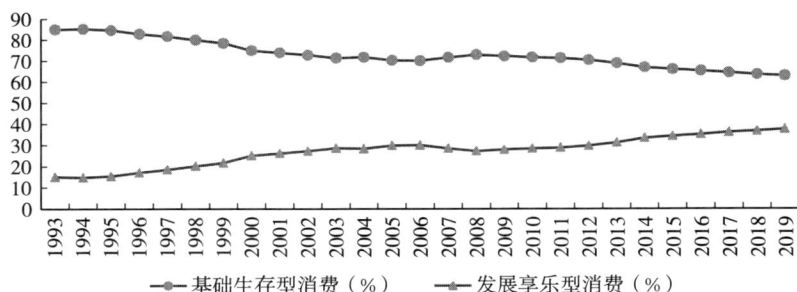

图 3-14　中国农村居民消费层次变化情况

资料来源：根据《中国统计年鉴》计算得出。

3.5.3 农村居民消费存在明显的习惯特征

在标准消费者收益模型中，消费者个人的效用函数取决于当前消费，并且可以在时间上分离（Safi，2021）。不过经济学者很快意识到，个人效用也会受到往期与社会平均消费水平的共同影响，包括内部（孙超等，2020）与外部消费习惯（徐亚东等，2021）。内部消费习惯会增强消费者对传统消费的依赖以及对生活潜在风险的厌恶，而外部消费习惯则会导致消费者的消费观念追随大众，并产生和别人比较的消费行为。由于个人内外部消费习惯的形成，个人偏好存在着时间分离性，主要包括两条作用路径：第一，消费习惯直接影响个人偏好，并产生不同程度的风险厌恶，消费习惯的边际效应和风险规避能力越强，对个体的内在风险影响越大。第二，新消费习惯的引进会在传统的消费者行为模式中加入很多状态变量，而这种变化幅度较小的状态变量也会对个体消费造成一定的外部影响。受传统观念的影响，农村地区的居民为了保持稳定的生活，总是遵循量入为出的原则，尽量避免短期的挥霍，从而造成长期的经济困难，所以农村居民的消费行为一直保持相对稳定的内在惯性（王黎，2021）。从心理学的观点来看，维持基本固定的消费方式既单调又不能增加幸福感（李树等，2020），但随着改革的深化，新的消费方式、消费理念的出现，非理性的对比和示范效应也逐渐显现出来，而且城乡社会间的联系越来越紧密，农村居民也不再是需要什么才买什么，而是不管别人买什么，都会服从这种非良性的比较和示范作用，尤其是对大型耐用品的支出，不买的话就会看起来落后寒酸，还会受到嘲笑和鄙视。因此，为了满足这种攀比行为以及应付未来庞大的消费支出，大多数农村居民需要缩衣节食，抑制当前的消费需求（刘玉飞等，2020）。这样一来，消费的内外习惯在某种程度上影响了我国农村居民的消费水平，也影响了农村居民的生活品质和幸福感。

3.5.4 农村消费基础设施薄弱，消费环境较差

消费者产生消费行为的前提是相关消费设施的建立（李涛等，2020）。目前，农村居民消费结构得到了较大程度的优化，部分地区的农村家庭对彩电、冰箱、空调等家电产品的需求不断增加，但是由于基础设施建设和配套

服务的落后，使得这种消费规模的增长受到了一定的限制。而国务院发布的《第三次全国农业普查》表明，截至 2016 年底，饮用水供应困难的乡镇还有8.70％，在农村公路建设方面，我国仍有近 0.70％的乡镇还未能铺设硬化的路面，有近 8.70％的乡镇尚未供电，另外 0.50％的农村没有开通电话线路。由于生产生活条件差，基本生活用品如冰箱、洗衣机、空调、电视、摩托车、汽车等，在农村的普及程度远远低于城市。另外，由于农村的消费环境比较差，商品的流通渠道太窄，所以农村居民的消费主要是依靠初级的商品市场进行，集贸市场面临着规模小、范围窄、经营分散、家用耐用品质量保证低、维护成本高、商业网点少、售后服务落后等问题，同时集市中还充斥着大量的假冒伪劣商品（陈奕山，2020），加上农村居民识别商品真伪的能力和质量意识不强，即使农村居民意识到商品质量问题，但由于缺乏维权意识或有效的权利保护方式，不良商家销售假冒伪劣商品的行为比较多（夏柱智，2021）。

3.6　互联网经济环境下农村居民消费特征变化

以前文农村消费问题为基础，可以看出农村居民具有较强的收入约束，整体消费能力弱，消费结构不合理、升级相对缓慢，并且消费存在明显的习惯特征，同时，农村消费基础设施薄弱，消费环境较差。近年来随着互联网在农村地区的不断深入，互联网经济深刻改变了农村居民的消费能力和消费习惯，优化了农村消费环境。因此，本节将从理论层面多角度探讨互联网经济环境下农村居民消费特征的变化，为下文的影响效应分析提供理论依据。

3.6.1　互联网使得农村居民消费能力得到增强

与传统的消费流程模式相比，互联网经济减少了消费者的信息搜寻成本、中间成本和交易成本，降低了商品的生产价格和销售价格，产生的收入效应在一定程度上促进了农村居民消费能力的增长，具体包括以下几个方面。

第一，互联网经济降低了农村消费者的信息搜寻成本。互联网消费不会受到时间以及地点的约束限制，卖家可以在网上店铺更新产品以及营销活动信息，买家也可以通过手机、电脑等互联网终端设备随时随地检索这些产品信息，也能够很容易获取产品相关替代品的全方位信息，进而通过货比三家，在满足自身购物需求的同时找到物美价廉的高性价比产品，这使得购物消耗的人力、时间等成本得到有效控制（李鸿磊等，2020），同时对信息搜寻成本的降低产生了积极作用。

第二，互联网经济降低了农村消费者的中间成本。传统商业的运作模式中，一个产品从出厂，到最后售卖给农村消费者，都必须经过许多的中间渠道，某个环节完成以后才能够进入下一个操作环节，耗费时间长且无法预知产品最终的需求量以及所计划生产的商品产量。同时，每一操作环节的销售商（或代理商）都必须承担相应的人工、运输等有关费用，大大增加了产品的附加费用，由于各个中间商都需要提取一些利润，因而产品的售价也会再次提高，直至传统商业运作模式完全实现以后，产品最终送达消费者手里时，售价一般都要比出厂价提高不少（肖红军等，2020）。在较早时期，由于农村地区消费者对产品的要求是相对稳定的，价格不易出现变化，因此他们对产品的价位、种类并不敏感，如果生产者利用了这一点，就能够通过专业化制造扩大某一种产品的生产规模，农村区域的消费者也可以将产品全部消耗。但和传统商业的运营模式不同，在互联网经济条件下，农村居民的消费需求也开始多样化，由于信息的透明化，购买同质化产品时，消费者也会优先考虑选择价格较低的商品（尚晏莹等，2021）。互联网经济的发展创造了互联网交易平台，彻底改变了我国传统的商业运营模式，创造了一个更方便、更高效、更廉价的新型商业运营模式，并具有并联式、轻便式的特点，厂商可以通过缩减、外包不合理的中间过程，逐步并行商品生产和商品流通环节，同时利用互联网和消费者及其他中间商之间构成的信息链条，尽可能准确计算商品的最终需求量，从而构成小批量、定制化、多种类的商品生产模式，为生产商节省成本的同时，也为广大农村消费者减少了中间费用。

第三，互联网经济降低了农村消费者的交易成本。一方面，物流业从专业化到系统化的发展促使互联网服务的覆盖面越来越大，货物的运输变得更加容易，与购买需求相关的出行费用也大大降低（周建平等，2021）。另一方面，互联网金融突出了微信支付、支付宝支付、云闪付、网银支付等第三方支付平台，在消费过程中，农村消费者增加了非现金交易的频率，降低了货币兑换等支付成本。随着花呗、京东白条等各种消费性贷款的出现，也使"明日的钱今天花"的消费观念被大众接受，一定程度上减少了农村居民较强的收入约束，在消费观念转变的同时，也带来了消费数量、消费质量的提升。

3.6.2 互联网使得农村居民消费结构得到提升

从互联网经济对农村居民消费结构的提升来看，主要可以归纳为企业运营方式变革带来的棘轮效应和示范效应，以及政府公共支付带来的挤入效应和引致效应。

棘轮效应和示范效应方面：互联网经济条件下的消费行为模型中用户越来越占主导地位，对产品的要求更高，也越来越关注产品的口碑以及使用体验，这种消费模式也更容易形成长尾消费需求（王旭娜等，2020）。如图 3-15 所示，互联网经济通过与新兴产业的各种基本要素相结合，直接作用于农村区域居民的消费习惯，在持续性刺激之后逐渐形成消费偏好，并以互联网经济的技术成果对农村居民消费习惯加以信息识别与筛选，发现农村区域居民消费模式与城镇居民的巨大差异性，运用针对性、多样性、无界性的新消费模式，促使农村居民的棘轮效应产生转化，不再追求单一不变的消费模式。与此同时，农村消费者的示范效应也在日益扩大，借助平台的宣传和分享，更多的农村消费者被吸引，并且可能会超越消费行为的棘轮效应，进而转变消费行为，提高农村消费者的消费质量。另外，通过"互联网＋"的大数据分析平台，厂商还能够收集众多农村消费者的消费数据，并记录下每个消费者的消费偏好，以实现推荐或预测消费行为的目标，从而达到更精确、不浪费的生产目的（谢康等，2020）。区别于传统的"推式"模式，采用这种"拉式"的商品制造管理模式，生产厂商能够更注重农村消费者的实际需求，从消费端发掘需求，再由制造终端实现需求。当前移动互联网下的电商新时期，将互联网技术和大数据分析应用下沉至整个供应链中，更好地提高了生产制造过程中的技术创新水平，进一步促进了我国农村消费者的消费需求升级（王淑翠等，2020）。通过互联网对商业模式进行的改变，科技、资金、人员等都将由制造技术落后、劳动力过剩、产量较少的行业，转变到制造水平高端、制造更有效率且人才需求强劲的高新技术行业，使制造出来的商品，其价值和需求量更高，进而实现消费升级目标。

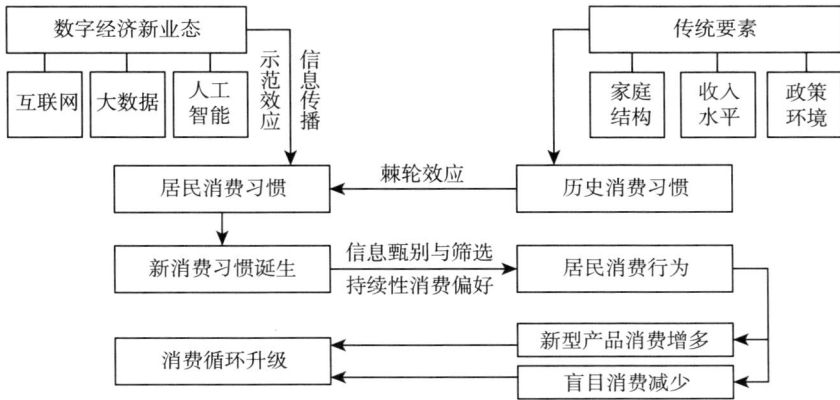

图 3-15 互联网经济时代农村居民生产消费循环升级的内在机制与实现路径

挤入效应方面：主要是指投资性支出所带来的消费期望提高。互联网技术的应用让政府部门的公共政策涵盖到越来越广泛的人群，相比以往没有互联网时，这一技术的出现让各个政府部门的公共开支越来越透明化，被越来越多的人认可，触及更多人的切身利益（徐啸，2018）。同时，互联网的无限扩展性以及较高的群众参与度促使财政公共支付系统可以征集到更多人的意向，以更强烈的消费愿望、更多的形式开展消费活动，进而提高农村区域居民的消费需求和消费潜力，使得消费结构提升成为可能（解洪涛等，2014）。另外，结合互联网发展特有的边际效应递增、正外部性等特点，挤入效应所能实现的作用也有所加强，借助互联网这一消费生态变化，财政公共开支对农村居民消费的正向效应更为明显，从而在一定意义上促进农村居民消费结构的提升和优化，在互联网经济环境下，这个机制的建立与作用也更为简单、迅速。

引致效应方面：一般指的是在互联网经济环境条件下，公共服务费用中的投资性支出（包含各类基础设施投资费用等）直接影响农村居民的消费偏好与行为，这种引致效应随着农村区域互联网消费环境条件的改变，公共支出资金将大量投入各类互联网基础设施及关联产品建设项目中，从而促进农村区域总体的互联网消费趋势，并推动农村区域居民消费水平在互联网经济环境条件下达到最优化，形成构建在更新、速度更快的互联网设施和产品之上的消费需求和产出之间的最佳匹配（严北战等，2020），更多地挖掘和发现农村消费者的需求和愿望，从而改善消费偏好，减少各类消费行为的实现条件和生产成本，带来无可比拟的消费水平提升，并推动国民经济持续的高效成长。目前，互联网经营环境变化对消费行为升级优化的影响，大多集中在居民消费端的消费习惯和供应端的产品构成上（王玉珏，2018），也恰恰印证了居民消费与产出机制之间的一致性。同时，在这一影响过程中，电商平台、电子支付平台以及新型物流业三大工具也对农村居民消费产生了重要影响，具体如图3-16所示。第一，电商平台不但在农村居民消费端的市场环境和消费行动领域方面，发挥了提升消费数量和消费结构的重要功能，同时也在供应端建立了新型商品运营模式（惠娟等，2020），以推动农村消费者与生产商之间的高效交流；第二，电商与支付平台使得资金的运转更加迅速和便利，同样带来了消费端与供应端资金快速的配对与流转；第三，信息流通行业的发展，从消费环境与供应市场环境出发，配合电子商务类生产和商品流通的主要渠道，进一步推动了产品的制造和流动，促使大量小规模、定制化、差异化、品牌化的农村消费者需求得到满足，进而达到农村居民消费升级的目标。

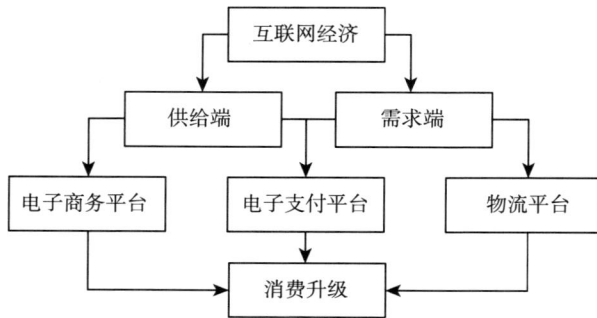

图3-16　互联网经济环境下农村居民消费供给需求端的实现机制

3.6.3　互联网使得农民消费习惯得到改善

消费习惯与消费观念息息相关，消费观念是消费习惯形成的先决条件，而消费习惯的改变在很大程度上体现在消费模式的转变上，因此本节将按照消费观念、消费习惯和消费模式的逻辑顺序阐述互联网经济环境下农村居民消费习惯的变化。

从消费观念来看，互联网转变了农村居民传统的消费观念，促进了互联网消费总量和消费质量的提升。传统的消费观念是以实用、简单为导向的，这种消费模式是我国古代消费思想的主流，几千年来一直主导着我国的消费模式，它不仅要求平民百姓保持节俭的生活方式，连统治者也必须树立节俭消费的榜样。因此，长期以来农村居民的消费总量不仅较低，而且质量也不高，中华人民共和国成立后，农村居民也是按照与身份相对应的传统消费模式进行消费，消费的提升受到诸多限制（张晓宏，2001）。现代的消费理念已经不同于传统的消费理念，在农村区域很多居民也开始崇尚一些所谓"暴发户"型的消费方式，即消费数量快速上升，但也存在着消费质量不高的问题，消费的升级更多地反映在数量上，很少体现在质量上。而在互联网经济条件下的消费行为，更具有线上线下相结合的体验式、平台式和互动式等特征（徐建等，2021），由庞大人群所构成的电商平台，天天都在上演着对各种商品的介绍、推广活动和使用体验，农村区域的消费者不但能够从互联网上在线查看这些商品体验信息，还能够自行寻找附近城镇的店铺进行亲身体验，大大拓宽了消费者的商品接受空间，改善了农村居民的消费观念。

从消费习惯来看，由于信息网络的出现，致使农村消费者得到的产品信息增多，从而提高了他们对于产品的鉴别能力，再加上互联网突破了地域的局限，让天南海北的商品都可以被购买，农村居民的消费冲动被有效激活，从而产生了更高频次的消费习惯（温文清，2021）。而且，互联网使得生产商的生产过程变得更加简单，面向不同的消费者，更加多元化的产品应运而生，特别是在移动互联网环境下，农村消费者可以不再使用笨重的电脑，直接使用手机等便捷的移动设备购物，从而形成以下消费习惯：一是消费者想消费的时候，不管身在何处，都可以随时随地拿出手机上网直接购物，超越时空的局限；二是及时关注，农村消费者对商品的价格、偏好、评价等信息更加敏感，一旦有了新的商品或促销活动，消费者就能够及时地加以关注并购买；三是互动性，通过随时随地的关注，农村区域的消费者一旦发现了需要购买的产品，就能够利用互联网和商家开展交流，从而得到所需要的产品资讯；四是模拟体验消费行为，当消费者发现需要购买的产品后，便可直接通过手机定位寻找就近城镇的线下商家，进店亲身体验；五是促进了心理账户的有目的调整，导致许多无计划消费的出现，心理账户是个人或家庭用于组织、评估和跟踪财务活动的一系列认知和操作过程，可以狭义地定义为消费者对特定商品的心理预算，消费者在消费之前会在心里划分若干个账户，对于不同消费产品的支出做出一定的预期，一般难以发生较大改变（贾真，2019），但数字支付的出现，缩短了消费者对于各种商品购买与否的评估时间，可以使其更快地做出消费决断；六是线上付款、线下消费的行为，将线上付款方式的便利与线下的体验消费同时融合，从而促使农村消费者的消费经历更为丰富，并优化其消费习惯，以此刺激更多的消费行为产生。

从消费模式来看，现今的信息网络存在形式彻底改变了我国农村居民的消费行为模式，从而带来了消费需求的提升，并带动了消费规模水平提升以及社会消费结构的优化。传统消费模式是指人们在新的消费模式出现之前的消费状态，有着巨大的信息不对称，尤其是对于农村地区而言，消费者的行为大多是被生产商所控制，并没有根据产品的价值、品种等表达自己的需求，而只能跟着企业所制造的步伐进行购买，这就导致了农村地区消费者的自由消费意识不能完全被激发出来，由于获取资讯的途径少且受限，获取的消费产品类型、优劣等也受到较大的制约，导致传统农村集市下的居民消费类型主要表现为食品、日用品，而且大多是本地和邻近地区供应的商品，人们对消费的类型、好坏需求也不大（郭绍轩，2022）。互联网经济环境下，农村居民消费改变的重点是对于消费资讯获得途径和消费渠道的多元化、获取信息的互动化，通过购买体验以及与网友分享等环节流程，促使消费者转变消费行为模式，由于增加了信息检索和共享的机制，大大调动了消费者自主去寻找、消费产品的欲望，从而促使农村区域消费者社会身份的提升（杜松平，2020）。另外，传统消费模式下一般采用现金支付的消费方式，存在诸多不足，如安全隐患等。携带现金不仅会对财产安全构成威胁，还会对人身安全构成威胁，在消费量较小的情况下，现金消费模式或许可以满足需求，然而在消费量较大的情况下，使用现金消费模式可能会导致如找零等不必要的环节产生。因此，传统的支付模式在很大程度上不能满足人们日益改变的消费需求，支付宝和微信等互联网支付方式的出现正好弥补了传统支付模式的不足（陈战波等，2021），这种新的支付模式从出现到成熟只经历了10年左右的时间，已经成为当前人们所采用的主要支付模式，并且具有很多优点：对于买家来说，使用在线支付模式更方便快捷，而且通过中介平台提高了资金的安全性，并且这一项服务是免费的；对于卖家来说，减少了纸质货币的兑换和储备，账户管理也变得更加简单。

3.6.4　互联网使得农民消费环境得到优化

长期以来，农村市场营业时间短，周期长，农村区域的居民常常不得不尽量储备食品和生活用品以满足日常生活的需要。由于大多数农村居民收入水平和文化水平较低，且如今在农村地区长期生活的大多是留守老人和儿童，他们对产品的真伪识别能力不强。在利益的引导下，有不法商家混淆视听，弄虚作假，使农村市场存在着"三无"和劣质产品。同时，消费权益被侵害后，农村居民的维权意识相对薄弱，加上农村地区地域广阔、集市点多，执法部门的执法半径过大，必然会出现一些监管不足的盲区（宋靖野，2021）。随着时代的发展，我国农村现代化水平不断提高，农村居民消费能力不断增强，不再满足于基本的生存型消费，由于商品流通渠道不健全、流通环节多、服务功能和市场不完善等原因，农村集市无法满足农民的消费需求。随着农村网民数量的不断增长和移动支付的深入，农村居民的购物选择开始从超市商铺、集贸市场等实体交易场所，逐渐延伸到线上电商平台，进一步扩大了农民交易范围，丰富了消费选择，促进了消费转型升级。从农村区域的消费环境出发，互联网信息技术、大数据科技等的广泛应用使得各种电商平台陆续出现，进一步推动了农村区域的新型消费方式，而与此相配套的现代物流业、电子商务支付等的迅速发展，也为电商平台在农村区域市场上的拓展奠定了基石，为消费的快速实现创造了机会，并促进了消费和生产的结合更加紧密化和快速化（奚路阳，2022）。在互联网交易中，用户评价系统在机制上构建了电子商务的信用体系，为了获得长期稳定的关注和曝光，卖家必须不断提高服务水平和商品质量，作为交易的第三方，平台还承担着法律监管责任，减少了交易过程中的不诚信行为，优化了农村消费者的消费环境（陈少威等，2019）。同时，互联网环境的发展也倒推了农村地区的信息和交通基础设施建设，原先由于地理位置偏远而无法消费的群体也逐步可以通过在线平台进行消费。2021年底工业和信息化部把"提速提质"作为互联网发展的重点目标，在完善地方基础信息网络建设方面，开展了第七批通用电信业务，支持边远地区建设1万个4G基站，推动宽带网络覆盖范围逐步扩大，全面覆盖人口密集的农村地区、生产经营区、主要交通路线等，2021 年底已动态覆盖没有宽带的行政村，为农村居民的互联网消费提供了良好的基础设施支持。

3.7　本章小结

本章首先归纳总结了近年来中国农村居民消费变化的总体特征、结构特征和行为特征，同时分析农村居民在消费能力、消费结构、消费习惯和消费环境方面存在的问题，并从这几个角度对互联网经济环境下农村居民消费的习惯变化进行理论探讨，得到以下结论。

第一，农村居民边际消费倾向持续增加，消费规模不断扩大、消费结构逐渐改善，消费需求得到深层次优化，区域间消费的不均衡现象正在趋缓，农村居民消费对国民经济增长的拉动作用逐渐显现。

第二，由于城乡二元结构的长期存在，与城镇居民相比，农村居民仍然受到较强的收入约束，加上明显的传统习惯，导致消费能力弱、消费结构不合理和消费升级相对缓慢等问题。同时，农村地区消费基础设施薄弱、消费环境较差也在一定程度上遏制了农村居民消费规模的增长和消费结构的调整。

第三，互联网商业模式减少了农村消费者的信息搜寻成本、中间成本和交易成本，提升了农村居民的消费能力。互联网经济环境下企业运营方式变革带来的棘轮效应和示范效应，以及政府公共支付带来的挤入效应和引致效应，促使大量小规模、定制化、差异化、品牌化的农村消费者需求得到满足。信息网络的出现，使得农村消费者的消费行为不再受到时空的限制，消费资讯获得途径和消费渠道逐步即时化、多元化、互动化和丰富化，移动支付不仅使付款过程更加安全便捷，也促使消费者心理账户发生调整，有效提升了消费频率，改善了消费习惯，随着农村数字信息化发展，电子商务的信用体系很大程度上弥补了传统农村集市交易的信息不对称和商品质量不佳等问题，进而达到优化农村消费环境的效果。

4 农村地区互联网发展环境与特征分析

从前文的分析可以看出，数字信息化在很大程度上已经成为农村消费变化的重要驱动力，在互联网经济环境下，农村居民的消费能力、消费结构、消费习惯和消费环境得到了较大的提升。虽然近年来我国制定了相关政策，但是由于经济、社会制度和信息发展基础等因素，我国的城乡互联网发展仍存在着较大的差距。怎样才能加快农村信息化的步伐，缩短城乡之间的距离？什么因素限制了农村数字化的发展？农村的数字信息化未来的发展方向是什么？为了解答上述问题，本章利用中国互联网信息中心和商务部发布的统计公报数据，首先梳理农村地区信息技术环境的变化情况，并分析相关政策在数字信息化发展中的作用。在此基础上，着重分析农村居民互联网使用和互联网消费的特征以及存在的问题，进而为后文的影响效应分析和政策建议的提出提供理论支撑。

4.1 农村地区互联网发展环境

农村地区互联网发展可分为五个阶段。

第一，早期阶段（19世纪中期—20世纪50年代前期）。在电力工业革命的冲击下，以电子脉冲作为通信手段的现代信息工业得到了迅速的发展。在此阶段，电子脉冲作为传播媒介，使得信息传播的速度和范围大大增加，在信息技术上发生了一系列的革新，贝尔发明了第一部手机和广播电台，并且使信息能够通过无线方式传播。随着电报、电话、电磁波的出现，人们利用这种媒介进行的信息传递发生了根本性的变化。但是，在此期间，中国遭受了战火的侵袭，基础设施被西方国家所垄断，并且遭到了严重的破坏，所以在中华人民共和国成立之前，电话的普及率仅为 0.05％（高锡荣，2007）。由于战乱的关系，当时国内的资讯环境十分不稳定，许多的基础设施都遭到了西方国家的破坏，在这样的情况下，军事机关与政府是信息的主要使用者，而资讯的收集与利用也是以战争需求为主。

第二，徘徊阶段（20 世纪 50 年代中期—20 世纪 80 年代）。1946 年，世界上出现了第一台电脑，这是信息技术革命的开端，在这一时期，西方国家的信息化进程十分迅猛，美国也因此成为世界上最大的信息消费大国。但是，中国的计划经济体制使中国的民间信息化进程推进十分迟缓，受经济条件的制约，中国的手机（包括移动电话）普及率只有 0.38％，低于全球的 10％，中国具有全球 1/5 的人口，手机的使用量只有全球的 1％，落后美国 75 年（高锡荣，2007）。那时，通信业务多是在各级党政军机关之间进行，尚未真正走进寻常人家。人们依然依赖报刊和电台来获取信息，而要得到这些信息，就必须到指定的邮局或者电报大厦去。在这段时间里，中国的信息化建设并未受到国家的重视，信息基础设施建设水平也与国际平均水平相去甚远，尽管中国的信息需求日益增长，但是由于信息资源的匮乏和人均可支配收入的制约，使得中国民间的信息资源使用率仍然处于较低的水平。

第三，快速发展阶段（20 世纪 90 年代—2007 年）。改革开放后，中国经济迅速发展，对通信服务的需求与日俱增，人民生活水平越来越高，其与通信手段发展不均衡的矛盾越演越烈。因此，我国出台了一系列的政策和措施，加大了农村信息化的建设力度，加快了农村信息化进程。中国联通于 1994 年创立，打破了中国电信运营商的垄断地位，从而突破了信息在军事、政治等领域的局限，逐渐形成了民间市场，这无疑扩大了农村居民的信息消费渠道。中国于 1994 年 4 月开通了首条互联网线路，使互联网全面连通，从此人们不仅可以使用电话、电报等传统信息服务，还可以通过互联网使用世界信息资源。1994 年 12 月，为了加快农业现代化和农村信息化，农业农村部提出建设金农工程。1995—2006 年，科技部、农业农村部、信息产业部等相关部门相继出台了一批加快农村信息化的政策，《农村经济信息体系建设"九五"计划和 2010 年规划》《农业综合管理和服务信息系统——金农工程》的颁布，标志着农村信息化工作的正式启动；"十五"发展纲要对农村科技信息服务网站的落实进行了强化，农村信息化工作开始步入正轨；

《农村通信普遍服务—村通工程实施方案（试行）》的颁布，为实现农村信息化奠定了坚实的基础。2006 年《中共中央 国务院关于推进社会主义新农村建设的若干意见》明确了我国农业信息化的发展方向，并对我国农业信息化工作提出了明确的要求，强调进一步深化农村信息化水平，加快农村广播电视等信息服务和农业综合信息服务平台建设。此外，还要求"加强农村信息网络建设，基本实现村际间的电话和网络互联"，这表明互联网已经正式开始进入农村居民的生活当中。该阶段农村信息化的推进，不仅完善了农业信息系统，也加强了农村信息基础设施建设，随着互联网的普及，传统的电报、电话、广播等服务的费用也开始降低。人均可支配收入的快速增加也是我国农村信息消费的一个重要推动力，信息消费开始从党政机关流向普通民众的日常生活中。

第四，高速发展阶段（2008 年至今）。2008 年中国电信市场的重组和 3G 牌照的发放标志着信息化开始快速发展。在此期间，电子设备企业推出了智能手机，各类应用软件也纷纷涌现，网游、影像更能激起使用者的共鸣，互联网消费的普及已经开始显现，互联网消费环境有了显著改善，互联网消费的种类也越来越多。2010 年 6 月，国家发展和改革委员会正式启动了"三网合一"计划和示范城市的试点，农村居民的消费方式也由原来的通信网、广播网，转向了宽带、数字电视网和新一代网络。2012—2013 年，中央 1 号文件对农业和农村信息化工作提出了新的要求，即要继续加大农业生产经营管理服务领域的信息化建设，在基层建立信息服务站和信息示范村，推进"四个现代化同步"战略，从而加快宽带网络等农村信息基础设施建设。2013 年，国务院发布了《关于通过网络消费扩大内需的意见》，2014 年《政府工作报告（2014）》又一次强调了互联网的发展，并详细论述了如何推动互联网消费，指出了宽带对提高互联网消费的重要作用，"宽带中国"的出台和实施，标志着宽带战略已成为国家战略。中国网络信息中心的统计显示，到 2015 年年底，中国的网络渗透率达到 50.30%，已有 6.88 亿名网民，其中用手机上网的人数超过了用计算机，90% 以上的网民都在使用手机。人们对网络信息的依赖性和需求在不断增长。同时，中国的电子商务正在逐步从城市向乡村延伸。2014—2021 年，中央 1 号文件连续 8 年提出了推进农村网络建设的要求，农村网络的发展对我国农村的经济、社会建设具有重大的影响。国家政策重点是加快农村网络基础设施建设，推进广播通信等信息化服务进村，加快农村互联网速度，并降低农村居民的互联网接入成本，大力推进"互联网"农业发展，将农业与物联网、云计算、大数据等新兴信息技术有机融合，推进农业产业链的升级。中国互联网信息中心的数据显示，到 2020 年，中国农村网民数量将达到 3.09 亿人，达到总体互联网用户规模的 31.30％。由于文化水平的限制，大多数农村网民不会使用电脑上网，因此操作更为简便的移动设备在农村网民中拥有更高的普及率。目前，农村信息化建设取得了显著成效，"宽带中国"战略的实施，使全国网络基本达到了"村村通"的目标。尤其是最近几年，随着移动互联网、智能机器人、云计算、5G 网络、大数据、物联网等新兴的信息技术，农村地区进入了一个新的信息化时代，农民的生产生活方式发生了根本变化。总之，现代化离不开信息化，所以中国长期以来坚持把信息化作为农业、农村现代化的发展核心和关键。

4.2 农村地区互联网发展现状

4.2.1 农村居民互联网使用概况

如图 4-1 所示，截至 2020 年，农村区域上网人口规模达 3.09 亿人，占全国上网人口总规模的 31.30％，比 2012 年增加了 1.53 亿人。中国互联网信息中心（2021）数据显示，城镇网民规模约为 6.80 亿人，占全国网民的 68.70％，表明城乡网民的规模存在较大差异。但是，与 2016 年农村地区 2.70％的网民规模增长率相比，2020 年的增长率上升到 21.17％，可见近年来我国农村互联网用户规模增长显著。

从图 4-2 可以看出，2020 年农村互联网普及率将达到 55.90％，比 2013 年提高了 27.80 个百分点。同期，城市互联网普及率达到 79.80％，城乡差异 23.90 个百分点，表明农村地区的互联网普及率得到了大幅提高，但渗透率仍有待进一步增加。

中国互联网信息中心的数据显示，到 2020 年，中国非网民人数为 4.16 亿人，其中农村人口占 62.70％。由此可见，非互联网用户大部分仍居住在农村地区。如图 4-3 所示，缺乏技能（51.50％）、文化水平限制（21.90％）、年

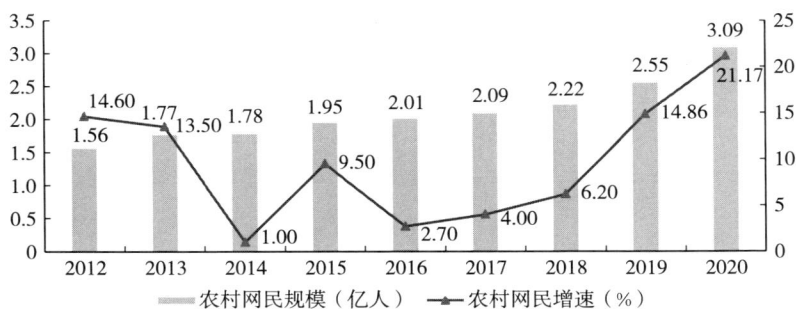

图 4-1　中国农村网民规模和增长率变化情况

资料来源：中国互联网信息中心（2021）、《中国电子商务报告（2020）》。

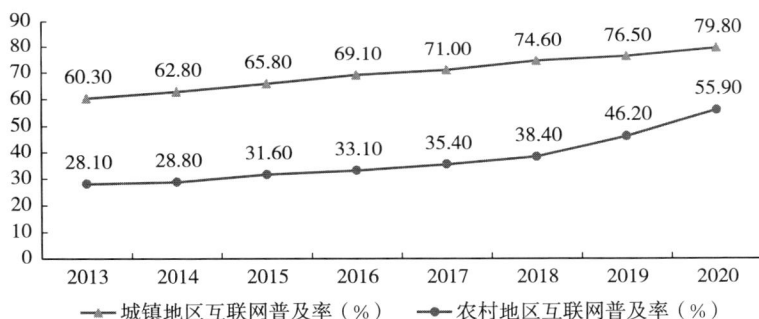

图 4-2　中国城乡地区互联网普及率变化情况

资料来源：中国互联网信息中心（2021）、《中国电子商务报告（2020）》。

龄太大或太小（15.10％）是非网民不使用互联网的主要因素；就年龄段来看，我国 60 岁以上的老人是非网民构成的重点人群，60 岁以上的老年非网民人群约占全国非网民总量的 46％，并且大多集中在农村地区；同时，没有上网设备（13.30％）、缺乏兴趣（7.60％）与没有时间（6.70％）等因素也有影响。

如图 4-4 所示，促进非网民使用互联网的最重要因素是进一步便利与家人、亲属的沟通（32.50％），其次是提供免费的互联网教育指导（30.30％），第三个推动因素是提供无障碍使用的上网设备（30.00％），另外，占比 25.30％的"方便购买商品"也是影响非网民使用互联网的主要因素之一，且上述促进因素的重要性差距并不显著，占比皆在 25％以上，表明互联网在农村地区的使用和推广是大势所趋，也是有必要的。

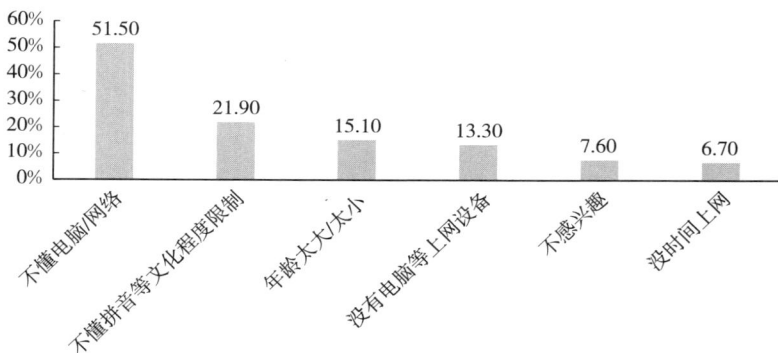

图4-3 中国非网民群体不使用互联网的主要原因

资料来源：中国互联网信息中心（2021），该部分为多选项。

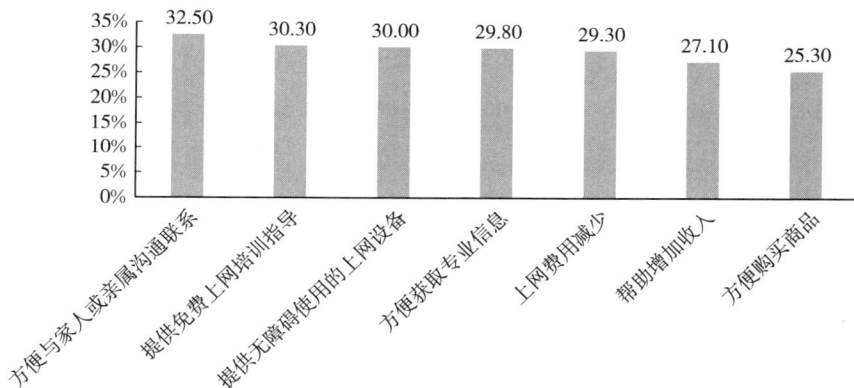

图4-4 中国非网民互联网使用促进因素

资料来源：中国互联网信息中心（2021），该部分为多选项。

4.2.2 农村地区互联网零售情况

2020年全国农村互联网零售额达1.79万亿元，是2015年0.35万亿元零售额总量的5.11倍。2020年农村区域的互联网零售额占全国互联网零售总额的15.16％，同比增长5.29％，增速慢于同期全国互联网零售额增速[①]。其中，农村地区的互联网零售总额为1.63万亿元，较上年同期增长

---

① 数据来源：《中国电子商务报告（2020）》，其中2020年全国网上零售额达11.80万亿元，同比增速10.60％。

10.50％，占全国总量的91.06％，特别是实物商品互联网零售额得到了较大幅度的增长，说明农村地区互联网零售额具有巨大的增长潜力（图4-5）。

图4-5 中国农村互联网零售额变化情况

资料来源：《中国电子商务报告（2020）》。

从图4-6所示农产品互联网零售额类别来看，2020年零售额排名前三的品类是休闲食品、粮油和保健品，此外，粮油、肉禽蛋、奶类、蔬菜、豆制品5种农产品零售额同比增长了30％以上。可见，食品类农产品零售额在农村互联网零售中占据较大份额，为具备丰富原材料供给的农村居民提供了新的增收途径，有利于激发与增长其互联网消费意愿与潜能。同时，在农村互联网商务中，伴随着各大电商平台加大对下沉市场的开发，农村地区互联网总消费额也呈现出不断增长的趋势，电商平台已对下沉市场开始了有效渗透，农村居民互联网消费市场存在进一步发展的可能。

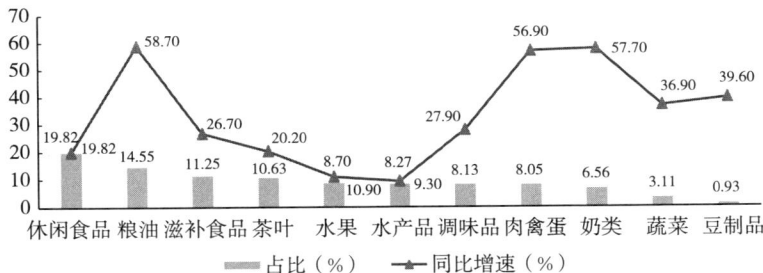

图4-6 2020年中国各类农产品互联网零售额比例及增长情况

资料来源：《中国电子商务报告（2020）》。

如图4-7所示，在电商平台致力于发展下沉市场时，农村电商发展表现出强劲势头。近年来，农村地区消费增长率高于城市地区的主要原因之一是电子商务等新形式的出现。阿里研究院数据显示，2020年淘宝镇覆盖了28个省份，总计1 756个，约占全国乡镇总数的1％，淘宝村已遍及27个省份。淘宝村镇购物中心的年成交额达到了1万亿元，活跃的购物中心有296万家，创造了828万个工作岗位。电子商务推动了农村地区连锁超市、便利店、综合服务公司等农村实体店的信息化改造，扩大了经营服务功能，促进了传统物流形式的转型升级，形成了各渠道协调发展的新格局。到2020年，通过信息化改造，我国供销社系统已拥有10多万个村级电商服务网站，并配置相应的快递网点，不仅提高了农村居民的收入，而且扩大了农村居民的消费渠道。

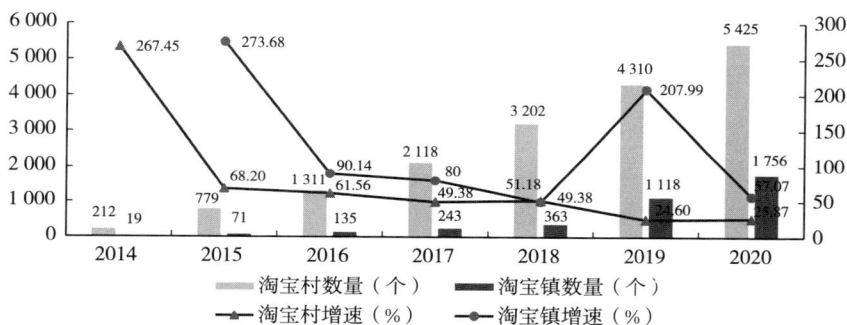

图4-7 中国淘宝村、淘宝镇发展情况

资料来源：阿里研究院。

4.2.3 农村物流覆盖率发展状况

根据阿里研究院数据，2020年全国建立了县级以上电商公共服务站和物流配送中心共2 120个，乡镇以上电商业务网点共13.70万个，在实现了物流网络全范围覆盖农村的基础上，农村快件直接投村的比率增加到了50％以上，快件包裹总量将达到300亿件，邮政速递业务量占比36％以上，较2019年增加了12％。2020年全国电商快递在农村业务量指标保持上涨态势，全年数据均高于全国电子商务物流指数。此外，"村村直邮"任务在2019年已经完成，农村物流网络覆盖全国3万多个乡镇，覆盖率达97.60％，其中国内27个省（自治区、直辖市）在乡村一级完成了配送网点的全面覆盖工作。另外，2019年我国在农村地区接收超150亿件快递，占我国快递服务总额的 20％以上，并支持工业品下乡和农产品进城达到 8 700 亿元，农村物流发展迅速，为农村居民网络购物创造了良好的环境。不过，"最后一公里"问题仍是限制农村电商发展的因素，解决这一问题有望进一步扩大农村互联网消费市场，帮助提高农村居民的收入水平。

4.2.4 农村信息基础设施建设发展状况

2020 年，工业和信息化部联合财政部开展 6 次农村互联网普遍服务试点，保障 13 万个行政村通光缆，建立 5 万个 4G 基站，优先保障"三区三州"等低收入地区。在农村互联网加速覆盖普及的背景下，行政村光缆和 4G 接入比例达到 98％，如图 4 - 8 所示，农村宽带用户占比从 2015 年的 24.70％提升到 2020 年的 29.10％，进一步保障了广大农村居民的基本互联网使用需求。另外，中央政府和地方互联网通信公司共投入资金超过 500 多亿元，支持了 13 万个乡镇的光缆和 3.6 万个基站的建设，农村区域宽带的接入用户总规模已达 1.38 亿户，同比增加了 396 万户。

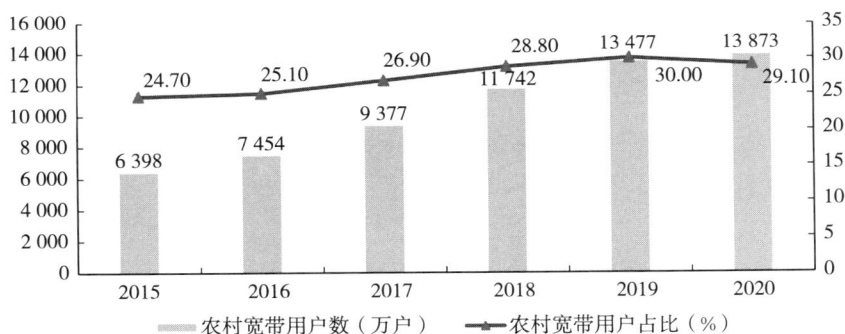

图 4 - 8 中国乡村宽带信息基础设施建设和普及情况

资料来源：《中国乡村数字发展报告（2020）》。

4.3 农村地区互联网使用问题

为深入探讨农村居民存在的互联网使用问题，采用中国互联网信息中心发布的《农村互联网发展研究报告》数据进行分析。由于 2015 年以后不再对农村地区进行特别统计，本节数据来源《农村互联网发展研究报告（2015）》。

4.3.1　城乡数字鸿沟依然存在

随着智能终端的多样化，农村居民的上网设备也在不断发生变化。从图 4-9 可以看出，目前我国农村地区的主要网络设备为智能手机，87.10％的农村用户使用移动电话上网；其次为台式计算机，占 63.40％；有 25.60％的人在使用手提电脑上网；近几年随着平板电脑、智能电视机的普及，使用平板电脑和电视上网的农村网民越来越多。可以看出，农村居民对互联网接入设备的需求已经呈现出向便捷化、移动化转变的趋势。但从城乡情况来看，与城镇相比，农村用户通过多种设备上网的比例较低。尽管农村用户使用移动电话的比率最高，但仍然低于城镇用户 4.10 个百分点，笔记本和平板电脑使用比例分别比城镇网民低 18.30 个和 16.20 个百分点。此外，农村网民每周平均上网时间为 23.80 小时，而城镇网民每周平均上网时间为 27.20 小时，城乡网民在上网时间上也存在差距。

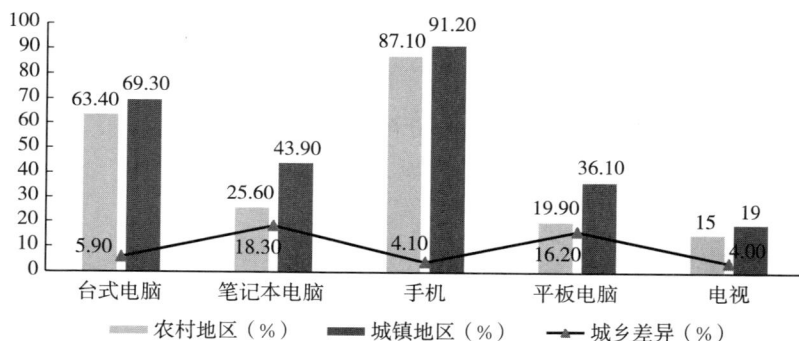

图 4-9　城乡居民上网设备使用比例

资料来源：《农村互联网发展状况研究报告（2015）》，该部分为多选项。

可以看出，中国目前城乡仍然存在二元格局，造成农村地区的经济、教育、通信、交通等方面均处于落后状态，而且由于农村地区地域广、人口不集中等问题，农村的信息化建设还不完善，城乡数字鸿沟成为农村信息化推广、农民互联网应用的制约因素，主要表现在两个方面：一是农村互联网普及率低，结合前文的分析数据，截至 2020 年，农村网民人数仅占网民总规模的 31.30％，远远落后于城镇网民规模；二是农村网民使用各种设备接入互联网的比例仍然较低，接入互联网的时长也低于城镇居民。

4.3.2　网络信息应用水平不高

　　根据《农村互联网发展状况研究报告》中对网民上网用途的分类标准，将互联网应用分为信息获取、商务交易、网络金融、网络娱乐和交流沟通五大类。如图 4－10 所示，在农村网民的所有应用中，即时通信的使用率排名第一，占 88.20%；网络新闻使用率排名第二，占比 77.80%；搜索引擎排名第三，占比 77.70%。与城市用户的使用情况比较，旅游预订差异占了 19.20%，在线购物和在线支付差异均占 17.80%。从整体上来看，不同类型的网络应用在农村和城镇中仍然有很大差别，各种类型的网络应用在农村中的使用率都比城镇要低。农村用户使用网络的目的多为休闲娱乐、通信，农村用户对网络支付普遍缺乏信心。

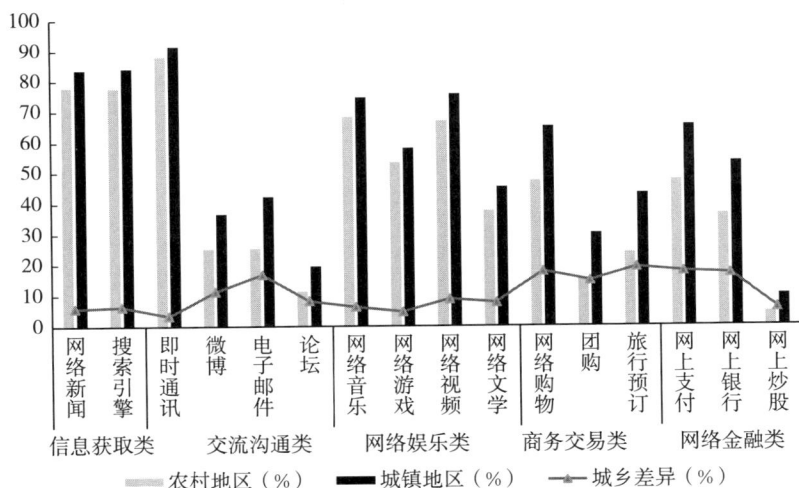

图 4－10　城乡居民互联网应用情况

资料来源：《农村互联网发展状况研究报告（2015）》，该部分为多选项。

　　可以看出，近几年，由于农村信息化建设，农村互联网普及率有所上升，但农村用户互联网应用的深度还很浅显，多数网民利用互联网交友、娱乐等，没有意识到互联网信息的重要性，更不能将互联网信息应用到日常生产生活中，致使互联网在改善农村居民生活、升级消费品质等方面的差距尤其明显。

4.3.3 信息获取渠道单一

一方面，由于农村网络及相关的基础设施不健全，农村居民上网的费用比较高；另一方面，由于受经济条件的制约，农村人口与城镇人口相比，上网人数更少，因此信息获取方式多为亲朋好友、电视台等，就算有农村居民开通了网络，但受农村居民自身的文化水平和获取、筛选信息能力的制约，使得网络对于农村居民来说只是一种信息获取、通信和娱乐的方式，而非生产手段。分析图 4-11 农村用户的年龄构成，我国农村用户主要是 20～39 岁，占全国网民总数的 50%；40 岁及以上的互联网用户人数不多。从城乡情况来看，60 岁及以上老年群体占比低于城镇比例，可以看出农村老年群体对互联网的接受程度低于城镇居民，导致信息获取渠道的狭窄；20～29 岁的青壮年农村群体应用比例也与城镇居民存在较大差异，结果造成在农业生产、经营、流通、服务等环节中使用网络的人数较少，农民获得信息的途径相对单一，主要依靠传统的信息渠道，造成信息不及时、信息水平落后等，从而导致城乡间网络消费差距扩大。

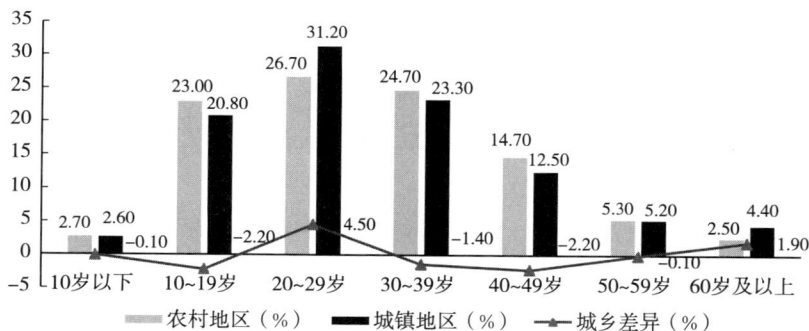

图 4-11　城乡网民年龄结构

资料来源：《农村互联网发展状况研究报告（2015）》。

4.3.4 农村网民信息意识不强

如图 4-12 所示，农村网民的文化程度以小学及以下、初中、高中三个阶段为主，其中 50% 以上的网民具有初中文化程度。在城乡层面上，我国农村网民的教育水平普遍偏低，农村用户的小学及以下和初中学历的比例比城镇居民高 9.90 个和 20.20 个百分点，高中及以上文化程度的农村居民比城镇居民要少，农村地区的大专、大学及以上文化程度的比例要比城镇地区分别低 7.20 个和 12.00 个百分点。由此可以看出，由于农民的文化程度有限，无法灵活利用网络所提供的资讯，因此，当前的农村居民的网络使用大多是以消遣为主，并未真正地享用到网络带来的经济利益。

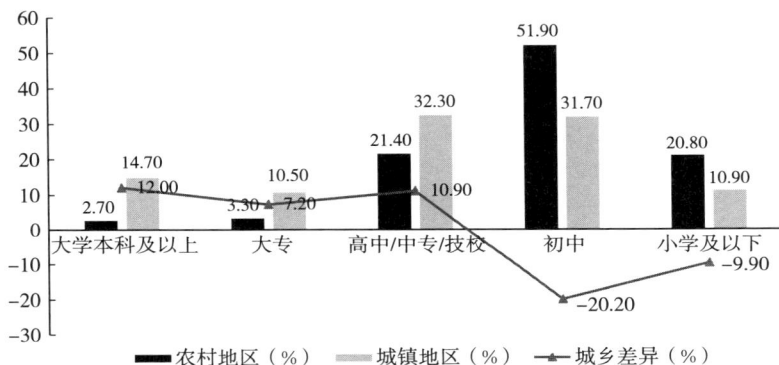

图 4-12　城乡网民学历结构

资料来源：《农村互联网发展状况研究报告（2015）》。

综上所述，由于受文化因素的影响，农民对信息的敏感性较低，对信息的认识不足，特别是对信息的甄别和识别能力不足，导致了其对重要信息的遗漏，甚至容易被错误的信息欺骗。同时，由于农村居民缺乏对信息需求的表达，虽然在生产生活中存在着一定的信息需求，却无法对其进行有效的归纳和总结，无法有效地表达自己的需求，导致了农村信息的供求矛盾。最后，由于农户对信息的真实性认识不足，不懂得分辨真假，致使农户在掌握了信息后，却不知道该怎么利用，更不能信任所获取的信息，从而反映出农户在网络应用上的局限性。因此，必须加强农村地区居民的网络教育工作，加强其信息意识，改变网络在农村生产生活中的实际作用，让农村居民真正体会到网络所带来的经济效益。

4.4　农村地区互联网消费体验问题

随着互联网在农村地区的快速普及，网络购物方式彻底颠覆了农村消费者对传统购物的认知，越来越受到农村消费者的喜爱（Mcandless，1999）。许多研究发现，与传统的线下渠道买家相比，线上渠道买家会购买更多的产品（杨宗之，2021）。平均而言，线上渠道消费者的购买量是传统渠道消费者的 2～3 倍（Double，2004），线上渠道消费者的购买率比传统渠道消费者高出 30％（Scott et al.，2006），这说明线上渠道的销售模式为扩大农村居民消费规模起到了重要的作用，因此在提升农村居民互联网使用率的基础上，进一步研究农村居民线上渠道消费的影响因素也变得至关重要。大量事实表明，虽然线上消费渠道为消费者提供了前所未有的便利，但由于互联网渠道与传统零售渠道在购物环境、购买方式、支付方式、消费体验等方面存在差异，消费者在购买商品前必然要进行线上和线下购物渠道的选择和决策。面对这两种选择，消费者的行为将会变得更加复杂多变，但在购物环境、购买方式和支付方式等硬性条件之外，消费体验在其中起到了更为重要的作用（侯旻等，2017），因此有必要对农村居民互联网消费体验因素进行更加细致和具体的研究。

受限于现有统计资料对农村消费者体验数据的缺乏，本书通过微观调查进一步对江西省农户互联网消费体验的障碍因素进行分析，383 个农户回答了对于互联网消费中可能出现的消极问题，可以看出样本户对于互联网消费体验表现出不同程度的担心。如图 4-13 所示，从占比情况来看，有超过半数样本户最担心"操作复杂"（61.88％）和"虚假信息"问题（50.91％），

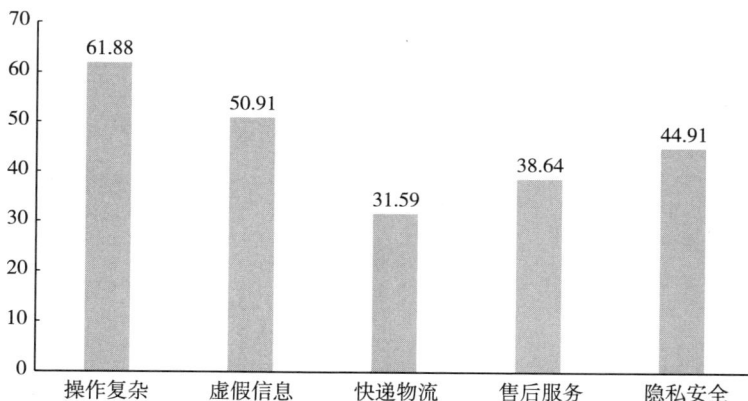

图 4-13 江西省农户互联网消费体验障碍因素占比（％）

资料来源：通过调研所得，该部分为多选项。

同时样本户对于"隐私安全"（44.91％）和"售后服务"（38.64％）也存在不同程度的担忧，说明在引导农村居民进行网购的过程中，应重点关注网购产品质量的提升，加强对互联网商品的宣传监管，保障消费者购物的透明度与安全性。另外，随着农村信息基础设施和物流体系的日臻完善，只有不足40％的样本户对于"物流快递"问题存在困扰，表明现阶段农村地区物流配送较为畅通，但仍存在进步与优化空间，具体障碍因素将在下文进一步分析。

4.4.1　操作复杂

许多受访者表示在互联网消费中存在操作流程复杂、标准规范不一、广告弹窗等问题，互联网应用仍是不少农村居民难以逾越的数字鸿沟。一方面，对于老龄化严重的农村地区，许多老年人无法记清互联网购物的全过程，虽然相关平台推出了"适老化软件"，但也滋生了一些借机侵害老年人利益的行为，这些软件利用老年人普遍爱贪小便宜的心理，增加了"0元水果、邀请朋友得提成"等功能，诱使其下载其他软件进而牟利。另一方面，即使是对于互联网消费较为了解的中青年人群，也存在相关的疑虑。大部分受访者认为互联网购物软件中植入的广告过多，大量广告的出现不仅浪费时间，同时也大大影响了购物体验。虽然一些广告可以免费关闭，但关闭广告的按钮往往较小，消费者容易误触进入广告页面，产生厌恶情绪，甚至可能导致消费过程的中断。所以，在完善互联网营销平台功能的同时，要避免消费端操作页面过于复杂，力求简洁明了，让消费者能在第一时间找到自己需要的服务。同时，软件广告植入的数量不宜过多，必须为新用户提供适当的广告减免时间，关闭广告的按钮应该相对突出，以减少广告的等待时间。网销平台应该把农村消费者的利益放在首位，以获得更好的评价，从而逐步培养农村消费者的互联网消费习惯，过分关注广告的经济利益也不利于电商平台在农村地区的长期发展。

4.4.2　虚假信息

虚假信息也是造成互联网消费体验不佳的一个重要原因，许多消费者在通过互联网购物软件获取消费信息后，对产品抱有较高期望，但收到的商品与信息的描述不一致，出现现实远低于预期的现象，从而降低了互联网消费的满意度。这是因为网销产品评价的真实性往往不足，有些来自商家的自我评价，或是利益相关机构的虚假评价，以此提高产品吸引力，然而消费者却无法体验到同等质量的商品或服务。且当前我国的信用管理体系非常不健全，销售和购买主体的信用评估状况不透明，交易各方均处于巨大的信息不对称环境之中，严重制约着互联网商业活动的高效进行。所以，目前迫切需要建立完整而严格的信用管理体系和诚信查询机制，为虚拟交易双方提供基本的业务活动。在明确交易主体注册状态的前提下，平台应加强对交易主体的监管频率，定期审查产品评价和销售行为的真实性；若交易主体有欺诈行为，应当采取处罚措施；针对持续信用交易的经济主体予以相应的奖励措施等，以降低在信息不对称状况下，交易主体不诚信等问题出现的频率。通过对互联网消费环境的治理，加强信息、资金安全监督，为农村居民营造良好的互联网消费环境，进一步提升农村居民对于互联网消费的接受程度和支付意愿。

4.4.3　隐私安全

调研过程中，有农户展示部分互联网购物软件的各项权利有 30 多项，但很多与实现功能的要求并不相符，如果要探究互联网购物软件为什么要获得这些权限，详细查看用户的隐私合同条文后，无一例外都提到了"将对获取的部分个人信息进行商品运作"，比如推送个性化的信息内容、广告等，这也是消费者信息的潜在商业价值。如果消费者担心信息被非法使用，并在安装时拒绝某些授权，将无法正常使用。此外，隐私条款的文本大多冗长复杂，条款内容普遍超过 1 万字，用户通常为了节约时间会直接点击"同意"。在软件获得许可后，消费者隐私信息的保护通常取决于收集方的自律，随着大数据内容的进一步拓展，人脸数据、个人资料、金融账户、行踪轨迹等将更多地被采集，这不仅可能会导致信息泄露，甚至可能会被非法使用。大数据分析虽然有助于给消费者精确"画像"，提升消费体验，但也会产生"大数据杀熟"等价格歧视行为，严重损害消费者的利益。为了规范企业对消费者的信息采集和加工活动，保护消费者的信息权益，需要建立严格的"知情同意"信息处理规则。互联网平台在处理消费者信息时应具有明确合理的目的，并应与处理目的直接相关。信息收集应以对消费者权益影响最小的方式进行。同时，对于应用授权、强制同意等问题，在处理、向他人披露、跨境传递消费者个人信息等环节都应当获得单独许可，禁止过度收集，禁止企业以不认可授权要求为由拒绝供应商品和服务，并赋予用户撤销许可的权力。消费者撤回同意后，应当及时停止或者删除消费者提供的信息。同时，针对存在的信息倒卖、违约等违法行为，要加大处罚力度，增加违法成本，形成法律威慑效应。

4.4.4   售后服务

许多受访者对于互联网消费并不完全持乐观态度，主要原因是售后服务存在明显的短板。随着农村生活水平的逐渐改善，农村消费者对商品、服务越来越重视，而农村地区消费相关服务的及时性、有效性常常会大打折扣，其中最重要的原因就是互联网服务受到异地交易限制。在销售阶段，延迟发货、虚假发货等问题突出；在售后阶段，货物退换的运输费用一般必须由用户支付，或者要求退换的商品不会影响二次销售，但卖家却掌握着对于二次销售范围的最终解释权。另外，对于一些本地无售后服务网点的特殊商品，考虑到运输成本，消费者很多时候不得不放弃售后服务的权益，特别是对于偏远的农村地区。以家电产品为例，如果采购的商品存在质量问题，因为农村地域的分散性，售后服务就成了一个比较大的难题，消费者通常必须回到距离农村区域较远的城镇网络经销处理。因此，要进一步完善电子商务在农村地区的售后服务体系，简化货品的退换流程，消除农村居民对于互联网消费保障的疑虑。

4.4.5   快递物流

当前，我国农村电子商务还存在着一些不完善的问题，其中最突出的就是农村地区的物流网络相对于城市来说仍然过窄，这就给农村居民的生活造成了很大的不便。首先，运输、劳务、租金等费用对物流公司而言是较高的负担，快递价格往往与运营成本倒挂；其次，基础设施的优化对物流服务保障起着非常重要的作用，由于农村物流服务业发展时间相对较短，造成物流基础设施建设条件相对较差；此外，农村地区的物流从业人员数量偏少，流动人口多，服务观念、服务态度等方面都有很多问题，很多网点仅提供配送功能而不具备专业化的服务，原因在于农村地区的发展机会往往比城市地区少，对专业的物流人才没有吸引力。为此，必须从乡村振兴的视角来考虑农村物流基础设施的建设、优化农村交通网络布局、弥补法律和法规上的漏洞、降低农村物流业的混乱和恶性竞争，真正提升我国农村物流发展的总体水平；而且，政府应贯通县级农村物流配送系统，逐步建立县级配送运输公共集散中心和乡镇配送运输综合服务网点，进一步推进农村区域的邮路汽运化，合理调整农村物流资源，降低物流服务成本，增加物流服务利润。同时，为了让物流人才回归农村，还必须制定相应的人才补贴政策，使得农村物流专业人员能够提供更加专业、规范、高效的服务。

4.5　本章小结

本章梳理了我国农村地区互联网的发展演变历程，分析相关政策在农村数字信息发展过程中起到的推动作用，并找寻影响农村居民互联网使用和消费的制约因素，得到以下结论。

第一，近年来，农村网民规模和互联网普及率明显提高，信息、交通和物流等基础设施的建设发展使得农村互联网零售额得到了较大幅度的增长，为具备丰富原材料供给的农村居民提供了新的增收途径，也为互联网消费提供了有利的条件。

第二，由于农村居民信息意识不强、信息获取渠道单一、互联网应用水平较低等原因，城乡之间仍存在较大的数字鸿沟。特别是农村地区的高龄居民对互联网的接受和使用程度远低于同龄城镇居民。

第三，农村居民对互联网消费中的"操作复杂""虚假信息""隐私安全""售后服务"和"快递物流"等消费体验问题表现出不同程度的担心，制约着农村地区线上渠道消费的进一步扩大。

5 家庭和区域视角下互联网使用对农村居民消费的实证分析

从前文的现状分析可以看出，在互联网经济蓬勃发展的大背景下，物流、信息化等有关形态的颠覆式变革为农村消费者带来了消费行为方式的新变化，其中除了消费成本的降低之外，也推动了消费行为的认知模式、习惯模式和行动模式等的新变革。因此，我们必须从农户的角度来思考，互联网的使用是否促进了农民消费的扩容提质，以及影响效应的异质性情况。解决上述问题对促进农村居民消费具有重要的理论和现实意义，也是本章亟须解决的关键问题。从前文的分析可以看出高年龄段的农村居民对互联网的接受和使用程度还远远低于城镇居民，互联网使用和消费多是通过家庭中的中青年实现的，由于农村地区是以家庭作为社会消费的基本单元，所以基于家庭视角考察互联网使用对农村居民消费的影响，更符合客观事实。本章首先根据连续 3 年在江西省调查获取的 968 个农户样本数据，采用倾向得分匹配、无条件分位数回归等研究方法，研究了互联网使用对农村居民消费的影响，并对结果进行稳健性、内生性检验和异质性分析。并且，由于城乡间仍然存在较大的数字鸿沟，使得城乡居民消费升级方式差距明显，甚至不同区域的农村居民互联网使用率和消费结构也存在区别。因此，需进一步结合中国综合社会调查数据，考察农村居民在区域视角下的互联网使用行为对消费的具体影响。

5.1 作用机制分析与研究假设

5.1.1 家庭视角下互联网使用对农村居民消费的作用机制分析

伴随互联网经济的蓬勃发展，农村消费者拥有了更加充分的市场信息，其消费选择能力和范围得到了极大拓展。更充分的竞争促使制造商更加注重产品和服务的质量，使农村消费者可以选择比传统经济条件下更高质量的商品，从而增强了农村居民的持续消费欲望。由于互联网的普及性和便捷性，信息交流和市场交易可以突破时间和空间的限制。互联网的使用显著提高了消费效率，降低了消费成本，有效缓解了农村消费者的预算约束，提高了农村居民对商品的实际购买力（奚路阳，2022）。与传统的消费渠道相比，互联网的使用改变了农村居民的消费支出决策和"线上、线下"消费渠道的选择（张沛然等，2017）。在实际情况中，农村居民消费不仅具有传统渠道向互联网渠道结构转变的"替代效应"，而且由于消费成本的降低和实际购买力的提高，对消费也产生了一定的"收入效应"。根据 Kongsamut 等（2001）的相关文献，运用非相似的偏好特性函数，将互联网因素引入该模型中，并分析互联网应用对农村居民消费产生的作用机理。该模型假定乡村家庭具有生存永续性，且不同家庭间的经济行为具有较高的同质性，他们的选择在时间上是可以分割的，并且具有对数的瞬时效用函数，那么短期效用函数和整体效用函数（罗旭，2017）可以表示为式（5-1）。

$$u(c_{t1}, c_{t2}) = \varphi \log(c_{t1} - a) + (1 - \varphi) \log(c_{t2} + S_t) \quad (5-1)$$

式（5-1）中，u 为家庭的效用函数；c_{t1} 和 c_{t2} 分别为 t 期农户从市场购买的基本生存消费品和发展享乐消费品的数量；$\varphi \in (0, 1)$ 为农村家庭的偏好权重；$a(a > 0)$ 为农村家庭生存所需的最低粮食消费量；$S_t(S_t > 0)$ 为 t 时期农户（非市场供给）提供的服务消费。互联网的使用使农村居民可以方便地搜索信息和联系提供定制服务的厂商。因此，这部分的变化可以看作与互联网相关的功能。此外，互联网还减少了农村家庭内部的服务消费供给，如果 $Internet$ 为互联网因素，$S_t = s_t(Internet)$，那么 $S_t = s_t(Internet) < 0$，农村家庭从消费中获得的总效用如式（5-2）所示。

$$U = \sum_{t=0}^{\infty} \beta^t u(c_{t1}, c_{t2}) \quad (5-2)$$

式（5-2）中，U 为家庭获得的总效用；$\beta \in (0, 1)$ 为折现系数；c_{t1} 和 c_{t2} 的意义与式（5-1）中的意义相同。

因此，对农村家庭进行了预算限制，具体见式（5-3）。

$$c_{t1} + P_t c_{t2} + k_{t-1} + d_{t-1}(1 + \xi_{t-1}) = w_t l_t + r_t k_t - \delta_t k_t + k_t + d_t \quad (5-3)$$

其中，w_t是 t 时期的工资率；l_t是 t 时期的劳动供给时间；k_t 和 k_{t-1} 为 t 和 $t-1$ 时期农户的资本存量；r_t 是 t 时期的基本租金价格；d_{t-1}、d_t 分别是在 $t-1$ 阶段和 t 阶段借款的数额；ξ_{t-1} 为 $t-1$ 阶段的贷款利率；δ 是 t 阶段的资本回报率。为简化，将基础生存型消费品的市价归一化，把发展享乐型消费品的市价规范化为 P_t。

通过前文研究发现，互联网的利用减少了用户对于商品的搜索费用，从而导致了商品价格的下降。也就是说，商品的平均价格与用户的互联网使用存在着正相关关系，表现为 $P_t=p_t(Internet)$，$p_{t'}(Internet)<0$，而市场效应能使农民接触到的产品种类更多，更能满足农民的多元化和个性化的需要，从而降低农户的消费支出。此外，由于互联网技术带来的互联网金融，人们可以通过网络技术来获取更多的金融服务，从而减少交易费用，拓宽了信用渠道，弥补了传统的信用市场缺陷，使金融资源得到了有效的分配，使那些无法取得正式贷款的农民得到了更多的金融服务，缓解了农民的贷款需求，促进了金融贷款的增长（刘彤彤等，2020）。从上述分析可以看出，农村居民收入 Y_t 也与互联网这一因素有关，可以表示为 $Y_t=y_t(Internet)$，并且 $y_{t'}(Internet)>0$。由经典的消费函数原理得出：$c_t=b_0+b_1Y_t$，在 c_t 中包含 c_{t1} 和 c_{t2}，同时 $0<b_1<1$。

农户的最优行为是将家庭可支配收入分配在当期消费和储蓄之间，从而实现终身效用最大化。因此，农村家庭优化问题可以表示为式（5-4）和式（5-5）。

$$\max U = \sum_{t=0}^{\infty} \beta^t u(c_{t1}, c_{t2}) \qquad (5-4)$$

$$s.t.\ c_{t1}+P_t c_{t2}+k_{t-1}+d_{t-1}(1+\xi_{t-1})=w_t l_t+r_t k_t-\delta_t k_t+k_t+d_t$$
$$(5-5)$$

通过拉格朗日函数法，得到农户效用最大化的均衡条件式（5-6）。

$$[\varphi/(1-\varphi)]\times[(c_{t2}+S_t)/(c_{t1}-a)]=1/P_t \qquad (5-6)$$

再代入 $S_t=s_t(Internet)$ 和 $P_t=p_t(Internet)$ 可得式（5-7）。

$$[\varphi/(1-\varphi)]\times\{[c_{t2}+s_t(Internet)/(c_{t1}-a)]\}=1/p_t(Internet)$$
$$(5-7)$$

由于 $p_t'(Internet)<0$，$s_t'(Internet)<0$，对比式（5-6）和式（5-7），

可以看出农村居民的互联网使用行为对家庭各项消费均产生一定的影响。

如果 t 时期发展享乐型消费品 c_{t2} 在农村居民消费中的比例为 θ_{t2}，则可表示为式（5-8）。

$$\theta_{t2} = c_{t2}/(c_{t1}+c_{t2}) = \frac{1}{\frac{\varphi}{1-\varphi} \times p_t(Internet) \times \left[1 + \frac{s_t(Internet)}{c_{t2}}\right] + \frac{a}{c_{t2}} + 1}$$

$$(5-8)$$

再将 $c_{t2} = b_0 + b_1 y_t(Internet)$ 代入式（5-8），得到式（5-9）。

$$\theta_{t2} = \frac{1}{1 + \frac{\varphi}{1-\varphi} \times p_t(Internet) \times \left[1 + \frac{s_t(Internet)}{b_0 + b_1 y_t(Internet)}\right] + \frac{a}{b_0 + b_1 y_t(Internet)}}$$

$$(5-9)$$

由前文理论分析可知，通过互联网的使用，$p_t(Internet)$ 和 $s_t(Internet)$ 都降低了，同时 $y_t(Internet)$ 增加，从公式（5-9）可以看出，发展享乐型消费品的比例 θ_{t2} 也会增加。所以，互联网应用在拉动农村居民的消费扩容提质中起到了一定的作用，据此提出假说 H1。

假设 H1：互联网的使用可以促进农村家庭消费规模（包括基础生存型消费和发展享乐型消费），也有助于促进家庭消费结构的转型升级。

与城镇家庭不同的是，中国农村家庭住宅形式的形成历史悠久，形成了独具特色的农村居住形态，特征是独门独居，房屋建在自家的宅基地上，大部分的家庭以"平房＋庭院"为基础的居住形式。而农村家庭习惯于"同堂居住"，即子女（多数为男孩）婚后仍然与父母同住，这一习俗一方面是因为收入水平限制了住房的需求；另一方面，"同堂居住"也是农村居民的一种生活方式，便于家人之间互相照顾（胡湛等，2014）。"多代同堂"的生活方式反映了农村居民对家庭的重视，也是由于这种特征，农村居民对家庭消费的需求也表现出与城镇地区较大的差异。

农村居住模式对农村居民消费观的形成主要体现在以下两方面：第一，在农户占有土地使用权的情况下，由于农户对土地的利用，使得部分居民的消费需求具有自给性，从而使得农村居民的货币消费需求具有先天缺陷。传统的乡村生活方式和日常的农业劳动，使处于相对封闭状态的乡村社会保持着"勤俭"与"实用"的消费特征，形成了农民"简单"和"朴实"的消费需求，广告宣传和消费产品的更新对于农村家庭需求的影响有限（Zhang et al.，2021）。第二，农村居民通常在小块土地上经营，父母（即户主）占主导地位，家庭成员根据年龄和性别形成了自然的劳动分工，生产的目的主要是满足自身消费的需要。即使如今农村地区的经济水平得到了较大发展，但是与城镇家庭相比，农村家庭的抗风险能力仍然较弱，受收入水平的限制，消费结构相对简单，加上以血缘和地缘关系为纽带的组织形式，进行生产和生活时，家庭成为农村地区的基本经济决策单元。

另外，长期以来，在农村，由于文化、信息流通相对封闭，产品信息的多样性缺乏畅通的传播途径，使得农村居民的潜在需求无法得到充分挖掘。从潜在需求到真正的购买，是消费者认识、发现、实现自我需求的过程。真正的消费行为要求消费者能够迅速地接受新鲜事物，并具备较强的支付能力，这两个条件在乡村是很难达到的，而收入水平的提高则可以使他们的购买力得到满足，但是居住在相对封闭的环境中的农村居民群体，一般不具备辨别和接纳新事物的能力（钟燕琼，2016）。与此相反，由于历史、区位、政策等因素的影响，大部分的社会资源都集中在城市，而人口聚集则产生了正外部性的经济效果，工业聚集使城市的经济发展水平进一步提高（孙江明等，2000；苏钟萍等，2021），而农村地区，由于土地制度的不断深化，计划经济逐渐为市场经济所取代，对农村人口的流动限制也有所松动，在"收入剪刀差"的激励下，大量的农村居民被吸引到了城市，但仍然有不少农村居民被固定在了农村土地上，而农民工虽然长期生活在城市，可是由于城乡二元结构的约束，很难真正实现市民化（例如，户口问题、教育、医疗等方面的困难），使得农村劳动力和所属家庭呈现城乡两极分布的离散状态（湛礼珠等，2021）。在外务工的青壮年劳动力承担着赡养家庭的主要责任，和家中老人、孩子共享收入与消费，在一定程度上提高了家庭人均收入水平，同时也通过对互联网的使用和消费，将新的思维方式、生活方式以及消费观念带到农村，这对改善我国农村居民的消费水平、消费结构起到了积极作用（周应恒等，2021）。

现代产生的新家庭经济学也同样认为，更适合分析消费者效用最大化的主体不是个人，而在于家庭（除非二者是完全相同的），因为农民的效用既能从市场上直接得到，也能从家庭内部生产的最后消费品中得到（Berker，

1965)。互联网接受行为本质上是由个体的经济行为和家庭的经济行为共同决定的，互联网的利用不仅仅可以给家庭成员带来效用，更可以对整个家庭产生效用（丘兴平，2004）。另外，因为家庭中的信息是可以分享的，因此利用互联网获得的资讯也可以被视为一种家庭的活动，但家庭中不同性别、年龄和受教育程度的个体对同一新技术产品的接受能力会有所不同，对于老龄化严重的农村地区，对互联网的使用和消费多是通过家庭中的中青年实现的，而农村地区户主多为家庭中的长者，他们对于新兴技术的接受能力有限，用他们的信息进行估计是不准确的。根据创新扩散理论，有些人比其他人更开放，更愿意采用创新。在人际促进方面，信息技术的传播提高了整个社会网络的整体福利水平（罗杰斯，1972），即只要有家庭成员使用互联网，家庭的整体消费水平就可能提高。针对这些现象，结合互联网经济时代的背景，从创新扩散的角度出发，正确指导农村居民利用信息技术，是扩大和改善农民消费水平的有效途径。据此，提出假说 H2。

假设 H2：基于家庭视角考察更符合农村地区居民上网和消费的行为习惯，即只要家庭成员选择使用互联网，就会对整个家庭的消费产生影响。

互联网对农村居民的消费行为有显著的影响。第一，传统收入水平对农民消费水平的影响最大，因为只有当收入达到一定的程度，他们的生活品质才会得到改善（凯恩斯，1999）。这也意味着，尽管互联网使用在一定程度上对农村居民产生了收入效应，然而与中高收入群体相比，农村中低收入群体仍然受到强烈的收入约束，加上消费习惯和消费模式的差异，这就决定了不同收入水平的农村居民对于各消费品类的倾向有所差异。所以，由于自身的收入约束和互联网的价格优势，相比中高收入群体，互联网使用对中低收入群体基础生存型消费的促进作用更强。然而，当人们具有一定的消费能力时，互联网的使用对中高收入群体发展享乐型消费的促进作用要大于基础生存型消费。

第二，中青年人群对于新鲜事物的接受程度要普遍高于老年群体，互联网作为一种全新的信息交互方式，为发展享乐型消费的实现提供了渠道，并且更加贴合中青年群体的认知习惯，因此中青年人群较老年群体对于发展享乐型消费具有更高的消费倾向。同时，在网络购物中，人们可以从网络中获取一些重要的信息，消费者能够轻松地对产品的特性、价格和质量进行对比

（周洋等，2017）。老年人的生理机能下降，他们更需要方便的购物方式，老年人在拥挤的商场等待付款时会感到不适，所以通过互联网购物可以避免排队付款的过程，因此互联网使用有助于促进老年群体的消费，与此同时，老年人受制于消费习惯的影响，对于基础生存型品类具有更高的消费倾向。综上所述，由于消费习惯差异，老年用户群体通过互联网将对基础生存型消费展现出更高的消费倾向，而互联网使用对中青年群体的发展享乐型消费提升作用将更为显著。

假设 H3：互联网使用对农村居民消费的影响在不同消费能力、不同收入水平、不同年龄层次之间存在异质性。

5.1.2 消费渠道视角下互联网使用对农村居民消费的作用机制分析

传统农村零售由于运输、存储、支付方式单一等问题，造成农村消费者的消费体验、消费水准不高等问题，受制于农村市场环境的客观限制，相比线下渠道消费，互联网特别推动了农村电子商务和网络消费的快速发展，网络购物以其丰富的商品种类、低廉的价格和不受限制的消费模式表现出爆炸式的增长（温文清，2021），互联网使用能在更大程度上促进农村居民的线上渠道消费。同时，在线上渠道消费发展的同时，线下渠道消费也得到了很大程度的发展，得益于移动支付的普及，线下商业模式进入信息化、互联网化、数据化的新阶段，线上机构也在加快线下实体化（吴锦峰等，2017）。从消费者视角来看，农村居民由于受较强的收入约束，消费结构中基础生存型品类占比仍然较高，而通过互联网，他们的消费观念得以改善，且农村市场在一定程度上可以满足他们对于基础生存品的需求，从而促进了线下渠道的消费行为，所以得益于新零售发展，互联网使用对于特定农村居民群体的线下渠道消费也将产生一定的促进作用。综上所述，提出本章第 4 个研究假设。

假设 H4：互联网使用对农村居民消费的影响在不同消费渠道之间存在异质性。

5.1.3 区域视角下互联网使用对农村居民消费的作用机制分析

互联网的强渗透、便捷和信息共享等特性，正在逐渐改善农村居民的消费实现条件，特别是强化了城镇区域对农村区域消费习惯的示范效应（徐亚东等，2021）。虽然互联网发展还存在城乡之间的不平衡，但是其对农村消费发展仍在两个层面产生平衡作用：第一，在互联网发展的早期，用户以城镇居民为主，农村居民想要获得互联网服务相对受限。但随着互联网的发展，城镇用户扩张已经趋向饱和，农村区域由于互联网覆盖率的提升，用户数量快速增长。这也表明，在互联网发展的早期阶段，互联网对农村居民消费增长的影响很小，随着互联网在农村地区的快速普及，对农民消费增长的影响将逐渐加大。第二，互联网扩张具有"新人"的激励效应。数字互联网的形成是一个渐进的过程。在互联网扩张的过程中，有些人属于早期进入者，有些人属于新进入者，互联网外部性使得数字服务对新进入者具有激励作用（赵良杰等，2012）。在图 5-1 中，内层椭圆代表由 N 个先期加入者构成的互联网，而外围椭圆则代表由其他 N 人加入后的互联网，外框代表互联网的最大边界，外椭圆和外框之间的部分代表潜在用户。假设原始网络的总价值为 C，人均获取的价值为 C/N，根据梅特卡夫定理（卓唯佳等，2021），如果互联网数量增加到 $2N$，互联网的总价值将上升到 2^2C，由于互联网经济的外部性，导致刚进入者所得到的边际效应大大超过前期加入者，从而产生"新人"的激励效果。当互联网规模足够大时，可以吸收更多潜在用户进入，并为刚进入者带来较多的边际利益，相比一般城镇居民，农村居民无疑是互联网领域的新加入者，可以获得更大的边际价值，以此作为进一步改善消费的物质基础。基于上述分析，提出研究假设 H5。

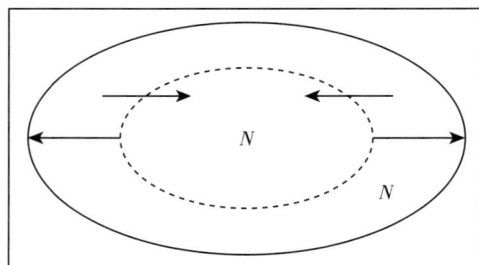

图 5-1　互联网经济加速扩张示意

假设 H5：得益于互联网的加速扩张机制，农村居民将获得更高边际价值，互联网作为进一步提高消费水平的物质基础，对农村居民的影响要比城镇居民更大。

另外，我国不仅城乡之间经济社会文化差异大，而且农村内部阶层分化也非常严重，区域之间发展不平衡，致使各地区农村居民的消费特性与消费环境也存在很大区别。在经济发展和流通渠道不断拓宽的情况下，以前处于落后地区的农村居民甚至实现了生活质量的升级。农村居民收入水平的提高和流通渠道的畅通，使农村居民的消费潜力得以释放，降低了消费的成本，扩大了消费的总量，使农村居民的购买力和消费的需求得到了更大的满足，消费的质量得以提高，从而缩短了城乡之间的消费质量差距。但是，在经济发展水平较低的地方，农民在效仿上一阶层的消费时，由于自身的收入水平、流通途径等原因，很难完全仿效，从而使消费增长受限（郭亚帆等，2015）。

从示范效应来看，农民的消费行为不仅受到个人收入水平的影响，而且会受到其他消费人群的行为和收入的影响（徐亚东等，2021）。消费示范效应是指在经济发展水平高的地方，高收入人群以创新和其他形式拓展消费内容，新消费内容激发下一层次消费者效仿、追逐，形成新的消费增长点，引致经济欠发达农村地区消费增长、促进消费品质提升，日益通畅的流通渠道也给示范效应的传递提供了较好的条件。

从模仿效应来看，经济发展水平较高地区的农村居民率先拓宽消费内容，实现消费品质升级，做出示范效应。经济发展水平较低地区的农村居民将其当作消费潮流的风向标，受到上一阶层的示范，去创造相似的消费内容，主动模仿上一阶层的消费行为，进而实现消费品质升级（王强等，2019）。但是，模仿效应的强度也取决于当地的经济发展基础，经济发展水平较为落后地区的农村居民可能由于信息缺乏、收入水平有限、流通渠道淤塞、交通不便等，造成时间、精力等交易成本过高，从而对上一阶层消费的模仿效应有限，无法完全通过模仿实现消费品质的升级（刘晓倩，2018），具体体现在固定收入预算限制下，低收入人群只能选择相同种类的低端消费品来进行消费。

从赶超效应来看，经济发展程度不同的地区，农民的收入在不同程度上都得到了增加，流通渠道也更加畅通。特别是相对欠发达地区的农村居民，由于收入基数较低，通过收入的快速增长，将展现出比发达地区农村居民更高的边际消费倾向（孙赵勇等，2019）；另外，由于网络的开通和使用，使得农村居民的消费质量得到了进一步的提升，从而可以在较低的价格下获得更多的资讯和消费品，以此提高了流通的效率，减少了流通费用，从而增强了农民的消费能力和消费意愿，但赶超效应是否能有效体现也取决于地方的基本收入水平和流通渠道。综上所述，提出本章第 6 条研究假设。

假设 H6：在示范效应和模仿效应作用下，互联网的使用将影响东部和中部地区农村居民的发展享乐型消费和中西部地区农村居民的基础生存型消费；中部地区农村居民消费也将表现出一定的赶超效应；但由于收入水平和流通渠道的限制，西部地区农村居民消费扩张将受到一定的限制。

5.2 计量模型设定

5.2.1 倾向得分匹配法

在反事实因果分析的框架下，本书采用倾向得分匹配法估计互联网使用对家庭消费的影响。它的优势在于通过重新抽样的方式减少了可能出现的偏误，进而得出互联网使用对消费者的影响（Dehejia et al.，1998），具体见式（5-10）至式（5-13）。

$$PS_i = P(X_i) = P_i(D_i = 1 \mid X_i) = \frac{\exp(\beta X_i)}{1 + \exp(\beta X_i)} \qquad (5-10)$$

$$ATT = E(Y_{ij}^1 - Y_{ij}^0 \mid D = 1, X = x) \qquad (5-11)$$

$$ATU = E(Y_{ij}^1 - Y_{ij}^0 \mid D = 0, X = x) \qquad (5-12)$$

$$ATE = E(Y_{ij}^1 - Y_{ij}^0 \mid X = x) \qquad (5-13)$$

其中，PS_i 为互联网使用得分；P 为概率分布；D_i 是反映农村家庭是否使用互联网的变量；$\exp(\beta X_i)/1 + \exp(\beta X_i)$ 是累积参数向量估计分布函数；E 为期望函数值；X 为农村家庭是否使用互联网；ATE 表示整个样本家庭消费的平均效应；ATT 代表使用互联网用户的平均消费效果；ATU 代表不使用互联网家庭消费的平均效果；Y_{ij}^0 代表第 i 个不使用互联网的家庭第 j 个消费；Y_{ij}^1 表示第 i 个使用互联网家庭的第 j 个消费。

5.2.2 无条件分位数模型

多元回归只关注解释变量（互联网使用）对被解释变量（家庭消费）条

件预期的影响，其实质上是平均回归结果（杨宗之，2022），而实际真正需要关注的应该是互联网使用对整体布局的直接影响程度，若整体布局为非对称分布，则得出的期望值就很难体现影响效应的全貌，一旦可以估算出一些关键分位，就可以对整体的状态分布有更充分的了解。若采用最小二乘的古典"平均数回归式"，则会因为最小的目标变量是残差平方和而受到极值的影响。此外，倾向得分匹配模型仅能反映出所选取特征样本的平均效果，无法体现出组间的消费能力差异。在分位数回归中，使用绝对残差的加权平均值作为最小化的目标函数，因此不容易受到极值的影响，所得出的结果具有更好的解释力（朱平芳等，2017）。更重要的是，分位数回归还可以显示出对于改善各条件分布的综合信息，从而表征互联网使用的改变是否会对每一个消费水平分位的分配产生影响，即分位数偏移效应，见式（5-14）。

$$UQPE(\theta) = \int \frac{\partial E\left[RIF(q_\theta, Y, F_Y) \mid X\right]}{\partial X} \mathrm{d}F_X \qquad (5-14)$$

其中，$UQPE$ 是目标函数值；Y 为农民总消费支出；q_θ 为农户消费 Y 的无条件分位数；F_Y 为农户消费的具体分布；X 是农户是否使用互联网；E 为期望函数式；F_X 指农户有没有利用互联网的特定分布；$RIF(q_\theta, Y, F_Y)$ 是农户消费能力的分配概率；θ 是二次集的分位影响函数。

5.2.3 工具变量法

由于我国农村居民消费是连续变量，因此，利用最小二乘法对其进行基准回归分析，并利用工具变量法对其内生性问题进行检验，详见公式（5-15）。

$$Consumption_i = \alpha + \beta Internet_i + \delta x_i + \varepsilon_i \qquad (5-15)$$

其中，$Consumption_i$ 是第 i 个农村家庭的消费；$Internet_i$ 为第 i 个单位（户主或者家庭成员）使用互联网与否的情况；x_i 为相关协变量；α、β、δ 为待估的各项参数；ε_i 为误差项。

如果式（5-15）中扰动项 ε_i 与 x_i 不相关，那么通过最小二乘法即可得到一致的估计。但实际情况中，由于扰动项通常会和解释变量相关，或者说往往不能将所有的解释变量纳入研究，因而会违背最小二乘估计的前提，造成不一致的估计结果，也就是内生性的问题（陈强，2010）。由于内生性问题是由扰动项与解释变量之间的相关性引起的，如果与扰动项相关的解释变量可以分为两部分，一部分与扰动项相关，一部分与扰动项不相关，那么就可以对与扰动项不相关的部分进行回归，进而得到一致的估计结果（杨宗之，2022）。如果扰动项与 x_i 相关，可以设置一个工具变量 z_i，使得 z_i 满足以下两个条件。

第一是相关性：z_i 与 x_i 相关，如式（5-16）所示。

$$Cov(z_i, \alpha + \beta_1 x_i + \varepsilon) \neq 0 \qquad (5-16)$$

第二是外生性：z_i 与扰动项 ε 无关，如式（5-17）所示。

$$Cov(z_i, \varepsilon) = 0 \qquad (5-17)$$

利于这两个性质，就可以求得对 β_1 的一致估计，如式（5-18）至式（5-20）所示。

$$y = \alpha + \beta_1 x_i + \varepsilon y = \alpha + \beta_1 x_i + \beta_2 z_i + \varepsilon \qquad (5-18)$$

$$Cov(y, x_1) = Cov(\alpha + \beta_1 x_i + \varepsilon, z_i) = \beta_1 Cov(x_i, z_i) + Cov(\varepsilon, z_i) = \beta_1 Cov(x_i, z_i)$$
$$(5-19)$$

$$\beta_1 = \frac{Cov(y, x_i)}{Cov(x_i, z_i)} \qquad (5-20)$$

工具变量法一般通过"两阶段最小二乘法"来实现，其中的两个阶段是：首先求 x_i 对 z_i 的回归，得到一个 x_i 的拟合值，再求 y 对 x_i 拟合值的回归，得到 β_1，由于此阶段的回归中，x_i 的拟合值与扰动项不相关（最小二乘法的正交性），因此，可以得到一致的估计量。简单地说，两阶段最小二乘法在第一阶段的回归中将 x_i 分为两部分，一部分是 x_i 的拟合值，另一部分是与扰动项相关的部分。然后，在第二阶段，求 y 对 x_i 拟合值的回归，即去除内生部分的 x_i 的回归，从而得到一致的估计。同时，也有一些解决内生问题的方法，如 LIML 和 GMM，LIML 适用于弱工具变量，GMM 适用于异方差。

5.3 家庭视角下互联网使用对农村居民消费的影响效应分析

前文理论假设提到，由于农村比城镇消费起点低，而且农村家庭的抗风险能力较弱，受收入水平和消费习惯的限制，消费结构相对简单。家庭除了是一种以血缘和地域关系为纽带的组织形式外，还是农村地区社会生产、生活、消费的基本单位。同时，如果单一的家庭成员选择上网，则会对家庭的总体支出产生一定的影响，特别是在农村老年人口数量大的前提下，单从一个角度来评价，其精确度不高，所以基于家庭视角更符合农户上网和消费的行为习惯。由于数据统计口径的限制，现有研究在计算互联网使用对家庭消费的影响效应时，大多基于被访者或者户主的信息进行估计，从而忽略家庭其余成员的互联网使用行为，容易对影响效应的估算产生偏误。因此，本书根据连续 3 年在江西省获取的 968 个农户调研数据，通过倾向得分匹配、无条件分位数回归等方法从家庭视角考察互联网使用对于农户消费的影响效应，并对结果进行稳健性、内生性检验和异质性分析。

5.3.1　变量选取与调研设计

如表 5-1 所示，家庭视角部分的变量选取中，被解释变量是农村家庭的生活消费总开支（Con），为了尽量避免由双向因果引起的内生性问题，根据陈浩等（2019）的方法，将通信费用排除在家庭消费支出之外。家庭消费支出包括衣着、食物、住房、日用品、交通通信、教育休闲娱乐、医疗和其他支出。同时，参考李旭洋等（2019）的方法，将满足人们基本生存需求的消费定义为基础生存型消费（$Survival$），包括衣着、食物、住房支出，其余消费类型归为发展享乐型消费（$Devlop-hedonic$）；为了反映家庭消费结构（Str），用发展享乐型消费占家庭总消费的比重来衡量；并将通过互联网渠道产生的消费定义为线上渠道消费（$Online$），将通过传统渠道产生的消费定义为线下渠道消费（$Offline$）。核心解释变量是农村家庭是否使用互联网的虚拟变量（$Internet$），即家庭成员是否使用移动互联网或者宽带。为了便于比较，取户主是否使用移动互联网或是宽带（$Internet1$）作为替代变量，若使用互联网为 1，不使用互联网为 0。

同时，充分考虑影响农村家庭消费的相关变量，如农村家庭户主的特征、社会、文化、经济和各类资本。第一，户主的特征，在农村地区，户主的观念和行为习惯比起其他成员而言在家庭的消费决策中起到了决定性作用（金立坚等，2014），其中包含年龄（Age）、教育程度（Edu）和工作（Job）情况。教育程度方面，"小学及以下"赋值为 1，"初中"赋值为 2，

"中专技校"赋值为3,"普通高中"赋值为4,"大学专科"赋值为5,"大学本科"赋值为6,"研究生及以上"赋值为7;工作类型方面,由于计量过程中很难直接处理类别变量,因此根据不同工作类型的收入差距将其转化为数值变量,"务农"赋值为1,"务工"赋值为2,"企事业单位"赋值为3。第二,家庭社会资本,农村家庭的社会资本包括家庭干部/党员(*Cadre*)及是否有直系亲属在城镇工作(*Relatives*),主要是因为干部和党员参与社会活动的机会较多,而在城市工作的直系亲属则能为其提供更多的信息和资金,其中"是"赋1,"否"赋0。第三,家庭的经济资本是以收入(*Income*)为基础的,其收入水平对消费水平、互联网使用有很大的影响,同时也是家庭居住环境与发展的重要因素。第四,家庭的文化资本,它反映了人们对互联网的认识,家庭非农劳动人口、学生人数(*Stu-nonfarm*)越多,其思想越开放,越有可能利用互联网。

本书的目的在于探讨是否使用互联网对家庭的总体消费有何影响,但互联网的使用实际上是一种"自选择问题",但可能会导致变量的内生性问题,产生的主要原因有两个:一个是双向因果关系,另一个是遗漏变量。首先,农户的互联网使用并非完全随机,可能会存在反向因果关系,即消费层次高的农村居民更有可能购买电脑、手机等互联网工具,而消费层次较低的农村居民使用互联网的可能性相对较小。其次,可能会存在遗漏变量的问题,是否使用互联网可能与农村居民的某些不可观测的特征相关,实证研究构建的基准模型可能会忽略某些难以衡量的因素,而这些因素又同时影响到该农村家庭的消费,导致核心解释变量的内生性问题和预测消费参数的偏差。

表5-1 家庭视角下的变量选取

变量类型	具体变量	代码	变量取值
被解释变量	总消费	*Con*	农村家庭总体消费
	基础生存型消费	*Survival*	农村家庭基础生存型消费
	发展享乐型消费	*Develop-hedonic*	农村家庭发展享乐型消费
	消费结构	*Str*	农村家庭发展享乐型消费占总消费比值
	线上渠道消费	*Online*	农村家庭线上消费
	线下渠道消费	*Offline*	农村家庭线下消费

（续）

变量类型	具体变量	代码	变量取值
核心解释 变量	家庭上网情况	*Internet*	农村家庭"使用互联网"赋值为1；"不使用 互联网"赋值为0
	户主上网情况	*Internet*1	农村家庭户主"使用互联网"赋值为1；"不 使用互联网"赋值为0
户主特征	户主年龄	*Age*	户主实际年龄
	户主教育程度	*Edu*	"小学及以下"赋值为1；"初中"赋值为2； "中专技校"赋值为3；"普通高中"赋值为4； "大学专科"赋值为5；"大学本科"赋值为6； "研究生及以上"赋值为7
	户主工作类型	*Job*	"务农"赋值为1；"务工"赋值为2；"企事 业单位"赋值为3
家庭特征	是否有党员干部	*Cadre*	"是"赋值为1；"否"赋值为0
	是否有直系亲属 在城镇工作	*Relatives*	"是"赋值为1；"否"赋值为0
	家庭非农和 学生人数	*Stu-nonfarm*	农村家庭非农劳动力和在读学生的实际人数
	家庭总收入	*Income*	农村家庭总收入

在此基础上，本书运用倾向得分匹配方法，以有效避免选择偏差，同时选择包括人力资本、社会资本和文化资本在内的控制变量，避免了变量遗漏造成的内生问题。为了更好地反映互联网使用对农村家庭消费的影响，本书将使用工具变量法进一步确定模型选择变量是否存在内生问题。理论上，合理的工具变量需要满足两个要求：相关性和外生性。就相关性而言，选取的变量要与互联网使用有关，在互联网使用影响农村居民消费的逻辑中，家庭是否有移动和 PC 上网设备是前定变量（史晋川等，2017），换句话说，家庭是否有移动和 PC 上网设备往往是农村居民使用互联网的前提条件，也是衡量家庭信息化发展水平的一项变量，家庭即使拥有上网设备，但不接入或不运用互联网，则难以对家庭消费产生较大的影响；"快递时效"是基于农户体验感知视角选取的，可以用来衡量一个地区的农村居民对交通、信息、物流设施的感知程度，物流运输越是快速，说明物流的通达性越好，前文提到方便购物是农户开通互联网的重要动机之一，而互联网使用能否实现线上

渠道消费很大程度上取决于当地的快递时效，也就是说快递时效会影响农户的互联网使用行为。两个工具变量都能满足农村居民互联网使用的相关条件。在外生条件方面，物流时效对家庭总消费的影响必须通过互联网使用才能间接得以实现，而且物流时效的提升对于农户消费的影响主要体现在线上渠道，而全样本中线上渠道消费不及总消费的 1/10，因此物流时效对农村居民消费并不产生直接影响，即使影响也是间接的，即通过互联网的使用影响家庭的消费水平；此外，虽然家庭消费水平的提高可能会导致家庭使用互联网，但并不是每一次家庭消费支出的增加都会导致家庭选择使用互联网，而且居民消费水平的提高对本地物流的影响不大，说明二者都符合外生性的条件，是比较合理的工具变量。因此，本书选取"是否拥有上网设备"（Device）和"快递时效"（Express）作为工具变量，采用工具变量法进行回归分析，如果农户家庭中具有互联网接入设备，"是"则分配为 1，"否"则分配为 0；就快递时效而言，"第 2 天到达"被指定为 5，"2～3 天"被指定为 4，"3～5 天"被指定为 3，"5～7 天"被指定为 2，"1 周及以上"被指定为 1。

受限于数据的可获取性，现阶段的研究只停留在基于受访者或户主互联网使用视角的分析上，本书则基于农村家庭视角，根据 2019—2021 年"互联网经济时代农村居民消费调查项目"，通过对江西省 3 年来农村居民的消费状况进行分析，以了解互联网使用对农村居民消费的影响状况。江西是一个以农业为主的省份，同时也是一个劳动力大省，农村居民收入构成较为单一，以经营收入和工资收入为主。总体的消费结构失衡是由相对保守的消费理念决定的（廖文梅等，2020）。但是，近几年，随着国家发展和农民收入的不断增长，互联网的普及为落后地区农村居民的消费转型和升级提供了有力的支持。考虑到不同地区的经济特点，选取南昌、九江、赣州、吉安、抚州、宜春和新余作为总样本集，根据农村人口数量、农村人口分布、外出打工人数以及村庄整体收入情况等备选村庄进行抽取。

在调查过程中，为了最大化问卷的质量，对自然村中所有愿意接受采访的农村居民进行了一对一的访谈。调查结束后，进行了电话跟踪、数据整理和照片验证，把人为的误差降到最低。在调查内容上，针对受访者的现实状况，对所需的各类问题进行了主、客观的设计，如家庭人口的年龄结构、教育水平、收入、日常消费、互联网使用等。本次调查共发放问卷 1 046 份，对包含极端异常值和缺失值的数据进行筛选和剔除。共采集农村家庭基本生活信息 968 条，有效回收率为 92.50%。为消除异方差问题，对部分数据取对数后建立评价模型。

5.3.2　江西省农户样本数据说明

通过对江西省获取的 968 个样本的初步统计，对变量进行描述性统计和多重共线性检验，得到样本基本信息表（表 5-2）。表 5-2 给出了解释变量的均值、标准差、最小值、最大值和方差膨胀因子系数。从表 5-2 中可以看出，样本中使用互联网的农户占比为 79%，不使用互联网的农户占比为 21%。调查问卷还包括户主的互联网使用情况，在抽样调查中，57% 的户主使用互联网，43% 的户主不使用互联网。同时，进行缩尾处理后农村家庭总消费的平均值为 49 577.84，标准差为 51 337.79，被解释变量变化较为显著，多重共线性结果表明，方差膨胀因子均小于 1.5，不存在多重共线性，可进行下一步回归分析。

表 5-2　江西省样本变量描述性统计和多重共线性检验

变量类型	变量	描述性统计					多重共线性检验	
		均值	标准差	最小值	最大值	观测值	VIF	1/VIF
被解释变量	*Con*	49 577.84	51 337.79	2 100	685 000	968	—	—
	Survival	34 938.60	40 487.93	1 500	634 400	968	—	—
	Develop-hedonic	14 639.24	22 126.72	30	262 000	968	—	—
	Str	0.26	0.19	0.01	0.94	968	—	—
	Online	4 609.34	12 132.32	0	240 000	968	—	—
	Offline	48 849.30	59 108.93	0	947 368	968	—	—
核心解释变量	*Internet*	0.79	0.40	0	1	968	1.37	0.72
	*Internet*1	0.57	0.49	0	1	968	1.44	0.69
协变量	*Age*	53.34	11.85	17	86	968	1.39	0.71
	Edu	2.43	1.22	1	8	968	1.28	0.78
	Job	1.64	0.54	1	3	968	1.09	0.91
	Cadre	0.16	0.36	0	1	968	1.04	0.96
	Relatives	0.70	0.45	0	1	968	1.06	0.94
	Stu-nonfarm	2.22	1.47	0	9	968	1.13	0.88
	Income	102 456	11 877.10	100	1 305 460	968	1.31	0.76

在影响效应实证分析之前，为了梳理与江西省农村居民互联网采纳的相关因素，将样本中农村居民的户主特征、家庭特征、社会环境等变量引入分析框架，以期能够得出提高农村地区互联网使用率的政策建议，为政府制定公共政策提供实证依据，因此本部分将采取 Pearson 相关系数法和卡方检测进行估计。

由表 5-3 的估计结果可以看出，与农村居民互联网使用显著相关的因素有：年龄、教育程度、职业类型、是否有直系亲属在城镇工作、非农劳动力和学生人数、家庭收入。可见，经济资源禀赋、社会资源禀赋和户主、家庭特征是与农村居民互联网使用显著相关的重要因素。以 Pearson 相关系数结果为例，从经济禀赋来看，家庭总收入（0.315）对农村居民的互联网使用与否显著相关，可见经济水平越高的农村居民对互联网使用的需求量越大，这是因为互联网使用本身需要一定的经济成本，但部分农村居民受年龄和身体状况影响，可获取的收入有限，也说明家庭收入在一定程度上为农村居民使用互联网提供了必要的经济保障。

从社会禀赋来看，是否有直系亲属在城镇工作（0.141）、家庭非农劳动力和学生人数（0.185）对农户的互联网使用与否显著相关。根据 Dillon 等（1996）提出的"整合型科技接受模型"，不同职业、不同环境下的家庭对同一新技术产品的努力期望都会有所不同，可见家中非农劳动力和学生的信息意识相对较高，对互联网的需求更大。同时，是否有直系亲属在城镇工作在1‰的水平上与农户的互联网使用正向相关，这是因为直系亲属在城镇工作能够为家庭提供更多资讯或资金，也能提供一定的互联网技术指导。因此，来自非农家庭成员、在读子女和城镇地区工作的直系亲属的支持，能够显著增加农村家庭使用互联网的可能性。同时，罗杰斯（1972）的创新扩散理论也表明，当家庭中有人开始使用互联网设备，另一部分成员也会有去尝试使用的心理，从而扩大互联网传播的范围，即如果周围的亲戚朋友都在使用互联网，那么其余家庭成员也会更加倾向于使用互联网服务。

从户主特征来看，年龄（-0.464）、职业（0.147）和教育水平（0.390）在1‰的水平上与农户互联网使用显著相关，实际上，教育水平越高的农村居民对互联网信息化的采纳程度越高，而农村居民职业的非农化水平越高，采纳互联网的概率也越高，之所以会有这样的现象，主要是因为以打工为主要收入来源的农村居民比从事农业的农村居民购买力更高，对网络信息的依赖程度也较高，所以互联网的采纳意愿增加，开通互联网的需求更为强烈。同时，农村居民年龄对互联网的采纳有显著的相关性，相比年长者，年轻人使用新技术与否受社会影响更加显著，这是因为年轻人相比年长者对于新技术的包容程度更强，也更容易受到周遭人群的影响，随着年龄的增长，用户对于相关新技术产品的接受程度将逐步开始下降，所以由于互联网技能的限制和信息化观念的差异，年轻人比年长者更容易采纳互联网。这也表明，农村人口的老龄化对"数字乡村"建设产生了阻力，在我国人口老龄化问题不断加剧的当下，专门制定针对老龄人口的信息化推广措施，对"数字中国"建设具有重要的现实意义。最后，通过卡方检测，得到的结果和 Pearson 相关系数结果一致，说明结果较为稳健。综上所述，从影响系数的大小来看，目前提高农村居民互联网使用率的关键在于改善农村居民对于新兴信息技术的滞后观念，培养农村居民对互联网信息工具的使用技能，并提高农村居民的持久收入。

表 5 - 3　Pearson 与卡方检测结果

变量	Pearson 相关系数	卡方检测 χ^2
Age	-0.464^{***}	260.136^{***}
Edu	0.390^{***}	186.164^{***}
Job	0.147^{***}	21.170^{***}
$Cadre$	-0.029	0.818
$Relatives$	0.141^{***}	19.280^{***}
$Stu-nonfarm$	0.185^{***}	77.786^{***}
$Income$	0.315^{***}	452.552^{***}
观测值	968	968

注：系数上标表示通过 1% （ *** ）、5% （ ** ）或 10% （ * ）的显著性水平检验。

5.3.3　基于家庭视角的基准回归分析

（1）基于消费规模的基准回归分析

本部分采用最小二乘法，以农村家庭总消费的对数为被解释变量，从家庭角度考察互联网使用对农村家庭总消费的直接影响。如表 5 - 4 所示，在不引入协变量的情况下，获取互联网使用对农村家庭消费的平均影响，结果显示互联网使用系数估计值为 0.746 4，且在 1％ 水平下显著，意味着互联网的使用显著促进了农村家庭的总消费。依次引入协变量后，互联网的估计系数虽然有所下降，但在引入所有协变量后仍然保持 0.271 9 的促进作用，同时在 1％ 水平下显著，表明互联网使用对农村家庭消费具有显著的正向促进影响。并且，户主和家庭视角的互联网使用回归系数分别为 0.094 9 和 0.271 9，分别在 10％ 和 1％ 的水平下显著。结合前文的理论推演可以看出，只考虑户主上网情况会低估互联网使用对农村家庭消费的影响效应，影响系数下降 0.177 0，也表明基于家庭视角能够更准确测算互联网使用对农村家庭消费的影响效应，从而验证了研究假设 H2。

表 5 - 4　总消费影响的基准回归结果

变量	一元回归	引入户主特征回归	家庭视角	户主上网视角
Internet	0.746 4 ***	0.526 4 ***	0.271 9 ***	
*Internet*1				0.094 9 *
Age		−0.010 9 ***	−0.009 3 ***	0.203 1 ***
Edu		0.079 9 ***	0.055 5 ***	−0.010 5 ***
Cadre		0.022 6	0.001 8	0.050 9 **
Job		0.202 4 ***	0.109 2 ***	0.010 6
Income			0.177 4 ***	0.114 9 ***
Relate			0.083 1 *	0.092 0 *
Stu − non farm			0.123 0 ***	0.124 3 ***
常数项	9.900 1 ***	10.126 6 ***	8.168 4 ***	8.097 8 ***
观测值	968	968	968	968
P 值	0.000 0	0.000 0	0.000 0	0.000 0
R^2	0.142 7	0.218 3	0.337 5	0.326 1

注：系数上标表示通过 1％（***）、5％（**）或 10％（*）的显著性水平检验。

从家庭角度来看，户主的年龄、教育水平、职业和家庭收入、家庭学生和非农劳动力的数量，以及直系亲属是否在城镇工作对总消费有很大影响。从户主的特征来看，户主的文化水平越高（0.055 5），消费意愿越强，在 1％ 的水平下显著；同时，户主职业对农村家庭消费决策的影响也很大（0.109 2），在 1％ 的水平下显著；随着户主年龄的增长（−0.009 3），储蓄意识和储蓄能力逐渐增强，消费意愿开始下降。从家庭经济资本来看，农户总收入与总支出之间存在较强的正相关关系（0.177 4），通过 1% 显著性水平检验，即农户呈现出较高的边际消费倾向。从家庭文化资本的角度来看，非农劳动力和学生人数的增加将对家庭消费支出总额产生显著的正向影响（0.123 0），在 1% 的水平下显著，非农就业人数的增加将极大地促进家庭收入的增加，家庭学生数量的增加将有助于改善农村家庭的消费观念和消费模式，促进消费增长。从家庭社会资本的角度来看，在城镇工作的直系亲属可以提供更多的信息和经济支持（0.083 1），从而促进消费，并在 10% 的水平下显著；然而，家庭中是否有干部/党员则对总体消费的影响不显著，可能原因是农村地区的干部或党员受限于自身所处环境，对互联网的使用程度并不比普通群众高。

由于本部分核心解释变量为虚拟变量，为了减少样本选择偏差的估计问题，获得各组农村家庭使用互联网的具体效应，使用倾向得分匹配法对其进行分析，通过可观测变量，将实验组和对照组中对于是否使用互联网情况相近的农村家庭进行匹配，以确保评估的干预效果是基于可比性个体之间的不同结果。本部分所采用的可观测变量分别为：年龄（Age）、受教育程度（Edu）、工作类型（Job）、是否有干部/党员（$Cadre$）、是否有直系亲属在城镇工作（$Relatives$）、家庭非农劳动力和学生人数（$Stu-nonfarm$）、家庭收入（$Income$）共 7 个变量。对数据随机排序后采用邻阶匹配的方法来确定权重，先进行 Logistic 基准回归检验各变量之间的相关程度，以预测值作为得分，回归结果见表 5-5。从表 5-5 的 Logistic 回归结果来看，和最小二乘回归结果趋于一致，因此可以进行倾向得分匹配。

表 5-5 家庭视角下的 Logistic 回归结果

变量	系数	标准误	z 值	P 值
$Income$	0.748 2	0.086 5	8.65	0.000
Age	−0.072 2	0.009 7	−7.40	0.000
Edu	0.327 0	0.107 2	3.05	0.002
$Cadre$	0.335 0	0.272 8	1.23	0.219
Job	0.251 8	0.182 7	1.38	0.168
$Relate$	0.461 8	0.201 5	2.29	0.022

（续）

变量	系数	标准误	z 值	P 值
$Stu-nonfarm$	0.080 3	0.067 4	1.19	0.233
常数项	−4.260 4	1.124 4	−3.79	0.000
观测值			968	
R^2			0.285 0	
P 值			0.000 0	

根据表 5 - 6 中观察值是否在共同值范围内的测试结果，最后匹配得到 766 个实验组样本与 202 个对照组样本，同时除去未成功配对的 31 个实验组样本和 5 个对照组样本，即在总共 968 个观测值样本中，932 个观察值均在共享选值区间内，这意味着在这次的倾向匹配得分中只会丢失少量的样本。

表 5 - 6　家庭视角下的观测值共同取值范围结果

分组	非共享选值区间样本数	共享选值区间样本数	样本总数
对照组	5	197	202
实验组	31	735	766

为了说明所选择的匹配方法是合适的，保证估计结果的可靠性，有必要检查匹配后实验组和对照组的观察变量是否有显著差异。如果匹配后实验组和对照组各变量的均值没有显著差异，则说明检验通过，使用该方法是合理的，否则说明匹配估计无效。表 5 - 7 显示了倾向匹配前后变量的平衡检验。从表 5 - 7 可以看出，经过倾向得分匹配后，大部分变量的标准化误差小于 10%，并且匹配后绝大部分变量的 t 值未通过显著性检验，上述结果皆证明了两组之间不存在系统性差异，说明这些变量在实验组和对照组之间差异不显著，变量的分布也更加平衡，通过以上检验可以认为本部分使用倾向得分匹配法理论上是可行的且是合理的。

对比匹配前的结果，表 5 - 8 匹配信度检验显示大多数变量的标准化偏差均大幅缩小，配对后的值都有所减少。其中，B 值低于 25%，按照配对的平衡性假定检测，样本经过了配对校核。因此，进行倾向得分匹配估计，对数据进行随机排序后进行一对一匹配。由于样本量不大，所以进行回放匹配，并且允许并置，如果这里没有进行回放匹配，一些样本将丢失。

表 5-7　家庭视角下的数据匹配平衡性结果

变量	分组	实验组均值	对照组均值	标准化误差	还原误差（％）	t 值	P 值
Income	U	11.303	10.097 0	102.6		14.68	0.000
	M	11.272	11.244 0	2.4	97.7	0.60	0.546
Age	U	51.127	61.748 0	−99.5		−12.15	0.000
	M	51.959	51.634 0	3.0	96.9	0.59	0.555
Edu	U	2.584 9	1.851 5	67.6		7.78	0.000
	M	2.447 6	2.493 9	−4.3	93.7	−0.75	0.452
Cadre	U	0.163 1	0.153 4	2.7		0.33	0.739
	M	0.156 4	0.187 7	−8.6	−221.9	−1.59	0.112
Job	U	1.691 9	1.465 3	42.6		5.32	0.000
	M	1.680 3	1.616 3	12.0	71.8	2.28	0.023
Relate	U	0.736 2	0.589 1	31.5		4.11	0.000
	M	0.726 5	0.733 3	−1.5	95.4	−0.29	0.769
Stu-nonfarm	U	2.362 9	1.688 1	44.6		5.87	0.000
	M	2.355 1	2.326 5	1.9	95.8	0.36	0.718

表 5-8　家庭视角下的匹配信度检验结果

分组	伪 R^2	卡方统计量	P 值	平均偏差	中位偏差	B 值	R^2	变异系数
匹配前	0.283	281.01	0.000	55.9	44.6	144.2	0.89	80
匹配后	0.005	10.87	0.144	4.8	3.0	17.2	1.13	60

　　为了克服分析过程中仍然存在的选择性偏移问题，本书采用不同的匹配方法构建反事实框架进行修正，从而进一步验证互联网使用对农村家庭消费是否具有一致稳定的影响。首先，对数据进行随机排序后进行一对一匹配，表 5-9 结果显示，基于家庭视角的 ATT 估计值为 0.246 9，意味着与不使用互联网的农村家庭相比，使用互联网的农村居民消费提高了 0.246 9；而 ATE 和 ATU 的估计系数均在 1% 的水平下显著，且 ATU>ATT，表明在控制其他变量不变的情况下，如果非互联网家庭用户使用互联网，他们将比已经使用互联网的家庭有更高的消费倾向。以上分析进一步表明，互联网的使用有利于促进农村家庭消费总量。

表5-9　家庭视角下的自助法倾向得分匹配结果

匹配类型	观测系数值	自助法标准误	Z值	P值
ATT	0.246 9	0.104 6	2.36	0.018
ATU	0.439 1	0.136 0	3.23	0.001
ATE	0.287 5	0.091 5	3.14	0.002

但由于一对一匹配标准误未考虑倾向得分为预估值，为了验证模型的稳健性，需要采用不同的倾向得分匹配方法，因此进行一对四匹配。如表5-10所示，一对一匹配和一对四匹配的结果相似，说明了一对四配对的样本通常都出现在距离卡尺0.01的区域内，而不会存在太大的"近邻"，且ATT的估计值差异不大，均在1%水平下显著。接下来，分别运用半径卡尺匹配、核密度匹配、局部线性匹配、样条匹配和马氏匹配等方法检验平均处理效果的稳健性。结果表明，实验组的平均处理效应的估计系数值始终维持在0.27左右，且均在1%水平下显著，说明互联网使用有利于农村家庭消费的提升，在经济意义和统计意义上均显著。同时，从表5-10中可以看出，ATU和ATE的系数值均在1%水平下显著，且系数皆为正。运用不同的匹配方法，得到的结论差距不大，意味着上述结论具有稳健性，可采用倾向得分匹配法进行实证检验。

表5-10　家庭视角下倾向得分匹配的进一步分析结果

匹配类型	匹配方法	观测系数值	自助法标准误	Z值	匹配类型	匹配方法	观测系数值	自助法标准误	Z值
卡尺一对四匹配	ATT	0.271 2***	0.094 6	2.87	局部线性匹配	ATT	0.234 2***	0.089 0	2.63
	ATU	0.466 0***	0.112 4	4.14		ATU	0.434 5***	0.085 9	5.06
	ATE	0.312 4***	0.085 3	3.66		ATE	0.276 6***	0.078 5	3.52
半径卡尺匹配	ATT	0.268 8***	0.093 4	2.88	样条匹配	ATT	0.273 1***	0.087 7	3.11
	ATU	0.358 4***	0.105 5	3.40		ATU	0.423 0***	0.090 3	4.68
	ATE	0.286 4***	0.083 2	3.44		ATE	0.304 8***	0.080 1	3.80
核密度匹配	ATT	0.285 0***	0.084 7	3.36	马氏匹配	ATT	0.267 6***	0.103 2	2.59
	ATU	0.429 6***	0.093 4	4.60		ATU	0.390 8***	0.117 7	3.32
	ATE	0.315 5***	0.077 8	4.05		ATE	0.293 3***	0.091 4	3.21

注：系数上标表示通过1%（***）、5%（**）或10%（*）的显著性水平检验。

倾向得分匹配法可以控制组间不可见的差异，在内生性问题得到缓解后，互联网使用显著增加了农村家庭消费，与上文最小二乘法回归结果差距不大。但倾向得分匹配法只能减缓内生性问题，要真正解决内生问题，必须采用工具变量法进行回归分析。

（2）基于消费类型的基准回归分析

本部分将从家庭视角，进一步考察其对消费类型的影响。从表5-11可以看出，农村家庭成员上网对促进基础生存型和发展享乐型消费均起到了积极作用。另外，比较两类消费的影响系数可以发现，与互联网使用对基础生存型消费的正向作用（0.220 9）相比，更可以有效促进发展享乐型消费（0.607 3），说明农村居民使用互联网不仅可以提高基本生存产品的消费规模，而且可以更好地促进家庭消费质量的升级。通过实证检验和上述理论分析，验证了研究假设H1。

从表5-11的协变量来看，户主的年龄、职业、家庭收入、家庭非农劳动力和学生人数对两项消费都具有重要影响。从户主特征来看，户主职业对两类消费的影响在5%的水平下显著；此外，随着户主年龄的增加，其收入和消费能力开始下降，而储蓄意识逐渐增强，进而减少各类消费，分别在5%和1%的水平下是显著的。从家庭经济资本的角度来看，总收入与两类消费支出之间存在较强的正相关性，即农村家庭表现出较高的边际消费倾向，在1%的水平下显著。从家中文化资产方面来看，非农劳动力和在读学生数量的提高会明显影响两类消费开支，在1%水平下显著，表明非农就业劳动力的增多，可以明显地拉动家庭收入和消费规模的提高，家中学生数量增加可以改变家庭的消费方式，从而促进家庭消费的扩容提质。然而，家庭中是否有干部/党员对两类消费没有产生显著影响；同时，与基础生存型消费相比，户主受教育程度越高，发展享乐型消费的意愿越强，在1%的水平下显著；另外，直系亲属在城镇工作可以提供更多的信息和资金支持，从而促进基础生存型消费的提升，该系数通过了10%的显著性水平测验。

表5-11　家庭视角下各类消费的回归结果

变量	基础生存型消费	发展享乐型消费
Internet	0.220 9***	0.607 3***
Age	−0.005 3**	−0.023 3***

（续）

变量	基础生存型消费	发展享乐型消费
Edu	0.014 7	0.201 3***
Cadre	−0.027 2	0.133 7
Job	0.101 6**	0.160 5**
Income	0.188 6***	0.212 6***
Relate	0.088 5*	0.084 3
Stu − non farm	0.142 9***	0.091 6***
常数项	7.581 1***	6.141 7***
观测值	968	968
P 值	0.000 0	0.000 0
R^2	0.290 9	0.284 2

注：系数上标表示通过 1%（＊＊＊）、5%（＊＊）或 10%（＊）的显著性水平检验。

5.3.4 基于家庭视角的稳健性检验

为防止因变量选取差异而导致研究结果不稳健，本书从改变被解释变量入手，对模型进行回归，如果互联网使用的回归系数仍然显著为正，说明基准回归结论较为稳健。具体做法：采用消费结构作为被解释变量，回归结果见表 5 - 12。从表 5 - 12 可以看出，将被解释变量替换为消费结构，在保持其他协变量不变的情况下，运用最小二乘法进行回归分析，结果表明，模型中互联网使用的回归系数为正，在 1% 水平下显著，表明基准回归结论较为稳健。同时，结合前文分析结果，互联网使用对家庭消费规模和消费结构的影响系数分别为 0.271 9 和 0.335 6，均在 1% 的水平下显著，说明互联网使用不仅有助于家庭消费规模的扩大，也有助于家庭消费结构的转型升级，再次验证了假说 H1。

表 5 - 12 家庭视角下的稳健性问题处理结果

变量	替换被解释变量（家庭消费结构）
Internet	0.335 6***
Age	−0.013 9***
Edu	0.146 0***

（续）

变量	替换被解释变量（家庭消费结构）
Cadre	0.132 2
Job	0.051 0
Income	0.035 2*
Relate	0.001 0
Stu − nonfarm	−0.031 4
常数项	4.880 4
观测值	968
P 值	0.000 0
R^2	0.126 1

注：系数上标表示通过 1%（***）、5%（**）或 10%（*）的显著性水平检验。

5.3.5 基于家庭视角的内生性检验

以上分析初步表明，互联网使用对农户消费有显著的正向影响，但两项工具变量选择的合理性有待进一步检验。基于前文的理论推演，由于"互联网使用"是内生变量，通过它来度量农村居民消费容易存在"测量误差"，所以考虑使用"是否拥有上网设备"和"快递时效"作为互联网使用的工具变量。

如表 5-13 所示，进行 2SLS 回归后，互联网使用效应变为 0.440 8，由于过度识别检验 *P* 值为 0.452 8，故接受原假设，认为"是否拥有上网设备"和"快递时效"外生，与扰动项不相关。2SLS 结果虽然是一致的，但存在偏差，容易导致"显著水平失真"，而且因为弱工具变量，这种失真会增加，因此需要进行弱工具变量的检验。通过计算得到 Shea's Partial R - sq 为 0.370 7，一般在结构方程式中，使用 Wald 检验对内生解释变量的显著影响，其名义显著程度低于 10% 时，"弱工具变量"问题可以被否决。因为最小特征统计量是 282.20，比对应的阈值要高，所以认为没有弱工具变量的问题。为了保证稳健性，本书提出采用有限信息极大似然法（LIML），该方法对弱工具变量的敏感性更强。研究结果显示，LIML 参数与 2SLS 十分相近，证明了"没有弱工具变量"这一假设。但是，工具变量方法是以有内生解释变量为基础的，所以必须进行 Hausman 检验，原假定为"一切解释变量皆为外生"，亦即无内生变量。结果表明，在 1% 的显著性情况下，否认了该项假设，认为互联网的使用是一个内生变量。因为传统 Hausman 检验的方差是一致的，所以在本回归中没有使用稳健标准差，但在异方差的情况下容易失效，因此需要异方差稳健 DWH 检验。由于 DWH 检验的 P 值小于 0.10，可以认为互联网的使用是一个内生的解释变量。进一步考虑存在异方差的情形，在这种情况下，GMM 比 2SLS 更有效。通过计算发现，最优 GMM 的估计系数非常接近 2SLS。由于过度识别检验的 P 值为 0.475 8，证明了两项工具变量是外生变量。从以上检验可以看出，"是否拥有上网设备"和"快递时效"可以作为工具变量，以此更准确地识别互联网使用对农村家庭消费的影响。

表 5-13　家庭视角下的内生性问题处理结果

变量	2SLS	LIML	GMM
Internet	0.440 8***	0.441 0***	0.439 8***
控制变量	是	是	是
常数项	8.203 6***	8.203 7***	8.220 8***
Wald chi2	488.65	488.65	528.12
P 值	0.000 0	0.000 0	0.000 0
R^2	0.332 0	0.332 1	0.332 2
观测值	968	968	968

注：系数上标表示通过 1%（***）、5%（**）或 10%（*）的显著性水平检验。

根据表 5-13，本书在两步最小二乘估计（2SLS）的基础上，采用了对弱工具变量稳健性更强的有限信息极大似然估计方法（LIML），并在异方差条件下采用了更有效的 GMM 方法进行估计。总的来说，三种方法的估计结果表明，在 1% 的水平下，互联网使用对农村家庭消费有显著的正向影响。当使用外生工具变量来克服内生问题时，估计系数会增大，可能原因是：农户具有上网设备说明家庭获取信息的通达度较强，缓解了消费过程中的信息不对称性；而快递时效则提高了消费品流通的可达性和便捷性，农村物流的快速发展也促进了资源优化和要素配置。互联网使用对农村居民消费的直接影响更多是建立在具有上网设备和较好物流条件的基础上，所以，不能充分识别这两个因素所造成的结果，因为基准回归估算的结果很有可能会低估互联网对农村居民消费的影响。而且，从三个模型的回归结果来看，互联网使用对农村居民消费的估计系数比较接近，也通过了显著性水平检验，这意味着使用不同方法得到的结论趋于一致，且上述基准回归结论具有较强的稳健性。

5.3.6 基于家庭视角的异质性分析

（1）基于农户消费能力的异质性分析

为了反映互联网使用变化对消费水平各分位数的无条件分布影响，首先在最小二乘法回归的基础上进行中位数回归，得到互联网使用能够使农村家庭消费的中位数增加 0.307 4，下面采用自助法来估计分位数回归式的标准差。指定随机数种子后，还需要计算若干个分位数的回归结果，以便得到分位数回归结果。从表 5 - 14 中互联网使用对农村家庭总消费的分位数回归结果来看，随着分位数的增加，互联网使用的分位数回归系数先增大后减小。即随着消费能力的提高，互联网使用对农村家庭消费的影响呈现倒 U 形趋势。拐点位于 0.5 分位数附近，即互联网使用对平均消费倾向的影响先上升，然后在 0.5 分位数附近开始呈现快速下降趋势，这也说明互联网的使用对农村家庭消费条件分布两端的影响远小于其对中间部分的影响。换句话说，互联网使用对低消费农村家庭和高消费农村家庭的影响相对较小，最大的受益者是中等消费能力的农村家庭。

表 5 - 14 家庭视角下总消费的分位数回归结果

变量	$q10$	$q25$	$q50$	$q75$	$q95$
Internet	0.213 6*	0.300 3***	0.307 4***	0.275 6***	0.198 5
Age	−0.015 7***	−0.009 8***	−0.008 4***	−0.006 0*	−0.004 5
Edu	0.051 2	0.053 9**	0.031 2	0.092 4***	0.137 2***
Cadre	0.065 5	0.037 6	0.027 6	0.004 7	0.017 3
Job	0.135 5*	0.063 0	0.077 8	0.102 9	0.132 6
Income	0.193 7***	0.194 0***	0.205 0***	0.188 7***	0.139 3***
Relate	0.223 8**	0.118 2	0.026 1	0.013 4	0.010 0
Stu − nonfarm	0.112 4***	0.125 8***	0.127 3***	0.109 7***	0.148 4***

（续）

变量	q10	q25	q50	q75	q95
常数项	7.456 8***	7.605 5***	7.944 8***	8.244 2***	9.181 7***
观测值	968	968	968	968	968
R^2	0.228 2	0.231 3	0.212 4	0.172 7	0.118 6

注：系数上标表示通过1%（***）、5%（**）或10%（*）的显著性水平检验。

为了直观地展示互联网使用对农村居民消费水平的变化趋势，本书参考林光平（2007）的研究，全分位回归用自举法进行了500次迭代。在图5-2中，垂直轴是各个变量对农村居民消费水平的边际贡献，横向轴是全部的分位，黑色实线是分位回归系数，影子是分位回归置信带，中间虚线是平均回归结果，而上下虚线间的一段是95%的置信空间。图5-2中估计系数的标准误差先减小后增大，这也表明了对条件分布中段分位数回归关系的预测精度较高。

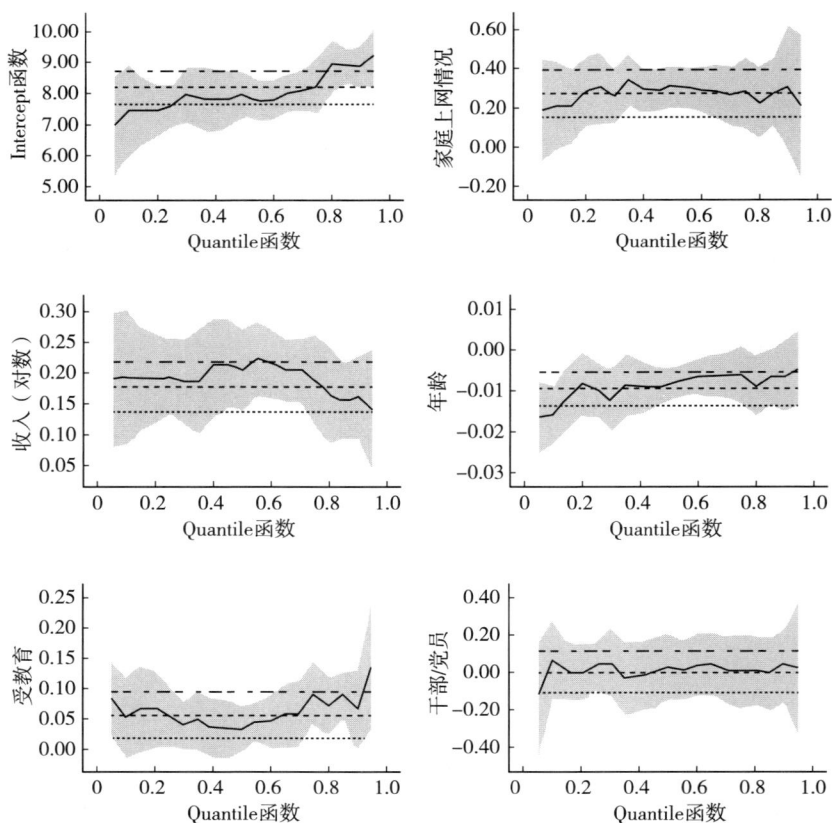

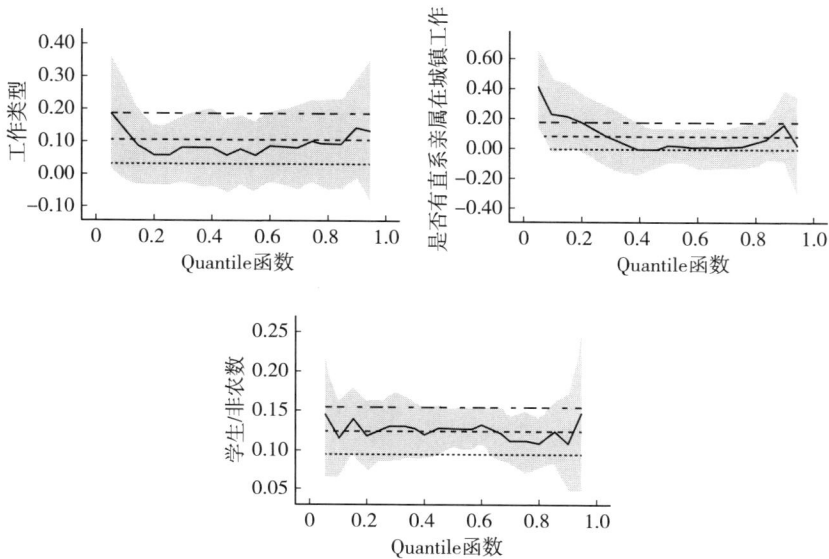

图 5-2 家庭视角下总消费分位数标准误差的估计结果

（2）基于农户收入能力的异质性分析

在经典消费函数中，影响消费的第一因素是收入水平。虽然互联网使用在一定程度上对农村家庭产生了收入效应，但不同收入能力的农村家庭对于各消费品类的倾向有所差异，因此，本部分研究互联网使用对不同收入水平农村家庭消费的影响。从表 5-15 可知，互联网的使用对促进中低和中高收入家庭的发展享乐型消费都有正面影响，显著性水平前者为 1%，后者为 10%。在各因素的影响因子上，互联网使用对两种家庭发展享乐型消费的促进效果要好于基础生存型消费，说明互联网使用更有利于提高农村家庭消费质量。同时，由于中低收入农户的消费结构更为简单，加上自身的收入约束和互联网的价格优势，相较中高收入群体，互联网使用对中低收入群体基础生存型消费的促进作用更加显著。此外，由于中低收入群体面临的信贷约束高于中高收入群体，互联网的使用通过增加消费剩余有效提高了消费能力，对中低收入群体的影响更为明显；而中高收入群体有自身的财富积累能力，一定程度上可以保证自身的消费升级需求。因此，在中低收入群体中使用互联网可以更好地促进消费的扩大和提升消费质量。

表 5 - 15　不同收入层级农村居民各类消费的回归结果

变量	中低收入组		中高收入组	
	基础生存型消费	发展享乐型消费	基础生存型消费	发展享乐型消费
Internet	0.292 6***	0.727 3***	0.107 5	0.325 4*
控制变量	是	是	是	是
常数项	8.733 5***	7.909 1***	6.301 1***	5.044 8***
观测值	484	484	484	484
P 值	0.000 0	0.000 0	0.000 0	0.000 0
R^2	0.242 0	0.223 6	0.155 8	0.227 4

注：系数上标表示通过 1％（＊＊＊）、5％（＊＊）或 10％（＊）的显著性水平检验。

（3）基于年龄层级的异质性分析

为了探索互联网使用对各个年龄段农村居民消费的影响，根据辛利等（2006）的分类基础，将 20～40 岁、40～60 岁、60 岁及以上家庭户主成员的实际年龄分为青年组、中年组、老年组，并按排序回归。

从表 5 - 16 的分析结果可知：一方面，互联网的使用对促进农村青年、中年和老年群体发展享乐型消费均起到了积极的作用，分别在 5％、10％和 1％的水平下显著，该系数在青年组最高，达到 1.209 3，也说明互联网的使用对青年群体发展享乐型消费的影响最为显著，青年人群对于新鲜事物的接受程度要普遍高于中老年群体，互联网作为一种全新的信息交互方式，为发展享乐型消费的实现提供了渠道，并且更加贴合青年群体的认知习惯，因此青年人群较中老年群体通过互联网对于发展享乐型消费具有更高的消费倾向。但对于中老年群体而言，由于拥有一定的消费能力，在满足基础生存型需求后，互联网使用在一定程度上也促进了这部分人群消费品质的升级。

另一方面，从基础生存型消费来看，互联网的应用对各年龄层农村居民基础生存型消费的提高都有积极影响，但只有老年群体通过了 1％的显著性检验。同时，回归系数也随着农村居民年龄的增加而增大，说明互联网对老年群体基础生存型消费的改善效果明显高于中青年群体，这可能与消费习惯的影响有关，老年人通过互联网对基础生存型消费展现出更高的消费倾向。通过本节的异质性分析，研究假设 H3 得以验证。

表 5-16 不同年龄层级农村居民各类消费的回归结果

消费类型	变量	青年组	中年组	老年组
基础生存型消费	*Internet*	0.050 4	0.091 1	0.376 7***
	控制变量	是	是	是
	常数项	6.357 6***	7.484 5***	8.057 8***
	观测值	157	533	278
	P 值	0.000 0	0.000 0	0.000 0
	R^2	0.243 3	0.215 0	0.327 1
发展享乐型消费	*Internet*	1.209 3**	0.258 1*	0.871 9***
	控制变量	是	是	是
	常数项	3.089 5**	7.776 6***	5.839 7***
	观测值	157	533	278
	P 值	0.000 0	0.000 0	0.000 0
	R^2	0.258 9	0.216 2	0.199 2

注：系数上标表示通过 1%（***）、5%（**）或 10%（*）的显著性水平检验。

5.4 消费渠道视角下互联网使用对农村居民消费的影响效应分析

传统的销售渠道已不能完全适应农村居民的需要，随着互联网信息技术的不断提高，更多的人开始向"双渠道"消费方式转变。虽然目前样本中农户的互联网消费仅占总消费的 1/10 左右，但互联网购物方式的多样性仍给消费者带来了空前的方便。同时，由于互联网购物环境、购物方式、支付方式等因素的影响，使得消费者在购买商品时必须考虑购买渠道的选择，从而产生不同的消费效果。

从表 5-17 可以看出，尽管互联网使用对促进全样本农村居民的线上和线下渠道消费有积极作用，但只有线上渠道消费在 1% 的水平上显著，比较两类系数，互联网的使用在促进线上渠道消费方面要明显优于线下渠道消费，这是因为线上渠道消费必须通过互联网才可以实现，线上电子商务的发展突破了地域空间限制和商品服务选择上的限制，大大扩大了交易半径，加上移动支付的诞生与互联网红利，使得农村居民的消费成本降低，消费体验提高。同时，互联网虽然通过影响农村消费者的消费认知，在一定程度上改善了线下渠道消费，但由于平台经济特有的价格优势，促进作用相比线上渠道消费更弱。

表 5 - 17　线上线下渠道消费的回归结果

样本类型	变量	线上渠道消费	线下渠道消费	样本类型	变量	线上渠道消费	线下渠道消费
全样本	Internet	4.075 4***	0.128 8	青年组	Internet	6.101 8***	0.062 6
	控制变量	是	是		控制变量	是	是
	常数项	−0.121 6	8.389 5***		常数项	−3.578 6	5.557 2***
	观测值	968	968		观测值	157	157
	P 值	0.000 0	0.000 0		P 值	0.000 0	0.023 6
	R^2	0.364 2	0.090 5		R^2	0.283 4	0.110 6
中低收入组	Internet	4.202 7***	0.276 5***	中年组	Internet	4.827 3***	0.062 5
	控制变量	是	是		控制变量	是	是
	常数项	4.038 0**	9.593 7***		常数项	−0.703 0	8.175 9***
	观测值	484	484		观测值	533	533
	P 值	0.000 0	0.000 0		P 值	0.000 0	0.001 1
	R^2	0.398 9	0.137 9		R^2	0.303 8	0.047 8
中高收入组	Internet	4.384 8***	−0.122 8	老年组	Internet	3.304 3***	−0.233 6
	控制变量	是	是		控制变量	是	是
	常数项	−9.320 3**	5.664 7***		常数项	−2.956 1	8.447 0***
	观测值	484	484		观测值	278	278
	P 值	0.000 0	0.000 0		P 值	0.000 0	0.000 0
	R^2	0.270 7	0.053 5		R^2	0.235 5	0.149 4

注：系数上标表示通过 1%（***）、5%（**）或 10%（*）的显著性水平检验。

因此，继续考察互联网使用对不同收入层级农村居民各渠道消费的影响效应：一方面，互联网使用对中低收入农户的线下渠道消费提升作用较为明显，在 1% 水平上显著，这是由于中低收入农户受到较强的收入约束，消费结构多停留在基础生存型品类，而通过互联网，该群体的消费观念得以改善，且农村市场在一定程度上可以满足中低收入消费者对于基础生存品的需求，从而促进了线下渠道的消费行为。而中高收入农户由于具有较高的经济能力，在满足基础生存型消费需求后，对发展享乐型消费展现出更高的消费倾向，受制于农村市场环境，互联网能在更大程度上满足其多元化的消费需求，从而没有对线下渠道消费产生显著的促进作用；另一方面，虽然互联网使用对不同收入层级的农村居民线上渠道消费均存在正向促进作用，但对中高收入群体线上渠道消费提升作用较为明显，在 1% 水平上显著，这可能是因为发展享乐型消费多是基于互联网才能实现，相较中低收入农户而言，中高收入群体的消费能力更强，更可能通过互联网来实现这一方面的需求。

从互联网使用对不同年龄层农村居民线上渠道消费的影响来看，虽然互联网使用在 1% 的水平上对不同年龄层农村居民线上渠道消费有正向影响，但随着年龄的增加，互联网使用对线上渠道消费的促进作用在减弱，这可能是因为中青年人群对于新鲜事物的接受程度要普遍高于老年群体，互联网作为一种全新的信息交互方式，为发展享乐型消费的实现提供了渠道，并且更加贴合中青年群体的认知习惯，因此中青年人群较老年群体对于发展享乐型消费表现出更高的消费倾向。同时，便利是互联网购物的优势之一，随着农村人口的老龄化，身体机能的下降也增加了老年群体对购物便利性的需求，互联网平台可以很方便地将货物或服务运送到指定的地址，以满足顾客需求，所以对于老年群体，互联网也在不同程度上促进了他们的线上渠道消费。从各年龄组线下渠道消费的回归结果来看，互联网使用对中青年群体的线下渠道消费影响方向为正，对老年群体的线下渠道消费影响方向为负，这可能是出于购物便利性的需求，老年组线上消费渠道对于线下消费渠道产生了替代效应，但互联网使用对线下渠道消费的影响在年龄分组的回归中并没有呈现出显著的促进作用。通过本节的异质性分析，研究假设 H4 得以验证。

5.5 区域视角下互联网使用对农村居民消费的影响效应分析

上一节从家庭视角考察了互联网使用对农村居民消费的影响，但从第 4 章的分析中可以看出城乡间仍然存在较大的数字鸿沟，使得城乡居民消费升级方式差距明显，由于当前促进农村地区消费的紧迫性和现实需要，本书根据互联网的独有特性，提出相比城镇地区，互联网使用对于激发农村地区消费具有更大潜力，因此在同一数据库标准之下，借助城镇居民样本进行城乡区域间的横向比较，从而更好地论证这一观点。同时，不同区域的农村居民互联网使用率和消费结构也存在区别，所以需要通过更加细致的地理区域视角加以分析，才能更好地把握亟待解决的关键问题。因此，本节将进一步结合中国综合社会调查数据，从地域角度观察农村用户上网行为对消费是否产生了特殊的影响。

5.5.1　基于区域视角的变量选取

根据研究目的，为了得到更加精密的估计结果和提高回归结果的稳健性，本部分选取 2018 年、2017 年和 2015 年中国综合社会调查中公开的居民样本，从而获得比单一年份更大的样本量，经过数据的预处理，最后得到 8 480 个有效的农户数据。由于本章使用的分析数据在统计类别和口径上与家庭视角下的调研数据存在差异，因此需要重新进行变量选取。

中国综合社会调查问卷详细询问了被调查农户的消费情况，如表 5 - 18 所示，被解释变量为家庭总消费（Con）、基础生存型消费（$Survial$）和发展享乐型消费（$Develop - hedonic$），分类标准与上一部分保持一致；为了体现家庭的消费结构（Str），通过发展享乐型消费占家庭总消费的比值来衡量。本部分的核心解释变量是被访者是否会使用互联网（$Internet$），其中"使用"赋值为 1，"不使用"赋值为 0；为了验证研究结果的稳健性，将"互联网使用频率"（$Inter fre$）作为替代变量，其中"从不"赋值为 1，"很少"赋值为 2，"有时"赋值为 3，"经常"赋值为 4，"非常频繁"赋值为 5。

同时，直接影响家庭消费决策的因素很多，早期已有很多研究学者在理论层面上深入研究过我国居民的消费问题，因此基于崔海燕（2016）、赵保国等（2020）和孙成昊等（2020）的研究，结合本书的研究目标，构建相应的评价模型，其中协变量主要包括被访者的实际年龄（Age）、教育程度（Edu）、健康状况（$Health$）、政治面貌（Pol）、婚姻状况（Mar）、社保情况（S），以及家庭总收入（$Income$）、家庭人数（$Family$）和房产数（Fc）。变量处理方面，性别中"男性"赋值为 1，"女性"赋值为 2；教育程度中"未上过学"赋值为 1，"小学"赋值为 2，"初中"赋值为 3，"中专、高中"赋值为 4，"大专"赋值为 5，"本科"赋值为 6，"研究生及以上"赋值为 7；

健康状况中，"很不健康"赋值为 1，"比较不健康"赋值为 2，"一般"赋值为 3，"比较健康"赋值为 4，"很健康"赋值为 5；政治面貌中"党员"赋值为 1，"非党员"赋值为 0；社保情况中，"参保"赋值为 1，"未参保"赋值为 0；婚姻状况中，"已婚"赋值为 1，"未婚"赋值为 0；年龄为被访者的实际年龄；家庭总收入为家庭年收入的对数值。

表 5-18　区域视角下的变量选取

变量类型	变量	代码	变量取值
被解释变量	家庭总消费	Con	家庭总体消费
	基础生存型消费	$Survival$	家庭基础生存型消费
	发展享乐型消费	$Develop-hedonic$	家庭发展享乐型消费
	消费结构	Str	家庭发展享乐型消费占总消费比值
核心解释变量	是否使用互联网	$Internet$	"使用互联网"赋值为 1；"不使用互联网"赋值为 0
	互联网使用频率	$Interfre$	"从不"赋值为 1；"很少"赋值为 2；"有时"赋值为 3；"经常"赋值为 4；"非常频繁"赋值为 5
协变量	性别	Gen	"男性"赋值为 1；"女性"赋值为 2
	年龄	Age	实际年龄
	教育程度	Edu	"未上过学"赋值为 1；"小学"赋值为 2；"初中"赋值为 3；"中专、高中"赋值为 4；"大专"赋值为 5；"本科"赋值为 6；"研究生及以上"赋值为 7
	健康状况	$Health$	"很不健康"赋值为 1；"比较不健康"赋值为 2；"一般"赋值为 3；"比较健康"赋值为 4；"很健康"赋值为 5
	家庭人数	$Family$	家庭实际人数
	房产数	Fc	家庭拥有房产数量
	政治面貌	Pol	"党员"赋值为 1；"非党员"赋值为 0
	社保情况	S	"参保"赋值为 1；"未参保"赋值为 0
	婚姻状况	Mar	"已婚"赋值为 1；"未婚"赋值为 0
	家庭总收入	$Income$	家庭总收入的对数值

与家庭视角部分相同，考虑到模型构建中也可能存在内生性问题，"是

否拥有上网设备"作为衡量城乡居民是否使用互联网的主要工具变量，但由于"快递时效"数据缺乏，参考祝仲坤等（2017）的研究方法，将其替换为"地区互联网普及率"变量，以避免可能出现的内生问题。从相关性的角度来看，采用地区互联网普及率作为工具变量主要基于两个原因：第一，地区互联网普及率可以衡量一个地区的信息化水平。家庭信息化水平越高，农村宽带覆盖率越高。该比例越大，说明该地区的农民使用互联网的可能性越大，符合关联关系；第二，地区互联网普及率难以直接影响农村居民消费水平，即使影响消费水平，往往也是通过互联网使用这一核心解释变量产生间接影响。因此，"是否拥有上网设备"的选取是合乎逻辑的。基于上述考虑，选取"是否拥有上网设备"和"地区互联网普及率"作为工具变量。从处理标准来看，上网设备情况中，"拥有上网设备"赋值为1，"没有上网设备"赋值为0；"地区互联网普及率"为各省份中使用互联网的人数占该地区总人数的比例。最后，为消除异方差问题，对部分数据取对数后建立评价模型。

5.5.2 中国综合社会调查样本数据说明

从中国综合社会调查数据库获取 8 480 个样本后，对变量进行描述性统计和多重共线性检验，得到样本基本信息表（表5-19）。表5-19 显示了解释变量的平均值、标准差、最小值、最大值和方差膨胀因子系数。从表5-19 中可以看出，进行缩尾处理后家庭总消费的平均值为 41 382.93，标准差为 79 722.45，被解释变量变化较为显著，多重共线性结果表明，方差膨胀因子均在 2.5 以下，且不存在多重共线性，数据可进一步回归分析。

表 5-19　中国综合社会调查样本变量描述性统计和多重共线性检验

变量类型	变量	描述性统计					多重共线性检验	
		均值	标准差	最小值	最大值	观测值	VIF	1/VIF
被解释变量	Con	41 382.93	79 722.45	20	2 938 000	8 480	—	—
	Survival	24 063.73	55 729.86	50	2 120 000	8 480	—	—
	Develop-hedonic	15 880.33	36 201.41	2	1 868 000	8 480	—	—
	Str	0.40	0.23	0.01	0.99	8 480	—	—

（续）

变量类型	变量	描述性统计					多重共线性检验	
		均值	标准差	最小值	最大值	观测值	VIF	1/VIF
核心解释 变量	*Internet*	0.57	0.49	0	1	8 480	1.85	0.53
	Inter fre	1.73	1.68	0	4	8 480	2.16	0.46
协变量	*Gen*	1.30	0.45	1	2	8 480	1.11	0.89
	Age	49.82	16.17	17	117	8 480	1.88	0.53
	Edu	3.16	1.46	1	7	8 480	1.93	0.51
	Health	3.54	1.07	1	5	8 480	1.24	0.80
	Family	2.82	1.36	1	11	8 480	1.26	0.79
	Fc	0.96	0.65	0	12	8 480	1.11	0.89
	Pol	0.10	0.31	0	1	8 480	1.18	0.84
	S	0.94	0.22	0	1	8 480	1.02	0.98
	Mar	0.78	0.40	0	1	8 480	1.08	0.92
	Income	76 584.65	168 716.90	100	8 140 000	8 480	1.57	0.63

5.5.3　基于区域视角的基准回归分析

（1）基于区域消费规模的基准回归分析

考虑到农村居民的收入水平低于城市居民，除了消费习惯不同之外，还受到消费环境的制约。随着互联网的迅速普及，农村居民的消费环境在很大程度上发生了变化，这必然会影响到农村居民的消费行为，本节将采用最小二乘法，以城乡居民总消费的对数为被解释变量，观察互联网使用对城乡居民总消费的直接影响，回归结果见表 5 - 20。从表 5 - 20 中可以看出，农村地区和城镇地区的互联网使用对消费的估计系数分别为 0.178 8 和 0.129 3，并且在 1% 的显著水平上，互联网的使用对城镇和农村居民的总支出起到了很大的推动作用。由于互联网扩张的新人激励效应，相比城镇居民，农村居民作为新进入者，获得的更多边际收益成为改善消费的基础，加上农村居民受到更强的收入约束，得益于互联网的价格优势，互联网使用对农村居民消费的促进作用更为显著。此外，在城镇消费环境相对完善、商品供给相对充足、消费品基本满足、消费相对合理的情况下，互联网使用对其消费支出的促进作用不如农村居民明显。对于广大农村居民来说，在消费市场不完善、消费品匮乏、基础消费不足的背景下，互联网促进了城乡消费市场的共享，使得农村居民从"能消费到"转变为"有能力消费"，从而验证了假设 H5。

表 5 - 20　区域视角下总消费的回归结果

变量	农村地区	城镇地区
$Internet$	0.178 8***	0.129 3***
Gen	−0.137 5***	−0.102 1***
Age	−0.007 0***	−0.001 5*
Edu	0.079 0***	0.081 6***
$Health$	−0.013 5	−0.043 8***
$Family$	0.225 0***	0.242 0***
Fc	−0.001 9	0.025 7
Pol	0.100 3	0.093 6***
S	0.072 9	−0.030 6
Mar	0.072 9***	0.176 8***
$Income$	0.396 5***	0.472 6***
常数项	5.148 4***	4.489 2***
观测量	3 451	5 029
P 值	0.000 0	0.000 0
R^2	0.375 4	0.394 1

注：系数上标表示通过 1%（ *** ）、5%（ ** ）或 10%（ * ）的显著性水平检验。

从协变量的回归结果来看，收入与城乡家庭总消费呈正相关关系，在 1%的水平下显著；受教育程度在 1%水平下显著正相关，表明受教育程度较高的居民对消费的需求更高；家庭人口规模与总消费呈正相关，家庭人口越多，需求的多样性越大，成本也越高，在 1%水平下显著；同时，城镇和农村居民的收入获得和消费能力随年龄增长而降低，储蓄意识逐步加强；并且，由于不同性别劳动力在获取非农就业机会和家庭收入方面存在差异，从而影响到互联网使用效果，尤其是农村女性的收入偏低，因此性别对消费的影响为负，在 1%的水平下显著；特别是步入婚姻后，可能面临抚育孩子等更多方面的支出，因此婚姻状况对于城乡居民消费的影响也在 1%的水平下显著。然而，房产数量和社会保障对城乡居民总消费未显示出显著的影响关系；而且，相比农村居民，健康水平对城镇居民总消费在 1%的水平下有显著的负面影响，城镇居民健康状况越差，医疗保健支出越高，进而影响总消费支出；最后，由于城镇地区的党员有更多的机会参与社会活动，消费习惯更易于改变，因此对于总消费的影响在 1% 水平下显著。

由于核心解释变量互联网使用为虚拟变量，为了减少样本选择偏差的估计问题，获得城乡家庭使用互联网的具体效应，进一步运用倾向得分匹配法对其进行分析，通过可观测变量，将实验组和对照组中是否使用互联网概率相近的城乡家庭进行匹配，以确保估计的干预效果是基于可比性个体之间的不同结果。本部分所采用的可观测变量分别为：性别（Gen）、年龄（Age）、受教育程度（Edu）、健康状况（Health）、家庭规模（Family）、房产数量（Fc）、政治面貌（Pol）、社会保障情况（S）、婚姻状况（Mar）和家庭收入（Income）共 10 个变量。基于上述变量，对数据随机排序后采用邻阶匹配的方法来确定权重，先进行 Logistic 基准回归来检验各变量之间的相关程度。在 Logistic 回归基础上，考察观察值是否在共同值范围内，在总计 3 451 个农村地区的观察值中，一共有 149 个观察值不在共享取值区间中，其他 3 302 个观察值均在共享取值区间内。在总计 5 029 个城镇地区的观察值中，一共有 102 个观察值不在共享取值区间中，其他 4 927 个观察值均在共享取值区间内。对比匹配前的结果，表 5 - 21 匹配信度检验显示大多数变量的标准化偏差均大幅缩小，配对后的值都有所减少。其中，B 值低于 25%，按照配对的平衡性假定检测，样本经过了配对校核。因此，进行倾向得分匹配估计。在对数据进行随机排序后，由于样本量不大，所以进行回放匹配，并且允许并置，沿袭上一部分做法，进行 4 阶近邻配对。

表 5 - 21　区域视角下的匹配信度检验

研究区域	样本类型	伪 R^2	卡方统计量	P 值	标准偏差	中位偏差	B 值	R 值	变异系数
城镇地区	匹配前	0.291	1 811.52	0.000	33.20	9.20	144.70	1.28	83
	匹配后	0.010	91.43	0.000	6.00	4.70	23.30	1.08	50
农村地区	匹配前	0.181	842.10	0.000	25.7	8.90	108.10	0.72	40
	匹配后	0.004	14.14	0.078	4.00	4.10	14.40	1.31	100

在对数据进行随机排序后执行一对四次匹配，表 5 - 22 结果显示，农村

区域和城镇区域 ATT 估计值分别为 0.232 1 和 0.191 0，均在 1% 的水平下显著，以上的研究结果显示，互联网的利用有助于提高我国城乡居民的总体消费水平，同时互联网使用对农村居民消费的促进作用更为显著，进一步验证假设 H5。

表 5-22　区域视角下的倾向得分 4 阶近邻匹配结果

区域类型	匹配类型	观测系数值	自助法标准误	Z 值	P 值
	ATT	0.232 1	0.081 9	2.83	0.005
农村区域	ATU	0.186 1	0.093 1	2.00	0.046
	ATE	0.202 7	0.071 3	2.84	0.004
	ATT	0.191 0	0.045 9	4.15	0.000
城镇区域	ATU	0.115 9	0.055 4	2.09	0.036
	ATE	0.167 7	0.038 2	4.39	0.000

（2）基于区域消费类型的基准回归分析

根据表 5-23 互联网使用对城乡居民各类消费影响效应差异的分析结果可知：互联网使用对促进农村居民和城镇居民的各类消费有积极作用，在 1% 的水平下显著。同时，互联网的使用对于农村居民两类消费的促进作用均强于城镇居民，这是因为相比农村居民，城镇居民受到的收入约束更小，消费起点高，对于两项消费品类的需求已经接近饱和，加上农村居民消费结构相较城镇居民更为简单，农村居民将通过互联网表现出更强的消费倾向，这也说明了互联网能在更大程度上促进农村居民消费的扩容提质。可以看出，改革开放 40 多年来，中国农村居民的收入水平有了很大提高。随着广大农村居民步入小康，他们的消费需求和消费观念也在潜移默化中发生着变化。农村居民的消费需求正逐步从基本物质需求向教育、旅游等精神文化需求扩展，而这些需求产品是服务消费的重要组成部分。在传统市场中，服务业通常被认为是低效的，因为服务消费往往需要同时进行生产和消费（江小涓等，2019）。长期以来，城乡二元经济结构下的城乡要素和商品流通成本高，导致农村医疗、教育、休闲娱乐等服务型消费品短缺。再加上农村居民传统消费观念根深蒂固，预防性储蓄动机强烈，这对农村进一步扩大消费需求、提升消费质量形成了巨大障碍。互联网的普及极大地提高了服务业的生产力，提高了资源配置效率，促进了长途贸易和服务的全球化。互联网技术正在不断改变着传统的商业模式。"互联网医疗""互联网教育""在线旅游"的发展，促进了消费品的跨地域、跨时间流通，而共享经济、淘宝、拼多多等商业模式或平台的出现，为农村居民提供了更加便捷、多元化的消费品。特别是近年来，随着移动互联网技术的快速发展，智能手机已经成为农村居民上网的最重要方式之一。手机等移动客户端的出现，为广大农村居民提供了更加便捷、多样化的服务，互联网为农村居民的消费需求和消费质量的提升提供了强有力的推动力。

表 5 - 23　区域视角下各类消费的回归结果

变量	农村地区		城镇地区	
	基础生存型消费	发展享乐型消费	基础生存型消费	发展享乐型消费
Internet	0.214 6***	0.332 8***	0.109 0***	0.257 5***
控制变量	是	是	是	是
常数项	4.630 1***	4.127 8***	3.712 4***	3.843 5***
观测量	3 451	3 451	5 029	5 029
P 值	0.000 0	0.000 0	0.000 0	0.000 0
R^2	0.271 4	0.306 6	0.338 0	0.256 9

注：系数上标表示通过 1%（＊＊＊）、5%（＊＊）或 10%（＊）的显著性水平检验。

5.5.4　基于区域视角的稳健性检验

为防止因变量选取差异而导致研究结果不稳健，本部分从改变被解释变量和解释变量入手，对模型进行回归，如果互联网使用的回归系数仍然显著为正，说明基准回归结论较为稳健。具体做法为：第一，采用消费结构作为被解释变量；第二，采用互联网使用频率作为解释变量，回归结果见表 5 - 24。从表 5 - 24 中可以看出，无论是将被解释变量替换为消费结构，或将解释变量替换为互联网使用频率。在其他控制变量不变的情况下，采用最小二乘法进行回归分析。结果表明，各模型中互联网使用的回归系数均为正，且在 1%水平下均显著，表明基准回归结论较为稳健。与前一部分消费规模的回归结果进行比较，互联网使用对农村家庭消费规模和消费结构的影响系数分别为 0.178 8 和 0.332 8，互联网使用对城镇地区家庭消费规模和消费结构的影响系数分别为 0.129 3 和 0.257 5，均在 1%的水平下显著，说明互联网使用不仅有助于城乡家庭消费规模的扩大，也有助于城乡家庭消费结构的转型升级；从城乡消费结构的回归结果来看，互联网的使用可以在更大程度上促进农村居民消费结构的升级。

表 5 - 24　区域视角下的稳健性问题处理结果

变量	替换被解释变量（消费结构）		替换解释变量（互联网使用频率）	
	农村地区	城镇地区	农村地区	城镇地区
Internet	0.332 8***	0.257 5***	—	—
Interfre	—	—	0.079 0***	0.060 5***
Gen	0.275 1***	0.420 7***	−0.134 1***	−0.098 2***
Age	−0.005 0***	−0.004 1***	−0.006 2***	−0.000 3
Edu	0.133 0***	0.113 3***	0.067 7***	0.072 0***
Health	−0.221 8***	−0.157 0***	−0.015 6	−0.044 7***
Family	0.259 6***	0.296 1***	0.223 1***	0.241 2***
Fc	0.062 3*	0.180 2***	0.000 3	0.024 3
Pol	0.014 0	−0.015 5	0.093 3	0.096 6***
S	0.225 9**	−0.034 5	0.074 0	−0.033 1
Mar	0.182 2***	0.140 7***	0.168 8***	0.179 2***
Income	0.450 7***	0.410 9***	0.391 5***	0.466 1***
常数项	2.127 8***	1.843 5***	5.160 3***	4.488 4***
观测量	3 451	5 029	3 451	5 029
P 值	0.000 0	0.000 0	0.000 0	0.000 0
R^2	0.306 6	0.256 9	0.377 9	0.397 2

注：系数上标表示通过 1%（＊＊＊）、5%（＊＊）或 10%（＊）的显著性水平检验。

5.5.5　基于区域视角的内生性检验

以上分析初步表明，互联网使用对城乡居民的消费具有显著的积极影响，但"是否拥有上网设备"与"地区互联网普及率"作为工具变量与外生条件之间的关系还需进一步检验。因此，基于前文的理论推演，由于用互联网使用来度量城乡居民消费存在"测量误差"，故该项变量是内生变量，考虑使用"是否拥有上网设备"和"地区互联网普及率"变量作为互联网使用的工具变量，进行工具变量回归。如表 5 - 25 所示，经计算，互联网使用对农村和城镇家庭总消费的影响系数分别为 0.613 5 和 0.441 8，过度识别检验 P 值均为 0。认为两项工具变量是外生的，最小特征值统计量大于临界值 11.59，说明所选工具变量不是弱工具变量。从以上检验可以看出，两个变量可以作为工具变量，以更准确地识别出互联网使用对城乡居民消费水平的影响。在考虑内生性的回归模型中，互联网使用频率对城乡居民消费的回归系数仍显著为正，且均通过了显著性水平检验，再次证明互联网使用对城乡居民均具有显著的消费提升效果。

表 5 - 25   区域视角下的内生性问题处理结果

变量	农村地区	城镇地区	变量	农村地区	城镇地区
Internet	0.613 5***	0.441 8***	*Interfre*	0.218 5***	0.140 3***
控制变量	是	是	控制变量	是	是
常数项	4.980 9***	4.413 8***	常数项	5.059 8***	4.446 2***
观测量	3 451	5 029	观测量	3 451	5 029
P 值	0.000 0	0.000 0	P 值	0.000 0	0.000 0
R^2	0.354 9	0.380 9	R^2	0.359 2	0.387 8

注：系数上标表示通过 1%（＊＊＊）、5%（＊＊）或 10%（＊）的显著性水平检验。

5.5.6   基于区域视角的异质性分析

为探讨互联网使用对各区域农村居民消费的影响差异，本部分将不同省份样本分为东、中、西部地区依次进行回归，分类方法与文中 3.3.2 部分一致。从表 5 - 26 得到以下结果：互联网使用皆在不同程度上提升了各地区农村居民的总消费，相比西部地区，得益于较好的信息基础设施建设和信息化使用程度，互联网使用对东中部地区农村居民总消费的促进作用更佳。同时，互联网的使用在不同程度上提高了中西部地区农村居民的基础生存型消费水平，在 1% 的水平下回归结果显著。但由于东部地区经济相对发达，当地农村居民收入较高，消费水平有较多的改变。互联网对本区域农村基础生存型消费的拉动效应不大。从发展享乐型消费的回归结果来看，互联网的使用对各地农村居民发展享乐型消费方面均起到了积极的促进作用。东部和中部地区由于金融发展的先发优势、信息技术和农村居民平均受教育水平较高，在促进发展享乐型消费方面，互联网的使用发挥了更大的作用。由于赶超效应的存在，随着社会经济的发展，中部地区的农村居民收入得到了较大程度的增加，流通渠道也变得通畅，收入增加和流通渠道的畅通为中部地区的农村居民提供了消费结构升级赶超的基础，从而表现出比东部地区更强的消费倾向。但是，西部低收入地区大部分农村较为偏远，信息闭塞、交通不便、市场开发水平低、卖家垄断、产品质量差等问题突出，农村家庭的市场交易成本仍然很高，因此没有表现出和中部地区相应的赶超效应，从而验证了假设 H6。

表 5-26　区域视角下农村居民各类消费的回归结果

消费类型	变量	东部农村地区	中部农村地区	西部农村地区
总消费	Internet	0.178 5**	0.212 3***	0.084 0**
	常数项	5.393 6***	5.480 0***	4.732 1***
	观测量	807	1 659	985
	P 值	0.000 0	0.000 0	0.000 0
	R^2	0.435 3	0.369 5	0.306 8
基础生存型消费	Internet	0.081 0	0.179 7***	0.342 5***
	常数项	4.592 1***	5.511 7***	3.920 7***
	观测量	807	1 659	985
	P 值	0.000 0	0.000 0	0.000 0
	R^2	0.299 6	0.252 8	0.220 3
发展享乐型消费	Internet	0.260 3**	0.371 6***	0.218 2**
	常数项	3.592 4***	4.958 2***	3.939 8***
	观测量	807	1 659	985
	P 值	0.000 0	0.000 0	0.000 0
	R^2	0.376 1	0.252 0	0.261 1

注：系数上标表示通过 1%（***）、5%（**）或 10%（*）的显著性水平检验。

5.6　本章小结

近几年，互联网在"三农"领域的影响力日益深化，农村居民的生活方式发生了变化。尤其是在"互联网＋""数字乡村"等国家战略的推动下，互联网正在逐渐渗透到农村居民的生活中。所以，本章采用倾向得分匹配法、无条件分位数模型和工具变量法。首先，本章以江西省连续三年调查的968个农村家庭的样本数据为基础，从家庭视角考察了互联网使用对农户消费的影响；其次，进一步结合中国综合社会调查数据，考察农村居民在区域视角下的互联网使用行为对家庭消费的影响，并对结果进行稳健性、内生性检验和异质性分析，得到以下结论。

第一，互联网的使用既能充分发挥农村居民的多种消费潜能，又能促进其消费结构的优化，基于家庭视角考察互联网使用对农村家庭消费的影响效应更符合农村地区居民的上网和消费行为习惯。异质性分析表明，随着消费能力的提升，互联网使用和农村居民消费呈现出倒 U 形的趋势，拐点在 0.5分位点左右；互联网使用对青年群体发展享乐型消费和老年群体基础生存型消费的促进作用最为显著；从消费渠道来看，互联网使用对线上渠道消费的促进作用明显优于线下渠道消费，但该作用随着用户年龄的增长和收入水平的下降呈减弱趋势，同时互联网使用也促进了中低收入群体的线下渠道消费。

第二，互联网使用对农村消费的影响有明显的地区差别。从城乡区域比较来看，互联网使用更有助于农村居民消费的扩容提质。从地理区域比较来看，互联网使用对东部和中部地区农村居民消费总量的释放效应和发展享乐型消费的潜力更为明显，中部地区表现出一定的追赶效应，而西部地区互联网使用对农村居民基础生存型消费的促进作用最为显著。

6 互联网使用对农村居民消费的空间溢出效应分析

第5章从家庭和区域视角研究了互联网使用对于农村居民消费的影响差异，解决了互联网使用是否影响农村居民消费、如何影响农村消费、如何有效实现农村居民消费的问题。然而，前一章的实证部分是基于本地效应的，但从空间层面上分析互联网使用对农村居民消费的影响也是十分必要的。互联网使用对农村居民的消费存不存在空间影响？在考虑了空间因素后，互联网使用是否对农村居民消费产生了影响？互联网使用对周边地区农村居民消费是否存在空间溢出效应？上述问题的解决有利于各个地区采取互联网推广措施，通过信息交流、经验学习等途径提高本地的农村居民消费。另外，除了互联网实现消费网络化、收入、财富和分配的微观消费者行为效应外，空间层面农村居民消费实现更多受到来自区域发展环境的影响，外部环境的不同，互联网使用对农村居民的消费支出也会产生不同的影响。本章从空间效应的视角探讨了互联网使用对农村居民消费的影响，首先提出互联网使用对农村居民消费存在空间溢出效应，然后采用探索性空间数据分析法探讨互联网使用对农村居民消费影响的空间集聚效应；构建空间计量模型进行空间溢出效应的实证检验；最后着重对不同地区样本的实证结果进行分析，以直观体现各地区之间的差异。

6.1 作用机制分析与研究假设

空间效应反映了空间的相互作用和空间结构的变化。根据地理学第一定律，地理事物或属性在空间分布上是相互关联的，相距越近联系就越为紧密（Tobler，1970）。人类社会经济活动依托特定的区域空间，围绕着生产、分配、交换和消费的整个经济周期过程，通过资金、商品、人口和信息的流动，将农村、城镇、交通枢纽、商业中心、金融服务等经济中心紧密联系起来，形成经济活动体系，通常在特定区域进行，具有一定的空间联系。并且，我国是一个统一的大市场，地区间的各种资源流动相对充足，互联网使用对农村居民消费增长产生的空间溢出效应至少有以下三个原因。

第一，农村居民消费增长之间存在空间联系。改革开放以来，农村居民的基础生存型消费比重呈降低趋势，发展享乐型消费的比重逐渐增高，农村居民拥有更高收入就意味着具有更高的消费机会。基于语言、习俗、饮食等因素的共同作用，以及较低的交通成本和一定的地理关系，相似地区之间模仿学习的成本相对较低，相似的社会经济条件也使得这种模仿学习行为更容易成功（姜改革，2020）。频繁的人口流动，加强了邻近地区之间消费增长的相关性（彭连清，2008）。现代信息技术的发展进一步打破了区域间的信息壁垒，促进了区域间的社会经济联系，提高了农村居民消费增长本身的空间关联性。

第二，建立在数字技术基础上的互联网经济普遍存在外部性特征，存在明显的规模经济和范围经济特征。根据 Metcalfe 等（1995）提出的定律，互联网中的商品价格与用户数量的平方成反比，这是因为在互联网领域，任何经济主体的产品生产和消费都与他人有关，外部性是常见的，用户数量的增加为互联网产品和服务的创新提供了激励，并促使互联网服务提供商改进和提高产品服务的功能，增加产品的供应，降低价格，以增强数字网络的整体功能，增加所有用户的效用，以吸引更多潜在用户加入（卓唯佳等，2021）。数字网络功能对于互联网用户的这种积极驱动模式反映了互联网经济强大的外部特征，用户和互联网服务供应商之间的这种有效互动形成了一种"加速器"机制，提高了互联网的使用价值。在互联网经济外部性的影响下，互联网功能和用户规模形成的正反馈系统使农村居民参与互联网发展所获得的经济价值随着互联网覆盖率的提高而增加，并产生激励更多潜在用户加入的边际效应。

第三，互联网技术的传播会对农村居民消费的增长产生空间溢出效应。根据区域累积因果关系理论（赵伟伟，2020），互联网要素流动对农村居民消费的影响主要体现在三个层面：扩散、反馈和交互效应（华光，2011）。

首先，扩散效应是指伴随互联网技术的传播，相关的消费观念和消费行为模式从经济发达地区向相邻经济欠发达地区溢出，从而改善相邻地区的消费经济状况；反馈效应则来自经济发达地区，吸引周边经济欠发达地区与消费相关的要素，不断提高自身互联网发展水平和消费水平；交互效应是指区域间的生产要素流动，并在一定程度上产生了相互影响的空间机制。由于高技术人才在地方政府部门、科研机构、私营公司等行业中的快速流动，必然导致人们的消费理念、消费行为向邻近区域扩散；其次，相邻区域间会形成一种竞争，在网络技术发达的区域，会获得资讯科技上的优势，从而促使周边区域在技术上取得进步，以应对竞争带来的冲击；再者，相邻区域因较为接近的地理环境与经济条件，给消费模式和行为的借鉴模仿带来了许多方便，从而有利于通过技术改进来提升消费质量。综上所述，互联网经济的基本属性是将全国不同地区的经济社会活动联系起来，通过扩散效应，将消费观念和消费行为模式进行传递，使经济发展水平高的地区带动经济发展水平低的地区，并结合反馈效应和交互效应，从而对农民消费增长产生正的空间溢出效应。

但是，数字技术虽有击穿地理距离的强大功能，因为不同地区的互联网发展存在差异性，互联网发展较好的地区往往也是经济发展领先的地区，经济发展相对落后的偏远地区，互联网的发展也较为落后，也就是说各地的信息基础实力和农村居民的数字技术运用程度均会对当地的互联网使用情况产生影响（凌华等，2020），从而表现出相应的地理特征。可以看出，由于各地不同的互联网资源禀赋以及消费特征差异，在要素流的多重效应作用下，互联网使用对各区域农村居民消费的影响也将在空间上表现出一定的异质性，由此提出本章的研究假设。

假设 H1：互联网使用对农村居民消费具有正向的空间溢出效应，且存在区域差异。

6.2　计量模型设定

6.2.1　空间相关性检验模型

在引入空间计量模型之前，需要检验相关变量的空间相关性。目前，常用的空间相关性检验方法是探索性空间数据分析，它是一种采用"数据驱动"原理进行空间结构数据分析的研究方法，它利用整体与局部自相关两个数据指数，发现空间结构相关或空间聚集现象（Cheruiyot，2022）。全局空间自相关反映了整体空间特性和空间关联度的变化趋势，如式（6-1）至式（6-3）所示。

$$I = \frac{\sum\limits_{i=1}^{n}\sum\limits_{j\neq 1}^{n} w_{ij}(X_i - \overline{X})(X_j - \overline{X})}{S^2 \sum\limits_{i=1}^{n}\sum\limits_{j\neq 1}^{n} w_{ij}} \qquad (6-1)$$

$$\overline{X} = \frac{1}{n\sum\limits_{i=1}^{n} X_i} \qquad (6-2)$$

$$S^2 = \frac{1}{n}\sum\limits_{i=1}^{n}(X_i - \overline{X})^2 \qquad (6-3)$$

其中，I 为莫兰指数值；w_{ij} 是空间的加权矩阵；n 是空间的采样数目；X_i 与 X_j 表示空间单位 i 和空间单位 j 的观察结果；S^2 表示观测的方差变化；$\overline{X}$ 为观测数据的平均值。

一般来说，莫兰指数在 -1 和 1 之间。通过计算全局莫兰指数可以衡量整体空间中变量的相关程度。如果全局莫兰指数大于或小于 0 且显著，则表明存在正或负的空间自相关；如果全局莫兰指数为 0，则表示不存在空间相关性，空间分布趋势是随机的，且相互独立。

为了确保结论的有效性，需要测试全局的莫兰指数，表达见式（6-4）。

$$Z(I) = \frac{I - E(I)}{\sqrt{VAR(I)}} \qquad (6-4)$$

其中，$Z(I)$ 是标准化统计，值的正负性代表空间分布的正负相关属性，0 则表示随机分布；E 为期望函数值；$VAR(I)$ 为方差值。

基于空间相关性假设，全局莫兰相关性分析可以体现由空间同质性引起的相关性变化。虽然莫兰指数总体上能够显示出类似的观测数据在整个地区中的空间自相关程度，但并不能反映各地区的空间相关性。空间自相关分析对空间异质性的判定要求更高，局部的空间相关性通常采用莫兰散点图和局部的空间关联指数进行研究。莫兰散点图将整体空间分割为四大象限，形成四个局部空间结构，第一象限和第三象限为正空间结构相关，构成同一观测值的正空间结构集；而第二、第四象限呈现出负的空间结构。利用莫兰散点图可以很好地区分一个地区和邻近地区的空间联系，并从散点图中的位置来判断在空间分布上有什么不同的群集特征。

莫兰散点图能够直观地反映出各地区与邻近地区属性观测结果的相关关系，而不能反映其在空间上的显著性。局部莫兰统计量（LISA）既可以评估各个空间单位的空间聚集程度，也可以反映出对整体空间联系具有重要作用的空间单位以及它们之间的联系。因此，利用该方法测度评价单元的空间自相关性，可以揭示空间单元是属于高值集聚还是低值集聚，如式（6-5）至式（6-6）所示。

$$Lisa_i = \frac{(X_i - \overline{X})}{S^2} \sum_{i=1, j\neq 1}^{n} w_{ij}(X_i - \overline{X}) = Z_i \sum_{i=1, j\neq 1}^{n} w_{ij} Z_j$$

$$\tag{6-5}$$

$$Z_i = (X_i - \overline{X})/S \tag{6-6}$$

其中，z_i 和 z_j 分别表示观测值在空间单位 i 和 j 上的标准化程度。

如果 Local Moran's I$>$0，则表示该空间单位和邻近的空间单位表现出类似的空间聚集，即"高—高"集群、"低—低"集群；如果 Local Moran's I$<$0，则表示该空间单位和邻近的空间单位表现出不同的空间聚集，即"高—低"集群、"低—高"集群。

6.2.2 空间面板模型

空间计量模型中的空间影响主要表现为：空间自相关与空间异质性。空间计量模型按其空间效果的不同而分为空间杜宾模型、空间自回归模型以及空间误差模型。在空间杜宾模型中，由于各因素的变化，既受到局部自变量的影响，又受到相邻地区的自变量和因变量的影响。所以，在讨论空间回归问题时，作为起点的空间杜宾模型如式（6-7）所示。

$$Y_{it} = \rho W Y_{it} + \beta X_{it} + \theta W X_{it} + \varepsilon_{it} \tag{6-7}$$

其中，i、t 分别表示区域、时间；Y_{it} 和 X_{it} 分别表示被解释变量和相关的解释变量；W 表示加权矩阵，即预期参数；ε_{it} 为随机误差；ρ 表示自回归系数，代表被解释变量的滞后项，衡量了毗邻地域内被解释变量的溢出效果，ρ 的显著性表现了各地域之间的相似性，ρ 的大小还反映了区域间的溢出和扩散作用的平均强度；在本地区，β 表示解释变量对被解释变量的作用；βX_{it} 代表地区内的自变量对被解释变量的作用；$\rho W Y_{it}$ 代表空间滞后项，它反映了邻近地区的被解释变量对本地区被解释变量的作用；$\theta W X_{it}$ 反映了相邻地区的自变量对该地区被解释变量的空间效应。在此基础上，采用了空间权重矩阵，使得模型的结构呈现出一种非线性的特征，造成其不能完全反映自变量对因变量的影响，Lesage 等（2007）用偏导数矩阵的方法，说明当 $\theta = 0$ 时，空间杜宾模型退化为空间滞后模型。自回归项主要用于确定每个影响因素是否具有空间溢出或扩散效应，并在标准计量经济模型中引入空间滞后变量。空间滞后模型见式（6-8）。

$$Y_{it} = \rho W Y_{it} + \beta X_{it} + \varepsilon_{it}$$
$$\varepsilon_{it} \sim N(0, \ \sigma^2 I_n) \tag{6-8}$$

其中，ε_{it} 代表随机误差项，它包含了时空效应。当 $\theta + \rho\beta = 0$ 时，空间杜宾模型将变化为空间误差模型，空间误差模型认为随机误差项中存在空间效应，具体见式（6-9）。

$$Y_{it} = \beta X_{it} + \varepsilon_{it}$$
$$\varepsilon_{it} = \lambda W \varepsilon_{it} + \mu_{it} \tag{6-9}$$
$$\mu_{it} \sim (0, \ \sigma^2 I_n)$$

其中，λ 为回归残差系数，对样本观测值误差项的空间溢出效应进行度量；ε_{it} 是随机误差项；μ_{it} 是随机误差向量。

本章实证分析部分具体采取何种空间计量模型，后文将进行详细的检验说明。此外，在空间的度量模型中，设置空间权重矩阵也是重要的一步。

6.2.3 空间权重矩阵

空间计量模型在构造时必须首先定义一种空间权重矩阵，从而用来描述不同区域间的相邻关系，空间权重矩阵定义一般包括三种（王锋等，2017）。其中一个是一阶邻近权重矩阵，一般反映区位上的相邻关系，最常见的一阶邻近权重矩阵如式（6-10）所示。

$$W_{ij} = \begin{cases} 1, & \text{若区域 } i \text{ 和区域 } j \text{ 相邻} \\ 0, & \text{若区域 } i \text{ 和区域 } j \text{ 不相邻} \end{cases} \tag{6-10}$$

经济距离权重矩阵，通常使用两地域 GDP 的差值体现，区域间的 GDP

差距越大，所赋予的经济连接权值越小。地理距离权重矩阵反映了空间单元间的相关性，距离越远，空间相关性越小，越符合地理学的基本定理。换句话说，所有的事件都是相互关联的，事物距离越近，它们彼此之间的联系就越近（Tober，1970）。因此，地理距离权重矩阵如式（6-11）所示。

$$W_{it} = \begin{cases} \dfrac{1}{d_{ij}}, & i \neq j \\ 0, & i = j \end{cases} \qquad (6-11)$$

其中，d_{ij}代表i区和j区之间的欧式距离，本书使用各区域行政中心的经纬度坐标进行测量。

由于基于经济距离的权重矩阵取决于地区经济发展的差异，容易忽略经济因素以外的关键要素，而产生一定偏差（李娜娜，2020），因此本章暂不采用此方法，而是采用一阶邻近与地理距离权重矩阵的空间计量方法，以增加研究结果的可靠性和稳健性。

6.3 变量选取与数据说明

6.3.1 变量选取

结合相关文献研究和分析（刘彤彤等，2020；王静，2020；王强等，2020；李研等，2021），可以发现当前研究主要从经济、环境和消费者特性三个方面分析了影响农村居民消费的主要因素。其中，经济因素主要有可支配收入、政府民生性支出、产业结构和城镇化水平等；环境因素指的是社会文化、法律、政治、自然环境等方面的因素；消费者因素主要包括消费者的消费观念、习惯以及个体的生理和心理健康状态的差异因素。鉴于这一章侧重对农村居民消费变动的空间因素进行分析，以及消费环境、消费观念、消费心理等因素的获得具有局限性，本书将不再对其进行论述，而将重点放在经济因素对农民消费的影响上，以便为新一轮积极财政政策"构建国内国际双循环发展格局"的宏观调控目标提供理论依据。在此基础上，从时间序列上揭示各因子对农村居民消费的影响。

第一，受数字技术与互联网经济的驱动，农村居民的消费有了很大的发展。要研究互联网经济如何影响农村居民的消费，首先要考察在这种影响下，农村居民消费呈现出什么样的特征。互联网经济的新业态不仅改变了传统生产服务模式下的消费态势和消费方式，缩小了城乡消费差距，带动了消费环境水平的升级，而且衍生出农村居民消费习惯、消费行为和消费结构的新特征（奚路阳，2022）。如表 6-1 所示，互联网普及率与农村居民消费呈现出同步增长关系，随着互联网普及率的增加，农村居民消费规模在不断上升。

第二，表 6-1 展示了我国农村居民收入自 2012 年以来的变化情况。农村居民的收入水平对农村居民的消费能力存在很大的影响（凯恩斯，1999），从整体上讲，农村居民人均可支配收入和农村居民的消费支出是同步变化的。

第三，从农村居民消费和政府财政公共支出的变化趋势来看：首先是购买性支出，表现为购买政府日常活动所需的商品和服务的支出，如基础设施建设；其次是转移性支出，即政府对农村居民、企事业单位和其他单位无偿提供的社会保障、财政补贴等（施俊等，2020）。

第四，购买性支出方面，改革开放 40 多年来，中国经济以年均近 10％的速度增长，经济建设成就举世瞩目，但农村居民消费总量、农村基础设施建设都远远落后于城市，如何逐步缩小城乡居民消费差距，提高农村居民消费水平，是新农村建设和实现长期稳定增长的关键所在。林毅夫（2000）指出，农村基础设施投资滞后是制约农村经济发展的主要因素，研究交通基础设施投资与农民消费之间的关系，衡量其对农民消费的贡献，有助于帮助政府制定合理的交通基础设施投资政策，促进农村交通基础设施和农村经济协调发展，从而提高农民消费水平，改善农村生活环境。

第五，转移性支出方面，从长期来看，农村居民人均消费与社会保障支出规模呈现出相对稳定的均衡增长关系。21 世纪以来，随着国家"重城镇轻农村"发展战略的实施，农村二元结构逐步扩大，在这种二元结构下，农村人口长期处于社会保障体系之外。随着家庭联产承包责任制的实行，集体所有制的农村合作医疗制度逐步解体，我国农村居民被迫以土地为依托，依靠自己积累财富，建立以依靠家庭为主的保障方式（张勇等，2020）。与此同时，城镇社会保障体系也空前地发展与健全，20 世纪 90 年代后期至 21 世纪初期，中国已基本形成了城镇失业保险、医疗保险、养老保险等社会保障体系。2020 年《中国统计年鉴》显示，中国 1990 年社会保障支出约为 1 103 亿元，城镇保障支出为 976 亿元，占全部保障支出 88.50%。预防性储蓄的理论表明，与同等收入水平的社会福利家庭相比，未参加保险的家庭更倾向于持有资产，因为相比享受社会保障的家庭，非参加保险家庭在教育、医疗、养老等方面的开支将会面临更多的不确定性和更高的风险，而为了应付将来可能出现的各种突发事件和疾病，消费习惯会趋于保守（姚东旻等，2019）。2003 年，为了强化农村居民的医疗救助和保障，新农合制度正式启动，到 2007 年，参加人数达到 7 亿多人，是全国覆盖最广泛的，到 2010 年，基本实现了农村地区基本覆盖。随着我国农村社会养老保险、最低生活保障等改革的不断深入，中国的社会保障体系已基本健全，但同时也面临着诸如社会保障水平低、农村居民满意度低等问题（王震等，2021）。

第六，农业向工业化转型是改革开放 40 多年来中国经济社会发展的最大成就。工业化必须伴随着城市化，即随着工业化生产方式的普及和更加健全的市场机制的建立，更多的农村地区将实现由传统农村聚落向城市聚落的转变（万永彪，2020）。目前，中国的城镇化率明显提高，不仅非农业人口已经超过农业人口，而且随着中国经济转型和产业升级的加快，城镇化率还将继续提高。城市化的根本动力在于生产方式的转变，即工业化进程的推进，从表 6-1 可以看出产业调整过程与农村居民消费呈正相关关系。在高速的城镇化进程中，中国农村传统的经济社会结构也发生着重大变化，影响着农村居民消费观念、消费需求和农村消费市场的发展。随着我国城市化的深入，我国传统的二元经济格局正在发生着变化。在促进农村居民消费理念、消费行为趋向城镇居民的同时，也促进了农村居民的消费需求。同时，我国农村居民的消费支出与城镇化的发展也存在着较强的一致性。

表 6-1　农村居民消费支出与相关因素的变动趋势

年份	农村人均消费支出（元）	互联网普及率	农村人均可支配收入（元）	农村人均道路面积（平方米）	社会保障支出规模（亿元）	城镇化率	产业结构
2012	5 908.00	0.17	7 916.60	13.90	11 999.84	0.53	0.40
2013	6 625.50	0.20	8 895.90	14.75	13 849.75	0.54	0.40
2014	8 382.60	0.20	10 488.90	15.21	15 268.95	0.55	0.43

（续）

年份	农村人均消费支出（元）	互联网普及率	农村人均可支配收入（元）	农村人均道路面积（平方米）	社会保障支出规模（亿元）	城镇化率	产业结构
2015	9 222.60	0.38	11 421.70	15.94	18 295.60	0.57	0.46
2016	10 129.80	0.39	12 363.40	16.17	20 700.87	0.58	0.47
2017	10 954.50	0.50	13 432.40	16.87	23 610.55	0.59	0.49
2018	12 124.30	0.60	14 617.00	17.38	25 827.54	0.60	0.50
2019	13 327.70	0.81	16 020.70	17.90	28 147.59	0.61	0.52

数据来源：历年《中国统计年鉴》《中国城乡建设统计年鉴》和《中国人口与就业统计年鉴》。

因此，根据上述分析构建本章的评价模型，其中被解释变量为农村居民的消费水平（Con），采用中国农村居民的总消费来衡量。根据农村居民人均消费支出的统计口径，农村居民的生活支出主要包括食品、衣着、住房、日用品、通信交通、教育文化休闲、医疗和其他八个方面，为了尽可能避免双向因果导致的内生性问题，根据陈浩等（2019）的方法，将通信交通成本从家庭消费支出中剔除，并将总消费分为基础生存型消费（Survival）和发展享乐型消费（Develop-hedonic），分类方法与前文保持一致；为了体现家庭的消费结构（Str），以发展享乐型消费在家庭消费总量中的比例为度量。根据以上的分析结果，本书认为，农村居民的互联网普及率、农村居民可支配收入、社会保障支出、基础设施建设、城镇化率、产业结构等都与农村居民的消费存在着较大的相关性，变量的筛选依据和处理方法如下。

第一，现代信息技术以互联网为代表，打破了交易空间的局限，提供了虚拟交易场所，延长交易时间，丰富交易种类，减少中间环节。互联网降低了"搜索、复制、运输、追踪和验证"的成本，使农村居民的经济生活发生了巨大的变化，重塑了农村居民的生产、交换和消费行为（李鸿磊等，2020）。因此，将互联网使用（Internet）作为实证分析模型中的核心解释变量，空间层面借助毛宇飞等（2016）和刘姿均等（2017）的做法，将"互联网普及率"来替代互联网的使用，因为该变量的含义是区域互联网用户规模占区域内常住居民数量的比值，反映了一个区域经常使用互联网的人口比例，是空间层面体现地区互联网使用程度的变量。同时考虑到分省数据的可获取性，本书以年末农村互联网接入人数占农村总人口的比例来衡量互联网在农村的普及程度。

第二，收入是消费的基础和前提，收入水平的高低直接影响着农村居民消费能力的高低。凯恩斯绝对收入理论、杜森贝里的相对收入理论、莫迪利亚尼和弗里德曼的长期收入理论都对收支影响进行了较为系统的研究。因此，本章采用农村居民可支配收入变量（In）来反映其对农村居民消费产生的影响。

第三，要解决"市场失灵"问题，就必须充分利用政府的"有形之手"，通过购买性消费和转移性消费来弥补由市场供给不足造成的垄断、负外部性、再分配不平等的弊端。首先，使用基础设施建设水平（Inf）代表购买性支出，依据佟琼等（2014）和李清玲等（2016）学者的做法，采用农村地区人均道路面积来表示，计算方法为：农村地区人均道路面积＝农村地区道路面积÷农村地区年平均人口数。一般来说，交通基础设施是公路、铁路、内河水路和民航的总称，但对于农村地区来说，目前的交通基础设施主要是农村公路。其次，转移支出是指对农民的一种单向性、无偿性的转移支付，其作用机理是通过社会保障、捐赠支出、财政补贴等方式来实现的。考虑到我国农村社会保障支出的相关数据较难获得，因此借助相关学者李琼英等（2009）、吴庆田等（2009）的做法，将政府财政社会保障支出总额作为社会保障支出规模（S）的代理变量。

第四，产业结构和城镇化水平是影响农村居民消费的重要潜在因素。产业结构的调整促成了我国从传统的农业社会到现代工业社会的发展转变。生产是起点，消费是终点，二者形成互动关系。一方面，我国的工业结构发生了变化，其根源在于消费结构的改变，社会生产以满足消费需要为目标，消费需求结构的持续调整和变动推动了技术和产品的更新；另一方面，产业结构的调整与变动，既能直接刺激消费，又能带动产业结构的优化与升级，进而带动农民的消费水平、消费结构的转变。另外，城镇化作为衡量国家经济发展水平的重要变量，对农村居民使用互联网和消费增长具有重要影响，不仅城乡居民收入结构发生了变化，而且农村居民的互联网使用、消费习惯、消费心理、消费方式都发生了变化。一方面，在人口城镇化的过程中，农村居民的收入水平和人力资本不断提高，有助于增加农村居民对互联网技术的获取，同时城镇人口集中也有助于发挥信息技术投资的规模效应，提高全体公民的整体信息应用水平；另一方面，农村居民消费习惯继续向城镇居民靠拢，农村居民的消费需求逐渐多样化，消费结构日趋完善。因此，该地区的城镇化率（Ur）用城镇常住人口占总人口的比例来衡量，而产业结构用 Str 表示，随着一国产业结构的优化升级，现代服务业占比不断提高，促进了农村剩余劳动力向城镇转移，对城乡收支差距产生了重要影响，本书借鉴张广柱（2020）和李佳等（2020）的做法，以第三产业占区域 GDP 比重来衡量地区产业结构。

根据以上分析，本书认为我国农村居民的消费不仅与互联网使用有关，同时还受到可支配收入、基础设施建设水平、社会保障支出规模、城镇化率和产业结构等因素的影响。在测量和评估相关影响因素时，核心变量为农村互联网使用情况，基础变量为农村居民可支配收入、基础设施建设水平、社会保障支出规模、城镇化率和产业结构，为消除异方差问题，对数据取对数后建立评价模型，模型形式如式（6－12）所示。

$$\ln(Con) = a_k + \beta_1 \ln(Internet) + \beta_2 \ln(In) + \beta_3 \ln(Inf) +$$
$$\beta_4 \ln(S) + \beta_5 \ln(Ur) + \beta_6 \ln(Str) + \varepsilon_{k,it} \quad (6-12)$$

其中，k 代表地区；i 表示各地区对应的省份；t 是时期；Con 为农村居民人均消费支出；$Internet$ 是指互联网在农村地区的使用率；In 为农村居民人均可支配收入；Inf 是农村的基础设施建设水平；S 是社会保障支出规模；Ur 是城镇化率；Str 是产业结构；a_k 为函数截距项；ε 是误差项。

6.3.2　样本数据说明

出于数据可获取性的考量，本章选取 2012—2019 年农村地区的省级面板数据。由于上海、西藏农村地区缺乏互联网普及率数据，剔除上述区域后共获得 29 个省（自治区、直辖市）的数据（不含港澳台）。为了更好地反映我国不同地区农村居民的消费差异，从东、中、西部地区的角度进行了区域比较，对于地区划分，沿袭 3.2.2 中的分类方法。农村地区消费支出（包括基础生存型和发展享乐型消费支出）、消费结构、互联网使用情况、人均可支配收入、社会保障支出规模、基础设施建设水平、城镇化率、产业结构等变量是基于《中国统计年鉴》《中国城乡建设统计年鉴》和《中国人口与就业统计年鉴》多年的原始数据计算得来，农村居民收支和社会保障规模变量分别按照农村居民消费价格和零售价格指数，以 2012 年为基期（＝100）进行实际值处理，扣除了价格变动因素，各变量描述性统计内容见表 6－2。从表 6－2 可以看出，总样本数据为 232 个，用方差膨胀因子法进行多重共线性检验，发现方差膨胀因子均小于 2.5，无多重共线性问题。其次，采用面板数据单位根法检验变量的稳定性，结果表明无论是相同根（LLC）还是不同根（ADF）检验，均存在一阶单整序列，因此可进行下一步面板数据回归。

表 6－2　空间数据样本的多重共线性检验

变量	平均值	标准差	最小值	最大值	VIF	1/VIF	观测值
Internet	0.27	0.18	0.01	1.00	2.23	0.44	232
In	7 537.30	2 643.32	3 813.25	16 073.85	2.15	0.46	232
S	375.22	157.88	80.97	713.44	2.11	0.47	232
Inf	16.01	5.40	7.09	32.33	1.96	0.50	232
Ur	0.57	0.10	0.36	0.87	1.61	0.62	232
Str	0.46	0.88	0.30	0.83	1.22	0.81	232

6.4　空间效应结果分析

目前研究成果多是建立在观测值相对独立的假说基础上，忽略了对省域间农村居民消费空间关联性的深入研究。由于我国各省域间存在着文化、科技、经贸等领域的相互关联，农村居民消费表现出一定的空间效应。所以，单纯认识我国各省域内农村居民消费的时序差别是不足的，应探索农村居民消费与各种影响因素在空间单元之间的互动程度和空间依赖特征。

6.4.1　单变量空间效应分析

（1）农村居民消费水平的单变量空间效应分析

表 6－3 通过 Geoda 软件测算 2012—2019 年农村居民消费水平的莫兰指数，结果显示莫兰指数值在所有年份均呈正向相关，并通过了 1％水平的显著性水平测试。这表明 2012 年以来，全国农村地区的居民消费在空间上并非随意分布的，而且在空间结构上呈现明显的集中态势，农村居民消费水平

的莫兰指数值整体呈现上升态势，由 2012 年的 0.363 增长到了 2019 年的
0.372，说明早年间农村居民消费空间聚集度相对较小，但随着时间推移，
空间聚集度逐步增强，2016 年达到最大值，而后开始呈现出小幅的波动态
势，这也反映了近年来我国农村市场活力进一步增强，农村市场经济更加活
跃。为了更好地表达空间相关性的变化，采用等距法选取 2012 年、2014
年、2016 年和 2019 年作为空间自相关分析的观测节点。

表 6 - 3　农村居民消费水平的 Moran's I 分析结果

年份	莫兰指数	P 值	Z 值	年份	莫兰指数	P 值	Z 值
2012	0.363	0.003 0	3.332 3	2016	0.374	0.001 0	3.420 4
2013	0.348	0.003 0	3.232 5	2017	0.364	0.001 0	3.314 6
2014	0.357	0.001 0	3.284 1	2018	0.355	0.001 0	3.209 1
2015	0.369	0.001 0	3.382 8	2019	0.372	0.001 0	3.344 3

　　农村居民消费集聚趋势随时间而变化，2012 年共有 2 个省份通过了显
著性水平测验，分别是四川和云南，其中四川和云南均属于低—低型集聚；
2014 年一共有 3 个省份是显著的，分别是四川、云南和天津，其中四川和
云南均属于低—低型集聚，天津属于高—高型集聚；2016 年，四川、江西
和内蒙古共有 3 个省份是显著的，其中四川属于低—低型集聚，江西属于
低—高型集聚，内蒙古属于高—低型集聚；2019 年，新疆、四川、内蒙古、
江西和福建共有 5 个省份显著，其中新疆属于低—低型集聚，福建属于高—
高型集聚，四川和内蒙古属于高—低型集聚，江西属于低—高型集聚。从农
村居民消费的显著性地图来看，2012 年四川在 1% 水平下显著，云南在 5%
水平下显著；2014 年四川在 1% 水平下显著，云南和天津在 5% 水平下显
著；2016 年四川在 1% 水平下显著，江西和内蒙古在 5% 水平下显著；2019
年新疆、四川和福建在 5% 水平下显著，江西和内蒙古在 1% 水平下显著。

　　通过进一步分析可知，2012—2014 年西南地区的农村居民消费水平呈
现出较强的低—低型集聚态势，这是因为云南和四川等地受限于历史原因和
地理条件，整体经济结构相对脆弱，形成了以低—低集聚型为主的空间关联
模式，并具有相对较强的空间稳定性，这种情况在 2019 年有所转变，四川
开始演变为高—低集聚类型，说明四川地区的农村居民消费水平得到一定提

升，但没有对周边地区显现出带动作用，同时新疆地区开始呈现出低—低型的空间集聚特征。另外，福建省在 2019 年形成了高—高型集聚特征，但邻接的江西省却呈现出低—高型集聚的特征，这也反映了东部和中部地区之间没有出现"回流机制"的反向溢出现象。对全国各地区农村居民消费水平进行聚类分析发现，由于区域间经济社会发展差异不断扩大，使得全国农村居民消费水平存在空间差异。例如，消费水平较高的地区集中在东部，而消费水平较低的地区集中在西部，这也说明各地农村居民消费水平的空间相关性和集聚特性均呈自我增强态势。

（2）农村地区互联网使用的单变量空间效应分析

表 6-4 通过 Geoda 软件测算 2012—2019 年农村居民互联网使用的莫兰指数，结果显示在 2015 年前都是负值，并没有通过显著性检验，从 2015 年起才转为正值，而从 2018 年开始全国各省域农村地区的互联网普及率才是非随意分布的，从空间上也开始出现了明显的空间集聚态势。总体而言，农村地区互联网使用的莫兰指数呈上升趋势，从 2012 年的 -0.052 上升到 2019 年的 0.317，表明 2012 年以来农村地区互联网使用的空间聚集度较小，随着时间的推移，空间聚集程度显著加强，2019 年达到最大值，反映了近年来我国农村地区互联网使用率的进一步提高，虽然农村地区信息基础设施的普及速度慢于城镇地区，但近年来普及率增速较快，莫兰指数增幅较大。为了更好地表达空间相关性的变化，采用等距法选取 2012 年、2014 年、2016 年和 2019 年作为空间自相关分析的观测节点。

表 6-4　农村地区互联网使用的 Moran's I 分析结果

年份	莫兰指数	P 值	Z 值	年份	莫兰指数	P 值	Z 值
2012	-0.052	0.444 0	-0.219 7	2016	0.086	0.168 0	0.976 3
2013	-0.111	0.225 0	-0.774 8	2017	0.096	0.145 0	1.096 8
2014	-0.040	0.479 0	-0.096 5	2018	0.268	0.010 0	2.458 3
2015	0.089	0.170 0	0.984 2	2019	0.317	0.004 0	2.965 6

农村居民互联网使用集聚趋势随时间而变化，2012 年共有 3 个省份通过了显著性水平检验，分别是天津、安徽和福建，其中福建属于高—高型集聚，天津属于高—低型集聚，安徽属于低—高型集聚；2014 年只有 1 个省

份是显著的，天津属于低—高型集聚；2016 年一共有 2 个省份是显著的，分别是安徽和浙江，其中浙江属于高—高型集聚，安徽属于低—高型集聚；2019 年一共有 5 个省份是显著的，分别是黑龙江、吉林、河北、浙江和江西，其中浙江和江西属于高—高型集聚，黑龙江和河北属于高—低型集聚，吉林属于低—高型集聚。2012 年天津、安徽和福建在 5% 水平下显著；2014 年天津在 5% 水平下显著；2016 年浙江在 1% 水平下显著，安徽在 5% 水平下显著；2019 年黑龙江、吉林、河北、江西在 5% 水平下显著，浙江在 1% 水平下显著。

通过进一步分析可知，2012 年开始福建省形成了高—高型集聚区，但这种溢出效应并不稳定，直到 2016 年出现了浙江地区的高—高型集聚区，此后 2019 年浙江、河北、吉林等东部地区展现出一定的空间效应，但除了浙江省和中部地区的江西省呈现出高—高型集聚特征外，河北和吉林两省农村地区互联网的使用率虽然得到了一定程度的提升，却未显现出对周边地区的带动作用。另外，由于各地区经济社会发展差距不断扩大，导致全国各省份农村互联网使用率存在空间差异，也就是说，农村互联网使用率高的省份仍然集中在东部地区，这种空间相关性和集聚特性均呈增强态势。

6.4.2 双变量空间效应分析

首先通过 Geoda 软件测算 2012—2019 年互联网使用驱动农村居民消费的莫兰指数。表 6-5 显示了 2012—2019 年互联网使用驱动农村居民消费的莫兰指数，在所有年份均为正值，并自 2014 年起通过了显著性检验，这表明我国各省域互联网使用对农村居民消费的驱动作用并非随意分布的，而且在空间上也呈现了明显的空间集聚态势。也就是说，驱动效应高的区域往往接近驱动效应高的区域，驱动效应低的区域往往接近驱动效应低的区域。随时间的变动，能够看出各省驱动作用地域划分的总体发展态势，莫兰指数值呈现出上升趋势，从 2012 年的 0.096 上升到 2019 年的 0.176，这说明 2012 年驱动效应的空间聚集度较小，但随着时间的推移，空间集聚程度不断增强，到 2015 年达到最大值。在互联网发展初期，农村居民在消费上无法充分享受到"互联网红利"，随着农村居民收入水平和人力资本水平的提高，农村居民的消费需求不断增加，农村互联网应用水平也在不断提高。特别是政府先后出台发展农村电商、精准扶贫等一系列政策，不断提升互联网对农村居民的"技术红利"，为缩小城乡居民消费差距奠定了坚实基础，也从侧面反映了互联网应用有利于提高农村居民消费水平。为了更好地表达空间相关性的变化，采用等距法选取 2012 年、2014 年、2016 年和 2019 年作为观测点。

表 6 - 5　互联网使用驱动农村居民消费的 Moran's I 分析结果

年份	莫兰指数	P 值	Z 值	年份	莫兰指数	P 值	Z 值
2012	0.096	0.148 0	1.072 1	2016	0.173	0.038 0	1.901 4
2013	0.048	0.292 0	0.553 4	2017	0.161	0.046 0	1.777 2
2014	0.157	0.041 0	1.777 0	2018	0.156	0.046 0	1.768 7
2015	0.185	0.027 0	2.031 2	2019	0.176	0.032 0	1.933 6

集聚形式随时间而变化，2012 年共有 2 个省份通过了显著性水平检验，分别是四川和云南，且四川和云南均属于低—低型集聚；2014 年一共有 3 个省份是显著的，分别是四川、云南和天津，其中四川和云南均属于低—低型集聚，天津属于低—高型集聚；2016 年，共有 3 个省份四川、江西和内蒙古通过了显著性水平检验，其中四川和内蒙古属于高—低型集聚，江西属于高—高型集聚；2019 年，新疆、四川、内蒙古、江西和福建共有 5 个省份通过了显著性水平检验，其中新疆和四川属于高—低型集聚，福建和江西属于高—高型集聚，内蒙古属于低—低型集聚。2012 年四川在 1% 水平下显著，云南在 5% 水平下显著；2014 年四川在 1% 水平下显著，云南和天津在 5% 水平下显著；2016 年四川在 1% 水平下显著，江西和内蒙古在 5% 水平下显著；2019 年新疆、四川和福建在 5% 水平下显著，江西和内蒙古在 1% 水平下显著。

通过进一步分析可知，西南地区互联网使用驱动农村居民消费的作用呈现出较强的低—低型集聚态势，这是因为云南和四川等地受限于历史原因和地理条件，整体信息基础设施建设相对薄弱，形成了以低—低集聚型为主的空间关联模式，但这种情况在 2016 年得到了较好的改善，四川和内蒙古地区互联网使用驱动农村居民消费的作用得到一定提升，但没有对周边地区表现出明显的带动作用。另外，随着时间的推移，江西和福建等中部和东部地区互联网使用驱动农村居民消费的溢出效应在不断增强。整体上，近年来东中西部均有驱动作用的高值区，但各区域的带动作用不同，东部区域由于较好的经济社会发展条件和基础设施水平，推动效果要大于中西部区域。互联网使用驱动农村居民消费的集聚分析也证实了莫兰指数分析结果的正空间相关性，其中东部地区互联网驱动消费水平较强，而中西部地区互联网驱动消费水平较弱。

6.5 空间计量回归结果分析

6.5.1 空间效应的估计结果分析

根据上文农村居民消费的空间相关性分析，可以发现农村居民消费存在较强的空间效应，因此本章运用空间计量模型进行农村居民消费的影响因素回归。根据空间计量模型的检验步骤：首先要确定面板模型是固定效应还是随机效应。Hausman 检验结果显示，chi2（6）＝127.40，P 值为 0，表明拒绝"该模型为随机效应模型"的原假设，应采用固定效应模型。其次，确定空间测量类型是空间滞后模型、空间误差模型还是空间杜宾模型，需要进行 LM 测试，具体结果见表 6-6。由表 6-6 的 LM 检验结果可知，无论是基于一阶邻近权重矩阵还是基于地理距离权重矩阵，空间滞后模型的 Robust LM - lag 检验结果均拒绝"无空间滞后"的原假设，而空间误差模型的 Robust LM - error 检验结果均接受"无空间误差"的原假设，空间滞后模型的 Robust LM - lag 检验结果明显优于空间误差 Robust LM - error 检验结果，换句话说，空间滞后比空间误差更有利于模型参数的估计。

表 6-6 空间面板模型的 LM 检验

检验类型	一阶邻近权重矩阵	地理距离权重矩阵
Moran's I	5.71***	6.05***
LM - error	30.60***	33.26***
Robust LM - error	0.24	1.77
LM - lag	110.11***	116.23***
Robust LM - lag	79.75***	84.74***

注：系数上标表示通过 1%（***）、5%（**）或 10%（*）的显著性水平检验。

　　根据上述分析，本章在一阶邻近权重矩阵和地理距离权重矩阵的基础上，采用固定效应的空间滞后模型，同时考虑了空间固定效应、时间固定效应和双向固定效应三种效应。由于前文提到农村居民消费存在明显的区域差异，互联网使用对不同区域的农村居民消费具有不同的影响，所以忽视农村居民消费的地区差异会导致结果偏差。时间固定效应考虑到了时间的影响，但忽略了农村居民消费客观存在的区域差异，估计的结果相对较差，双固定效应模型是同时考虑了空间和时间的模型，避免了个体效应和时间效应对估计结果的影响，回归结果更符合客观事实。且根据 LR 检验，空间滞后模型无论基于一阶邻近权重矩阵还是地理距离权重矩阵，LR 检验的 P 值均为 0，两者都否定了"双向固定效应退化为个体效应"和"双向固定效应退化为时间效应"的原始假设，因此，采用双向固定效应的空间滞后模型对样本数据进行回归分析，具体结果见表 6-7。

表 6-7　空间滞后模型回归结果

变量类型	一阶邻近权重矩阵				地理距离权重矩阵			
	主效应	直接效应	间接效应	总效应	主效应	直接效应	间接效应	总效应
$Internet$	0.029 6***	0.032 9***	0.033 3***	0.066 2***	0.028 1***	0.030 9***	0.039 5***	0.070 4***
In	1.202 5***	1.307 4***	1.304 7***	2.612 1***	1.263 3***	1.360 0***	1.716 5***	3.076 5***
S	0.072 5**	0.083 1**	0.080 0**	0.163 2**	0.025 8	0.031 7	0.034 5	0.066 3
Inf	0.114 0***	0.125 3***	0.124 9***	0.250 3***	0.121 0***	0.131 6***	0.165 9***	0.297 5***
Ur	0.722 0***	0.786 1***	0.787 3**	1.573 5***	0.710 7***	0.766 5***	0.969 2***	1.735 7***
Str	0.045 7	0.052 0	0.050 0	0.102 0	0.027 1	0.031 6	0.036 6	0.068 2
ρ		0.544 6***				0.592 7***		
R^2		0.962 9				0.963 4		

　　注：系数上标表示通过 1%（***）、5%（**）或 10%（*）的显著性水平检验。

　　从表 6-7 中可以看出，基于一阶邻近权重矩阵的双向固定效应回归结果中，空间误差参数 ρ 为正且通过 1% 显著性水平检验，说明农村居民消费存在明显的空间集聚特征，周边地区农村居民消费每增加 1%，该地区农村居民消费也将增加 0.54%，说明互联网使用对促进农村居民消费具有"集聚效应"。此外，直接效应是区域内各种影响因素对区域内农村居民消费的影响，间接效应是相邻区域内各种影响因素对本区域内农村居民消费的影响，这两种效应之和就是总效应。从表6-7可以看出，互联网使用对农村居民消费的直接效应和间接效应均显著为正，通过1%显著性水平检验，表明在我国农村地区，互联网的普及不仅对本地区的农村居民消费具有显著的促进效果，对邻近地区的农村居民消费也具有一定的促进效果。而基于地理距离权重矩阵的双固定效应回归结果中，各回归系数的差距不大，表明基于不同空间权重矩阵，得到的结果具有稳健性。

从基于一阶邻近权重矩阵主效应的协变量回归结果来看：基础设施建设对农村居民总消费的影响系数为0.114 0，通过了1%的显著性水平检验，说明基础设施建设可以显著提高农村居民总消费水平。长期以来，农村交通等基础设施不完善，生产生活消费品种类单一，服务质量低，金融服务单一，金融抑制突出，不能充分释放和满足农村消费需求。在交通基础设施改善的前提下，互联网作为一种通用技术，在完善交通基础设施的前提下，可以不断加强社会互联互通，促进城乡资源优化配置和信息共享，为农村居民消费需求的充分释放注入了活力，缩小了城乡居民消费差距。人均可支配收入对农村居民总消费的影响系数为1.202 5，通过了1%的显著性水平检验，表明人均可支配收入的提高能显著促进农村居民总消费的水平。多年以来，以城镇为导向的城镇发展政策和严格的户籍管理制度，城乡之间形成了特殊的二元经济结构。农村劳动力转移缓慢，农村剩余劳动力利用效率低，农村居民收入水平远低于城镇居民。难以充分满足自身生存和发展的消费需求。因此，人均收入偏低是制约农村居民消费增长的主要原因。城镇化率对农村居民消费的影响系数为0.722 0，在1%水平下显著。城镇化促进了城乡人口结构的变化，越来越多的农村居民向城镇聚集，并逐步形成以工业、服务业为主导的非农产业经济体系，农户增收渠道也逐步扩大，有力促进了全国农村区域居民消费的提高。社会保障对农村居民总消费的影响系数为0.072 5，在5%水平下显著，这表明社会保障的覆盖可以有效促进农村居民消费的提升，而产业结构对农村居民总消费的影响系数为0.045 7，但未通过显著性水平检验。

6.5.2 空间效应的稳健性结果分析

互联网使用情况、农村居民可支配收入、社会保障支出规模、基础设施建设水平、城镇化率、产业结构等均对农村居民消费产生显著影响。替换被解释变量进行回归分析，如果回归结果仍显著为正，说明互联网使用对农村居民消费扩大和质量提高的回归结果是稳健的。

稳健性检验仍需要进行 Hausman 和 LM 检验，根据各解释变量的 Hausman 检验结果，P 值小于 0.1，拒绝"该模型为随机效应模型"的原假设。从表 6-8 可以看出，空间滞后模型的 Robust LM-lag 检验的效果和稳健性显著高于空间误差模型 Robust LM-error。也就是说，空间滞后模型比空间误差模型更有利于模型参数的估计。因此，采用空间滞后模型进行回归分析。据 LR 检验，除消费结构两种权重矩阵的 P 值大于 0.1，接受原假设"双向固定效应退化为个体效应"外，其余空间滞后模型无论基于一阶邻近权重矩阵还是地理距离权重矩阵，LR 检验 P 值均为 0，拒绝"双向固定效应退化为个体效应"和"双向固定效应退化为时间效应"的原假设，即采用具有空间滞后的双向固定效应模型。接下来，将使用相应的空间滞后模型对样本进行回归，回归结果见表 6-9。

表 6-8　替换被解释变量的空间计量模型 LM 检验

被解释变量	一阶邻近权重矩阵			地理距离权重矩阵		
	消费结构	基础生存型消费	发展享乐型消费	消费结构	基础生存型消费	发展享乐型消费
Moran's I	4.84***	3.67***	6.92***	5.52***	4.20***	6.97***
LM-error	21.83***	12.37***	45.17***	27.50***	15.64***	44.50***
Robust LM-error	17.32***	0.01	1.68	9.73***	0.59	0.172
LM-lag	54.03***	63.79***	139.11***	45.71***	67.46***	139.96***
Robust LM-lag	49.52***	51.42***	95.62***	27.93***	52.41***	95.62***

注：系数上标表示通过 1%（***）、5%（**）或 10%（*）的显著性水平检验。

从表 6-9 可以看出，以一阶邻近权重矩阵为例，在消费结构为因变量的个体固定效应模型中，互联网使用对农村居民消费的回归系数为 0.004 7，且通过 10% 的显著性水平检验，这意味着互联网的使用有利于农村居民消费结构的转型升级。当因变量为基础生存型消费和发展享乐型消费时，协变量不发生变化，采用空间滞后的双向固定效应模型，研究发现，互联网使用对农村居民基础生存型消费和发展享乐型消费的回归系数分别为 0.026 6 和 0.042 1，通过了 1% 的显著性水平检验，说明互联网使用对农村居民各类消费都有一定的促进作用，这与第 5 章所得到的结论一致，再次验证了结论的稳健性。另外，与基于地理距离权重矩阵的回归结果相比，各类变量在两种权重下的回归系数差距不大，表明基于不同空间权重矩阵，得到的结果也具有稳健性。

表 6 - 9   替换被解释变量的空间滞后回归结果

被解释变量	一阶邻近权重矩阵			地理距离权重矩阵		
	消费结构	基础生存型消费	发展享乐型消费	消费结构	基础生存型消费	发展享乐型消费
$Internet$	0.004 7*	0.026 6***	0.042 1***	0.004 1*	0.027 4***	0.037 9***
In	0.240 6***	1.078 0***	2.423 5***	0.255 5***	1.000 7***	2.688 5***
S	−0.021 0*	0.151 3***	−0.072 1	−0.028 1***	0.100 8***	−0.136 3***
Inf	0.013 8	0.075 3*	0.211 3***	0.010 3	0.076 5*	0.213 8***
Ur	0.052 6	0.603 5**	1.307 3***	0.013 2	0.578 9*	1.164 1***
Str	0.012 6	0.036 8	0.035 1	0.015 7	−0.002 1	0.039 9
ρ	0.337 7***	0.413 4***	0.531 2***	0.511 5***	0.515 7***	0.567 9***
R^2	0.619 6	0.939 3	0.947 7	0.618 3	0.939 5	0.947 8

注：系数上标表示通过 1%（***）、5%（**）或 10%（*）的显著性水平检验。

6.5.3   空间效应的异质性结果分析

本书从空间角度将研究样本分为东、中、西部三个地区（分区方法与文中 3.2.2 部分一致），并对空间影响效应进行异质性分析，根据各区域的 Hausman 检验结果，P 值小于 0.1，否定了模型为随机效应模型的原假设。从表 6 - 10 中可以看出，应采用空间滞后模型进行样本数据回归分析。根据 LR 检验，除中部区域一阶邻近权重矩阵的 P 值大于 0.1，接受原假设"双向固定效应退化为个体效应"外，其余空间滞后模型无论基于一阶邻近权重矩阵还是地理距离权重矩阵，LR 检验 P 值均为 0，拒绝"双向固定效应退化为个体效应"和"双向固定效应退化为时间效应"的原假设，即采用具有空间滞后的双向固定效应模型。然后，利用相应的空间滞后模型对每个区域的样本进行回归，回归结果见表 6-11。

表 6-10　东中西部空间计量模型的检验结果

被解释变量	一阶邻近权重矩阵			地理距离权重矩阵		
	东部区域	中部区域	西部区域	东部区域	中部区域	西部区域
$Moran's\ I$	0.63	2.08**	1.14	1.09	2.55***	0.74
$LM-error$	0.24	3.49*	0.75	0.86	5.44**	0.19
$Robust\ LM-error$	5.24**	5.17**	7.38***	2.14	2.70*	8.94***
$LM-lag$	36.86***	18.44***	20.22***	38.09***	15.93***	25.49***
$Robust\ LM-lag$	41.86***	20.12***	26.85***	39.37***	13.19***	34.24***

注：系数上标表示通过 1%（***）、5%（**）或 10%（*）的显著性水平检验。

表 6-11 基于一阶邻近权重矩阵的固定效应回归结果显示：东部、中部、西部的空间滞后系数 ρ 均为正，表现出 1% 水平的显著性，显示出我国东部、中部和西部农村居民消费存在明显的空间集聚特征，邻近地区消费水平每增加 1%，该区域消费水平就将分别提高约 0.44%、0.46% 和 0.33%，这表明提振各地区农村居民消费出现了"集聚效应"。并且互联网使用对东部和中部地区农村居民消费空间效应的回归系数分别为 0.024 7 和 0.044 8，均通过 10% 显著性水平检验，结果表明，互联网使用对中部和东部农村居民消费有显著的促进作用，其中对于中部地区农村居民消费的作用更为显著。同时，互联网使用对西部地区农村居民消费的空间效应影响系数为负，且没有通过显著性水平检验。可以看出，东、中部地区由于金融发展、信息化程度等先发优势，使得互联网使用对农村居民消费起到了更大的推动作用，加上赶超效应的存在，中部地区通过互联网使用表现出比东部地区更强的消费倾向，而西部低收入地区的农村大部分较为偏远、信息闭塞、交通不便、市场发展水平低、卖家垄断突出、信息基础设施建设不足、互联网普及率低，导致互联网使用对农村居民消费的空间影响不显著，农户的市场交易成本仍然非常高，导致互联网对于提振该地区农村居民消费未表现出积极作用，这与第 5 章所得到的结论一致。另外，各区域变量在两种权重下的回归系数差距不大，表明基于不同空间权重矩阵，得到的结果具有稳健性。

表 6 - 11　东中西部空间计量模型的回归结果

被解释变量	一阶邻近权重矩阵			地理距离权重矩阵		
	东部区域	中部区域	西部区域	东部区域	中部区域	西部区域
$Internet$	0.024 7*	0.044 8*	−0.021 3	0.026 8*	0.036 9*	−0.031 2
In	1.110 9***	1.896 8***	1.372 7***	1.230 8***	2.056 8***	1.252 9***
S	0.180 1***	0.165 9*	0.000 4	0.125 7*	0.221 6**	0.024 4
Inf	0.265 3***	0.182 3*	0.110 5*	0.278 5***	0.222 2*	0.122 1*
Ur	−0.161 4	−0.494 9	2.941 3***	−0.109 6	−0.350 7	2.928 2***
Str	0.167 9	−0.175 6	0.285 6**	0.079 1	−0.175 1	−0.031 2***
ρ	0.442 8***	0.463 5***	0.336 8***	0.527 2***	0.360 8***	0.344 5***
R^2	0.955 5	0.970 4	0.969 6	0.953 3	0.968 4	0.970 2

注：系数上标表示通过 1%（***）、5%（**）或 10%（*）的显著性水平检验。

6.6　本章小结

本章为了探究在空间因素下互联网使用对农村居民消费的影响发生何种变化，首先本章认为"互联网使用对农村居民消费的空间溢出作用显著，并且存在着地域上的差异"，随后进行机制分析和假说提出；其次，采用探索性空间数据分析方法对研究对象的空间相关性进行分析；最后，利用空间计量模型对空间影响效应进行了实证检验，并进行了稳健性检验和异质性分析，得到以下结果。

第一，农村居民消费水平在空间上存在显著的正相关，即农村居民消费水平相近的地区空间分布集中，集聚趋势明显；同时，互联网使用驱动农村居民消费的空间关联度不断上升。

第二，互联网的使用不仅显著影响了当地农村居民的消费，而且对周边地区农村居民的消费也有一定的影响，该结论具有稳健性。

第三，互联网使用对东部和中部地区农村居民消费的促进效果显著，而中部地区则表现出一定程度的赶超效应，但是互联网使用对西部农村居民消费的空间影响并不明显。

7 结论、建议与展望

7.1 主要结论

自新冠疫情暴发以来，世界经济格局发生重大变化，中国经济增速明显放缓，依靠投资和出口拉动经济增长的模式已经不适用，在国际经济形势日趋复杂的背景下，我国在应对消费问题上采取了三个结构性的调整：从外需到内需的结构转变；注重从投资到消费的结构转变；注重城市到农村的结构转变。这种宏观经济政策的偏好改变，不仅表明了消费在国民经济中的作用，也体现了农村居民消费的巨大潜力。因此，在新的双循环发展模式下，大力发展消费，尤其是农村消费，是中国经济长期、健康发展的必然要求。同时，数字经济及互联网经济新业态正深刻改变着农村居民的消费模式和消费路径，成为促进农村居民消费的重要驱动力，2019 年中共中央办公厅、国务院办公厅印发的《数字乡村发展战略纲要》，也为激活农村消费潜力、弥合城乡数字鸿沟提供了重要顶层设计，但是能否达到理想的政策效果还依赖于如何基于农村居民数字技术行为特征和消费行为习惯，准确分析互联网使用对农村居民消费的影响效应。

因此，本书依据 2019—2021 年"互联网经济时代农村居民消费调查项目"连续 3 年获取的 968 个一手农户样本，并结合中国社会调查数据库和相关统计年鉴数据，根据我国农村居民消费发展的变化规律，分析了互联网经济时代农村居民消费升级的途径，探讨农村居民在城乡二元结构下的数字化应用特征。基于农村地区独有的生产生活组织特征形式，采用倾向得分匹配法和无条件分位数模型，从家庭、农村居民群体内部差异、线上线下消费渠道和不同区域等角度探讨了互联网使用对农村居民消费的直接影响，并采用多种检验方法证明了结论的稳健性。最后，探讨了互联网使用对农村居民消费的空间溢出效应。上述问题的解决，有利于各地政府和部门采取针对性的措施，在数字乡村建设中实现"农村地区消费的扩容提质"，并依据结论提出相关的政策建议。

（1）农村地区消费发展现状的分析结论

这一章节主要为了厘清我国农村居民消费的发展变化特征。首先，从基本收支、生产方式变革和商业运作机制等广义角度对我国农村居民的消费及其在互联网经济环境下的变化展开特征描述，主要得到以下几点结论。

第一，近年来农村居民边际消费倾向持续增加，消费规模不断扩大、消费结构逐渐改善，消费需求得到深层次优化，区域间消费的不均衡现象正在趋缓，农村居民消费对国民经济增长的拉动作用逐渐显现。

第二，由于城乡二元结构的长期存在，与城镇居民相比，农村居民仍然受到较强的收入约束，加上明显的传统习惯特征，导致消费能力弱、消费结构不合理和消费升级相对缓慢等问题。同时，农村地区消费基础设施薄弱、消费环境较差也在一定程度上遏制了农村居民消费规模的增长和消费结构的调整。

第三，互联网商务模式降低了农村居民信息的获取成本、中间成本和交易成本，提高了农村居民的购买力。互联网经济环境下企业运营方式变革带来的棘轮效应和示范效应，以及政府公共支付带来的挤入效应和引致效应，促使大量小规模、定制化、差异化、品牌化的农村消费者需求得到满足。信息网络的出现，使得农村消费者的消费行为不再受到时空的限制，消费资讯获取途径和消费渠道逐步即时化、多元化、互动化和丰富化，移动支付不仅使付款过程更加安全便捷，也促使消费者心理账户发生调整，有效提升了消费频率，改善了消费习惯。随着农村数字信息化发展，电子商务的信用体系很大程度上弥补了传统农村集市交易的信息不对称和商品质量不佳等问题，进而达到农村消费环境的优化效果。

（2）农村地区互联网发展环境和特征的分析结论

这一章节主要为了厘清我国农村地区互联网发展和农村居民互联网使用行为的特点。通过对我国农村信息化环境的梳理，重点分析了我国农村居民互联网使用与消费的特点及其问题，主要得到以下几点结论。

第一，近年来农村网民规模和互联网普及率明显提高，相关政策的实施，以及信息、交通、物流等基础设施的建设发展，使得农村互联网零售额得到了较大幅度增长，为具备丰富原材料供给的农村居民提供了新的增收途径，也为互联网消费提供了有利的条件。

第二，由于农村居民信息意识不强、信息获取单一、互联网应用水平低等原因，城乡之间的数字鸿沟仍然很大，尤其是城乡老年群体对互联网的接受和使用程度还存在较大差异。

第三，农村居民对互联网消费中的"操作复杂""虚假信息""隐私安全""售后服务"和"快递物流"等体验问题表现出不同程度的担心，制约着农村地区线上渠道消费的进一步扩大。

（3）互联网使用对农村居民消费本地影响效应的分析结论

这一章节主要是解决互联网使用对农村居民消费是否有直接的本地影响。首先，对互联网使用影响农村居民消费的直接作用机理进行了理论分析，并给出了相应假设；其次，采用倾向得分匹配和无条件分位数模型验证互联网使用对农村居民消费的影响，采用替代变量检验方法验证估计结果的稳健性，并运用工具变量法解决内生问题；最后，从农村居民群体内部差异、线上线下渠道消费和区域差异等异质性视角，对样本进行分类，分析互联网使用对农村居民消费本地影响效应的差异。主要得到以下几点结论。

第一，以家庭为评价单元更符合农村居民的上网和消费行为习惯，且互联网使用对农村家庭消费表现出显著的促进作用，同时，采用多种方法进行了稳健性检验和内生性检验。

第二，随着消费能力的提升，互联网使用和农村居民消费呈现出倒 U 形的变化趋势，拐点在 0.5 分位点左右；从消费主体看，互联网使用对青年群体发展享乐型消费和老年群体基础生存型消费的促进作用最为显著；从线上线下消费渠道来看，互联网使用对线上渠道消费的促进作用明显优于线下渠道消费，但该作用随着用户年龄的增长和收入水平的下降呈减弱趋势，同时互联网使用对中低收入群体的线下渠道消费也表现出一定的促进作用。

第三，从城乡区域来看，互联网的应用对扩大农村居民的消费水平和质量有很大的促进作用；从地域上来看，利用互联网对东部、中部农村居民的消费总量和发展享乐型消费潜能的影响更加显著，中部地区表现出一定的追赶效应，互联网使用对西部地区农村居民基础生存型消费的促进作用最为显著。

（4）互联网使用对农村居民消费空间溢出效应的分析结论

这一章节旨在探讨互联网应用对农村居民消费的影响，并分析其在空间上的作用。首先，提出了"互联网使用对农村居民消费存在空间溢出效应"的理论假设，对其作用机制进行定性分析；其次，采用空间自相关法对互联网使用、农村居民消费及二者驱动作用的空间影响进行了研究；最后，运用空间计量模型对回归结果的稳健性进行检验和异质性分析。主要得到以下几点结论。

第一，2012—2019年农村居民消费、互联网使用水平具有显著的空间正相关关系，互联网使用对于农村居民消费驱动作用的空间关联度不断上升。

第二，互联网使用不仅对本地农村居民消费具有显著的促进效果，对邻近地区的农村居民消费也具有一定的促进效果，该结论具有稳健性。

第三，互联网使用对东部和中部地区农村居民消费的促进效果显著，而在中部，则显示出了追赶效应，但是互联网使用对西部农村居民消费的空间影响并不明显。

7.2　政策建议

本书在深入分析农村居民数字化应用特征和家庭消费行为模式的基础上，为了探究互联网使用对农村居民消费是否具有直接影响、互联网使用对农村居民消费的影响在空间因素影响下发生何种变化，据此进行相应的机制分析和假说提出，采用多种统计分析的方法，实证分析了互联网使用对农村居民消费的本地和空间溢出效应，并根据结论提出针对性的政策建议。

（1）提高农村居民消费观念，增强互联网消费意识

第一，引导农村居民合理适度消费。前文提到，除了物质上的短缺成为制约农村居民消费的主要障碍外，还有根植于自然经济中的传统消费观念，

也导致了我国农村居民消费过度保守，长久不变的消费习惯也不利于消费总量、消费结构以及个人幸福感的提高。并且，一旦人人都如此，则农村区域的消费就无法起步，也必然不利于国民经济的健康发展。所以要引导广大农村居民及时摒弃落后、保守的消费观，提倡合理、适当的消费理念，除在物质层面的消费之外，还应加强精神文化层面的消费，以达到物质与精神文化两个方面消费的均衡增长，从而促进广大农村居民更多地获得合理消费带来的快乐。

第二，抑制农村居民的盲从、攀比消费。前文还提到农村居民消费除了具有强烈的内部习惯特征外，在城镇居民消费的带动作用下，一些农村居民盲目跟风，消费水平超出了他们的经济能力，消费的目的不再是单纯为了追求自身生活水平的提升，而是更多为了炫耀和虚荣，主要原因是农村居民本身文化素养并不高，没有科学的消费观念。所以，要做好社会宣传，主动劝导农村居民尽快摒弃盲从的消费行为，逐步转变自身不合理的消费习惯（比如婚丧嫁娶大操大办），摒弃"暴发户"般的消费模式，逐步建立科学的消费观，让其在自己收入范畴内实现最科学合理的消费行为。

第三，重构农村居民网络消费心理，改变网络消费习惯。从前文提及的互联网经济环境下农村居民消费的变化特征来看，依托互联网消费和电子商务平台模式，不仅增加了广大农村居民对衣着、生活用品和食物的需求量，还克服了因消费过程中信息不对称而带来的盲目消费现象，进一步强化了农村居民的理性消费行为。所以，必须合理布局，加强农村居民生产和消费活动的平衡，引领广大农村居民适度与合理、科学的互联网消费行为，进一步弘扬我国优秀文化传统，防止互联网消费异化，促进农村区域互联网消费和社会生产的可持续健康发展。

第四，加强老龄人口数字化应用水平。前文提到，农村老年人对互联网的接受程度远低于同年龄段的城市居民，前文部分互联网采纳的相关因素也指出，农村人口的老龄化对"数字乡村"建设产生了阻力。因此，在农村老龄化、空心化加剧背景下，应针对性地加强农村地区老龄人口的数字化应用水平。具体包括：首先，建议通过智能上网设备购买的减税减费和补贴类优惠政策，提高老龄人口的购买力；同时，针对农村居民年龄大、接受新事物能力弱的现状，一方面可以通过举办培训讲座、安排专业技术人员现场培训等方式，加强农村居民对移动端网络、电商平台和电商交易等方面的认知；还可以组织电子商务活动，让农村居民获得实际利益，提高他们对互联网消费的接受度；另外，要进行互联网消费 App 的适老化改造，使老龄人口切身体验到互联网消费的方便性、快捷性，逐渐养成网购习惯。

（2）建立互联网消费监管体系，改善互联网消费体验

第一，简化互联网消费操作流程。前文消费体验问题部分首先指出，互联网消费中操作流程复杂、标准规范不一、广告弹窗等问题极大地降低了农户的购物体验满意度，甚至导致互联网消费的中断。因此，在完善互联网销售平台功能的同时，要保证用户操作页面尽可能简洁，使顾客可以在最短的时间内，发现所需的服务，为顾客节约时间；同时，网络营销平台上的广告投放不能过多，而且要给农村居民用户一定的优惠时间，这样才能缩短广告和其他服务的等候时间。综上所述，电商平台应该把消费者的利益放在首位，以更好地服务于农村居民的消费体验，逐步培养农村居民的互联网消费习惯，过分关注广告的经济利益不利于电商平台在农村地区的长期发展。

第二，建立互联网消费信贷和诚信查询体系。针对前文部分农村网民在互联网消费过程中提到的实际货物与描述不符和虚假评论等问题，首先，电商平台应定期审核商户评论，及时删除不切实际的评论；同时，应进一步建立互联网销售主体信用查询系统，由于长期以来，我国的信用制度非常不健全，销售主体的信用状况不公开，买卖双方均处于巨大的信息不确定环境中，极大地抑制了互联网经营活动的有效进行，所以目前亟须构建消费者与销售主体之间完善的信用制度和信用查询体系，为虚拟化交易活动奠定基础，具体措施包含：一是规定交易主体必须在登记身份的前提下进行互联网商品交易活动，加强对经营主体交易活动的监管频率；二是针对实施欺诈经营活动的交易主体，实行严厉的惩罚措施；三是对持续信用交易的经营主体给予相应的奖励。

第三，规范互联网平台和商家经营行为。前文部分还分析了平台信息泄露和价格歧视等侵犯农村消费者权益的行为。为了规范消费者信息处理活动，保护农村消费者的信息权益，需要完善"告知—同意"的消费者信息处

理规则。首先，互联网平台在处理消费者信息时，必须有明确合理的目的，并且必须以对消费者权益影响最小的方式收集信息；同时，若要向他人披露或跨境传输消费者信息，必须获得用户的单独许可，严格禁止电商平台过度收集或转移用户信息，也禁止企业以用户不认可为由拒绝供应商品和服务，并赋予撤销许可的权力，消费者撤回授权后，应当及时停止或者删除消费者提供的信息；另外，通过规范互联网平台、商家经营行为，严格把控下乡网销商品的质量，维护农村消费者的信息、资金安全，提高农村居民对互联网消费的接受度。

第四，完善农村地区商品售后服务和物流体系。前文部分谈及售后服务不佳和物流问题仍然制约着农村地区互联网消费的进一步扩大，因此，要完善电子商务在农村地区的售后服务体系，简化货品的退换流程，消除农村居民对于互联网消费保障的疑虑；同时，物流配送系统作为推动现代消费提升"体"和"线"的共同存在，建设以互联网电子商务信息系统为基础的现代物流配送体系，是满足农村现代消费发展的必需条件和应有之策。地方政府部门不但应当从资金投入、设备购置、土地利用管理等方面予以财税扶持、税费优惠政策和政府投资信贷等保障，要构建农村物流配送公共信息协同服务平台和现代物流体系。

（3）加强与农村有关的基础设施建设，促进网络消费提质升级

第一，构建农村电子商务系统，促进农民的消费规模。虽然前文部分指出农村电商市场仍然存在人才匮乏、互联网消费观念落后等问题，导致农村区域的消费需求并未被充分激发起来。但是，从第5章的实证分析结果可以看出，互联网经济的技术模式不仅能够精准识别农村消费者的行为特点，迎合农村消费者的个性化需求，同时依赖海量的大数据分析，大大降低了传统商品消费信息内容的不对称性，从而推动了产品质量的进一步提升。所以，农村消费在互联网经济时代一定程度上仍保有巨大潜力，是未来的重要战略性市场，进一步促进互联网经济与新零售的融合，是实现农村居民消费转型升级的有效路径。因此，地方政府部门需要建立健全的农村电商市场、农村电商教育和职业培训，全面服务和发展农村电商市场主体，以促进城乡居民之间消费水平的和谐、均衡发展；同时，还可以利用地方政府部门的统筹规划和相关的优惠政策措施，帮助农村形成电商市场主体发展的大环境，以局

部带动总体、一村带动一村的形式，逐步推广到整个乡村区域，从而建立全国性的农村电商交易市场。

第二，拓展线上渠道消费，提高农村居民消费品质。从前文部分线上线下消费渠道的异质性分析中可以看出，相比线下渠道消费，互联网尤其带动了农村电商和互联网消费的高速发展，互联网消费以商品种类丰富、价格低和无边界消费等优势呈现出爆发式增长态势，所以如何有效促进农户线上渠道消费更具有现实意义。结合前文部分的消费问题来看，现阶段农村消费者线上渠道的消费行为对于商品价格呈现出更高的敏感性，线上商家应该针对以此为购物导向的农村消费者特点来提供产品或服务，在保障商品质量的基础上，以更实惠的价格提供适合农村消费者使用习惯的商品，最大化地满足消费者在商品价格方面的偏好，以此为切入点逐渐培养农民互联网消费习惯，为下一步农民互联网消费质量的优化提供坚实基础。

第三，抓好欠发达地区信息基础设施建设，提升互联网使用率和消费倾向。从前文关于区域异质性的分析结果来看，当前西部地区仍存在着农村区域互联网消费与公共服务的"最后一公里"问题。为此，首先，应该加大西部地区农村信息基础设施建设力度，例如增加光纤和宽带的覆盖、增加网络终端设备和服务器设备、加强企事业单位管理信息系统建设等，释放信息化对农村社会经济发展的促进作用；其次，各级政府要加快低收入地区农村运输、仓储、配送等现代物流基础设施建设，确保农村信息化水平；同时，加大对低收入地区农村互联网使用的财政补助，提高网络总体利用率；最后，加强西部低收入地区农村的信息化建设，并提高农村人口的信息素养，最大程度阻断信息贫困的代际传递。

7.3 研究不足与展望

本书从多角度优化了互联网视角下农村消费实证研究的不足，为进一步拓展农村居民的消费渠道、推进乡村振兴、建设数字乡村等方面提供了理论支持。但是，本书也存在一些局限和不足，有待进一步探讨。

第一，由于网络技术在我国农村出现的时间比较晚，有关的统计资料在年鉴中存在很多缺失，因此，农村的网络应用和相关的资料获取比较困难。

本书在建立空间评价系统时，重点考虑了易于量化和有代表性的相关变量，因而农村互联网发展水平的评价体系仍有待丰富。

第二，因新冠疫情和课题经费的客观限制，家庭视角部分仅采集到近 3 年江西省农村居民消费的混合截面数据，所得样本无法支持更大范围及动态长期性的分析；同时，由于农村人口的离散性特征，无法获得家庭个体成员的具体支出情况，致使互联网使用对农村居民个体消费的影响效果评价不足，以上问题有待今后进一步的深化研究。

艾天霞，张慧芳，2019. 中国省域居民消费升级模式的统计评价 [J]. 统计与决策，35（22）：93 - 96.

安增军，林珊珊，2016. 网络经济对我国居民消费的效应分析 [J]. 物流工程与管理，38（1）：112 - 115.

贝克尔，彭松建，1987. 家庭经济分析 [M]. 北京：华夏出版社.

陈昌东，江若尘，2021. 营销领域中算法推荐与消费者响应：研究评述与展望 [J]. 经济管理，43（10）：193 - 208.

陈刚，关辉国，2019. 互联网经济对消费者价值认知与消费行为的影响 [J]. 甘肃社会科学（4）：184 - 191.

陈浩，臧旭恒，2019. 习惯形成与我国城镇居民消费结构升级：基于收入阶层异质性的分析 [J]. 湘潭大学学报：哲学社会科学版，43（2）：69 - 74.

陈林波，2019. 互联网对农村居民消费经济结构的影响分析 [J]. 农业与技术，39（3）：158 - 159.

陈强，2010. 高级计量经济学及 Stata 应用 [M]. 北京：高等教育出版社.

陈少威，范梓腾，2019. 数字平台监管研究：理论基础、发展演变与政策创新 [J]. 中国行政管理（6）：30 - 35.

陈卫洪，谢晓英，2013. 扶贫资金投入对农户家庭收入的影响分析：基于贵州省 1990—2010 年扶贫数据的实证检验 [J]. 农业技术经济（4）：35 - 42.

陈奕山，2020. 农业家庭经营的适应性及生产社会化服务探析：基于对农业生产过程和非农生产过程的比较 [J]. 广西民族大学学报（哲学社会科学版），42（5）：80 - 87.

陈战波，黄文己，郝雄磊，2021. 移动支付对中国农村消费影响研究 [J]. 宏观经济研究（5）：123 - 141.

程名望，张家平，2019. 新时代背景下互联网发展与城乡居民消费差距 [J]. 数量经济技术经济研究，36（7）：22 - 41.

崔海燕，2016. 互联网金融对中国居民消费的影响研究 [J]. 经济问题探索（1）：162 - 166.

崔元锋，严立冬，2005. 财政支农项目"企业化"绩效管理探究［J］. 农业经济问题
　　（10）：31－35.

丁继红，应美玲，杜在超，2013. 我国农村家庭消费行为研究：基于健康风险与医疗保
　　障视角的分析［J］. 金融研究（10）：154－166.

丁水平，林杰，2020. 社会化媒体环境下消费者持续信息共享意愿影响因素实证研究：
　　基于信息搜寻和信息分享的同步视角［J］. 情报科学，38（4）：131－139.

杜丹清，2017. 互联网助推消费升级的动力机制研究［J］. 经济学家（3）：48－54.

杜松平，2020. 互联网时代的知识共享：个体决策攻略化与日常生活批判［J］. 编辑之
　　友（12）：50－56.

范金，王亮，坂本博，2011. 几种中国农村居民食品消费需求模型的比较研究［J］. 数
　　量经济技术经济研究，28（5）：64－77.

方福前，邢炜，2015. 居民消费与电商市场规模的 U 型关系研究［J］. 财贸经济（11）：
　　131－147.

高梦滔，毕岚岚，师慧丽，2008. 流动性约束、持久收入与农户消费——基于中国农村
　　微观面板数据的经验研究［J］. 统计研究（6）：48－55.

高启杰，2003. 农业推广学［M］. 北京：中国农业大学出版社.

高锡荣，2007. 中国三大语音通信市场的需求关系估计与需求效应比较分析［J］. 统计
　　研究（9）：37－43.

高孝平，2015. 网络经济对居民消费影响分析［J］. 人民论坛（20）：94－96.

高玉强，2010. 农机购置补贴与财政支农支出的传导机制有效性：基于省际面板数据的
　　经验分析［J］. 财贸经济（4）：61－68.

葛殊，2013. 电子商务助推城镇化进程：基于农村消费能力提升的视角［J］. 特区经济
　　（8）：112－113.

郭家堂，骆品亮，2016. 互联网对中国全要素生产率有促进作用吗？［J］. 管理世界
　　（10）：34－49.

郭绍轩，2022. 农村居民消费行为、影响因素与发展建议［J］. 农业经济问题（5）：2.

郭新华，夏瑞洁，2010. 改革开放以来农村居民消费结构的时序变化和地区差距［J］.
　　经济问题探索（6）：25－30.

郭亚帆，曹景林，2015. 农村居民消费内外部示范效应研究［J］. 财贸研究，26（3）：
　　23－31.

郭亚军，郑少锋，2007. 农村居民消费与收入关系的非参数回归分析［J］. 大连理工大
　　学学报（社会科学版），28（4）：47－50.

韩洪云，梁海兵，2013. 农村居民消费行为的收入约束效应分析［J］. 浙江社会科学
    （1）：108 - 113.

韩先锋，宋文飞，李勃昕，2019. 互联网能成为中国区域创新效率提升的新动能吗［J］.
    中国工业经济（7）：119 - 136.

杭斌，申春兰，2004. 经济转型期中国城镇居民消费敏感度的变参数分析［J］. 数量经
    济技术经济研究（9）：24 - 28.

何爱平，李清华，2019. 新中国成立 70 年来我国城乡居民收入差距历史变迁与未来展望
    ［J］. 经济纵横（10）：16 - 23.

何大安，任晓，2018. 互联网时代资源配置机制演变及展望［J］. 经济学家（10）：
    63 - 71.

何翔，2021. 农村基础设施投资公平性与脱贫攻坚成果巩固关系研究：基于 2010—2019
    年省级面板数据的实证分析［J］. 宏观经济研究（3）：160 - 175.

贺达，顾江，2018. 互联网对农村居民消费水平和结构的影响：基于 CFPS 数据的 PSM
    实证研究［J］. 农村经济（10）：51 - 57.

侯旻，张瑶，顾春梅，2017. 线上线下消费者购物体验比较研究［J］. 统计与决策（6）：
    54 - 58.

胡发刚，2016. 中国农村居民食品消费行为与消费结构分析：基于二阶段需求系统模型
    与二次几乎完美需求系统模型［J］. 财经科学（2）：93 - 102.

胡湛，彭希哲，2014. 中国当代家庭户变动的趋势分析：基于人口普查数据的考察［J］.
    社会学研究，29（3）：145 - 166.

华光，2011. 动态联盟演化与知识扩散交互作用的研究［D］. 北京：北京交通大学.

黄彩虹，张晓青，2020. 创新驱动、空间溢出与居民消费需求［J］. 经济问题探索（2）：
    11 - 20.

黄思皓，肖金岑，金亚男，2020. 基于 S - O - R 理论的社交电商平台消费者持续购买意
    愿影响因素研究［J］. 软科学，34（6）：115 - 121.

黄卫东，岳中刚，2016. 信息技术应用、包容性创新与消费增长［J］. 中国软科学（5）：
    163 - 171.

惠娟，谭清美，王磊，2020. 服务化转型背景下制造企业新型商业模式运行机制［J］.
    科技管理研究，40（20）：204 - 211.

贾真，2019. 基于心理账户的移动支付对跨期决策的影响研究［D］. 武汉：武汉大学.

江小涓，罗立彬，2019. 网络时代的服务全球化：新引擎、加速度和大国竞争力［J］.
    中国社会科学（2）：68 - 91.

姜百臣，马少华，孙明华，2010. 社会保障对农村居民消费行为的影响机制分析 [J].
中国农村经济（11）：32 - 39.

姜改革，2020. 金融集聚对我国区域经济增长的空间溢出效应研究 [D]. 昆明：云南财
经大学.

解洪涛，梅建明，2014. 分权之后的财政治理：公众参与和中国地方政府财政效率改进
[J]. 经济管理，36（7）：151 - 163.

金基瑶，杜建国，金帅，等，2020. 消费者环境创新偏好下政府环境补贴对供应链绩效
的影响：基于本土和 FDI 生产型企业竞争的视角 [J]. 系统管理学报，29（4）：657 -
667.

金立坚，刘玲，印悦，等，2014. 四川省农村户主文化程度与家庭卫生行为关系分析
[J]. 预防医学情报杂志，30（9）：695 - 699.

金一虹，2009. 离散中的弥合：农村流动家庭研究 [J]. 江苏社会科学（2）：98 - 102.

凯恩斯，1999. 就业、利息和货币通论 [M]. 北京：商务印书馆.

李春琦，张杰平，2009. 中国人口结构变动对农村居民消费的影响研究 [J]. 中国人口
科学（4）：14 - 22.

李鸿磊，刘建丽，2020. 基于用户体验的商业模式场景研究：价值创造与传递视角 [J].
外国经济与管理，42（6）：20 - 37.

李佳，谢芸芸，田发，2020. 消费金融对产业结构调整的效应研究 [J]. 宏观经济研究
（5）：18 - 27.

李婧，许晨辰，2020. 家庭规划对储蓄的影响："生命周期"效应还是"预防性储蓄"效
应？[J]. 经济学动态（8）：20 - 36.

李明贤，文春晖，2006. 农村消费不足对我国经济增长的约束分析 [J]. 消费经济（6）：
22 - 25.

李娜娜，2020. 时空权重矩阵的设定方法与应用研究 [D]. 天津：天津财经大学.

李清玲，陈楠，2016. 海南省农村基础设施建设与农民纯收入的灰色关联分析 [J]. 特
区经济（8）：90 - 94.

李琼英，宋马林，杨杰，2009. 社会保障支出与拉动内需：对农村养老保障问题的深入
探讨 [J]. 统计教育（9）：16 - 20.

李树，于文超，2020. 幸福的社会网络效应：基于中国居民消费的经验研究 [J]. 经济
研究，55（6）：172 - 188.

李涛，胡菁芯，冉光和，2020. 基础设施投资与居民消费的结构效应研究 [J]. 经济学
家（11）：93 - 106.

李翔，朱玉春，2013. 农村居民收入与消费结构的灰色关联分析 [J]. 统计研究，30
（1）：76-78.

李旭洋，李通屏，邹伟进，2019. 互联网推动居民家庭消费升级了吗？基于中国微观调
查数据的研究 [J]. 中国地质大学学报（社会科学版），19（4）：145-160.

李研，洪俊杰，2021. 居民消费不平衡的统计测度及消费潜力分析 [J]. 数量经济技术
经济研究，38（11）：84-102.

李勇坚，2014. 电子商务与宏观经济增长的关系研究 [J]. 学习与探索（8）：102-108.

厉以宁，1984. 西方消费经济学持久收入假定与生命周期假定说评述（续）[J]. 教学与
研究（4）：66-68.

廖文梅，乔金笛，伍锋，2020. 劳动力转移、致贫异质性与农户减贫研究：以江西省
995 户样本为例 [J]. 江西财经大学学报（3）：87-96.

林光平，龙志和，吴梅，2007. Bootstrap 方法在空间经济计量模型检验中的应用 [J].
经济科学（4）：84-93.

林挺，张诗朦，2017. 互联网＋视域下城镇居民家庭消费行为偏好演进规律研究 [J].
价格理论与实践（8）：156-159.

林毅夫，2000. 加强农村基础设施建设启动农村市场 [J]. 农业经济问题（7）：2-3.

凌华，李新伟，董必荣，等，2020. 互联网、创新要素流动与区域创新能力差异 [J].
审计与经济研究，35（6）：115-126.

刘顿，刘越，2020. 乡村振兴战略下农村消费的正义性探析 [J]. 湖北社会科学（1）：
77-85.

刘根荣，2017. 电子商务对农村居民消费影响机理分析 [J]. 中国流通经济，31（5）：
96-104.

刘湖，张家平，2016. 互联网对农村居民消费结构的影响与区域差异 [J]. 财经科学
（4）：80-88.

刘彤彤，吴福象，2020. 乡村振兴战略下的互联网金融与农村居民消费 [J]. 福建论坛
（人文社会科学版）（3）：115-125.

刘向东，2021. 梯度养老：渐进城市化中的农民养老模式及农地角色分析：一项基于嵌
入理论视角的田野研究 [J]. 农业经济问题（1）：82-94.

刘晓倩，2018. 中国农村居民互联网使用及其对收入的影响研究 [D]. 北京：中国农业
大学.

刘玉安，徐琪新，2020. 从精准扶贫看完善农村社会保障制度的紧迫性 [J]. 东岳论丛，
41（2）：74-82.

刘玉飞，汪伟，常晓坤，2020. 人情支出、同群攀比与居民家庭消费结构升级：来自 CFPS 数据的证据 [J]. 学术研究（6）：102-108.

刘姿均，陈文俊，2017. 中国互联网发展水平与经济增长关系实证研究 [J]. 经济地理，37（8）：108-113.

栾赛娜，2018. 新家庭经营合作：农民非农化就业过程中的理性选择 [D]. 上海：华东师范大学.

罗健萍，刘佳，2018. 电子商务对农村居民消费影响研究：基于省际面板数据的中介效应分析 [J]. 价格理论与实践（5）：131-134.

罗杰斯，1972. 创新的扩散 [M]. 北京：中央编译出版局.

罗俊，2021. 网络信息传播安全的核心议题：互联网时代的认知操纵及应对策略 [J]. 学术论坛，44（2）：25-40.

罗旭，2017. 损失厌恶投资者最优消费和投资组合选择理论的研究 [D]. 芜湖：安徽工程大学.

骆永民，骆熙，汪卢俊，2020. 农村基础设施、工农业劳动生产率差距与非农就业 [J]. 管理世界，36（12）：91-121.

马艾，向自强，徐合帆，等，2020. 财政支农支出对农民消费影响的区域差异研究 [J]. 统计与决策，36（3）：75-78.

毛宇飞，李烨，2016. 互联网与人力资本：现代农业经济增长的新引擎：基于我国省际面板数据的实证研究 [J]. 农村经济（6）：113-118.

毛中根，武优勐，2020. 中国西部地区城市群消费水平空间结构演变分析：以成渝城市群为例 [J]. 湘潭大学学报（哲学社会科学版），44（2）：50-55.

毛中根，杨丽姣，2017. 经济全球化背景下供给侧改革与居民消费结构升级 [J]. 财经科学（1）：72-82.

苗长虹，魏也华，吕拉昌，2011. 新经济地理学 [M]. 北京：科学出版社.

裴祥宇，2020. 金融化背景下美国贫富差距的扩大及其影响 [J]. 福建师范大学学报（哲学社会科学版）（1）：101-110.

彭海艳，2009. 影响中国农村居民消费结构的多因素实证分析 [J]. 财贸研究，20（1）：30-35.

彭连清，2008. 我国区域经济增长溢出效应研究 [D]. 广州：暨南大学.

彭青云，2018. 城市老年人互联网接入障碍影响因素研究 [J]. 人口与经济（5）：74-82.

彭小辉，史清华，朱喜，2013. 不同收入的消费倾向一致吗？基于全国农村固定观察点

调查数据的分析 [J]. 中国农村经济 (1)：46 - 54.

秦晓娟，2018. 中国"互联网＋流通"与农村居民消费多元性：传导机制及 Panel Data 数据验证 [J]. 消费经济，34 (1)：52 - 57.

丘兴平，2004. 历史与现实的思考：农户经济学 [J]. 中国经济评论，4 (9)：59 - 62.

尚晏莹，蒋军锋，2021. 工业互联网时代的传统制造企业商业模式创新路径 [J]. 管理评论，33 (10)：130 - 144.

邵文波，盛丹，2017. 信息化与中国企业就业吸纳下降之谜 [J]. 经济研究，52 (6)：120 - 136.

施炳展，2016. 互联网与国际贸易：基于双边双向网址链接数据的经验分析 [J]. 经济研究，51 (5)：172 - 187.

石俊，邓群钊，金恩焘，2020. 政府财政支出与社会信任：公众感知满意度的中介效应 [J]. 江西社会科学，40 (10)：68 - 77.

石明明，江舟，周小焱，2019. 消费升级还是消费降级 [J]. 中国工业经济 (7)：42 - 60.

史晋川，王维维，2017. 互联网使用对创业行为的影响：基于微观数据的实证研究 [J]. 浙江大学学报（人文社会科学版），47 (4)：159 - 175.

宋靖野，2021. 集镇、集期与集市经济：施坚雅农村市场理论的经济人类学阐释 [J]. 中国农业大学学报（社会科学版），38 (1)：60 - 68.

苏钟萍，张应良，2021. 收入水平、社会公平认知与农村居民主观幸福感 [J]. 统计与决策，37 (9)：71 - 74.

孙超，唐云锋，薛婕，2020. 土地财政、适应性预期与房价棘轮效应：基于空间溢出视角 [J]. 财经论丛 (9)：22 - 32.

孙成昊，谢太峰，2020. 互联网消费金融影响家庭消费升级的实证检验 [J]. 统计与决策，36 (17)：134 - 137.

孙江明，钟甫宁，2000. 农村居民收入分配状况及其对消费需求的影响 [J]. 中国农村观察，5 (9)：9 - 13.

孙浦阳，张靖佳，姜小雨，2017. 电子商务、搜寻成本与消费价格变化 [J]. 经济研究，52 (7)：139 - 154.

孙赵勇，扈文秀，2019. 农村居民消费变化特征及收入影响研究 [J]. 西安理工大学学报，35 (3)：388 - 394.

谭涛，张燕媛，唐若迪，等，2014. 中国农村居民家庭消费结构分析：基于 QUAIDS 模型的两阶段一致估计 [J]. 中国农村经济 (9)：17 - 31.

汤才坤，2018. "互联网＋"对农村居民消费经济结构的影响分析［J］. 统计与决策，34（21）：117－119.

田红彬，杨秀云，田启涛，2021. 数字经济时代零售业态演化与企业绩效实证研究［J］. 经济经纬，38（2）：91－101.

田珍，龚丽媛，秦兴方，2021. 中国农村居民消费过度敏感性的成因与对策：基于λ假说及其拓展模型应用文献的再研究［J］. 当代经济研究（4）：105－112.

佟琼，李慧，2014. 我国农村公路建设与农民收入的关系研究：以浙江省宁海县为例［J］. 农业经济问题，35（11）：65－70.

万永彪，2020. 高速城镇化进程中农村消费的演变趋势及应对［J］. 社会科学家（10）：77－83.

汪伟，吴坤，2019. 中国城镇家庭储蓄率之谜：基于年龄—时期—组群分解的再考察［J］. 中国工业经济，376（7）：83－102.

王保花，鹿方圆，2016. 我国农村居民消费行为特征及影响因素研究［J］. 理论与改革（1）：156－160.

王成林，徐华，2016. 认知能力、互联网鸿沟对农民工群体社会经济地位的影响：基于CFPS2010数据的多元logistic回归分析［J］. 哈尔滨市委党校学报（2）：84－90.

王冬，2015. 中国农村居民消费行为及影响因素分析［D］. 大连：东北财经大学.

王锋，秦豫徽，刘娟，等，2017. 多维度城镇化视角下的碳排放影响因素研究：基于中国省域数据的空间杜宾面板模型［J］. 中国人口·资源与环境，27（9）：151－161.

王健宇，徐会奇，2010. 收入性质对农民消费的影响分析［J］. 中国农村经济（4）：38－47.

王金杰，郭树龙，张龙鹏，2018. 互联网对企业创新绩效的影响及其机制研究：基于开放式创新的解释［J］. 南开经济研究（6）：170－190.

王静，2020. 收入不确定性对农村居民消费需求影响的实证检验［J］. 统计与决策，36（6）：123－126.

王克稳，李敬强，徐会奇，2013. 不确定性对中国农村居民消费行为的影响研究：消费不确定性和收入不确定性的双重视角［J］. 经济科学，35（5）：88－96.

王奎泉，2003. 政府农业投入机制效率分析［J］. 财经论丛（浙江财经学院学报）（2）：39－42.

王黎，2021. 城镇化背景下农民家庭消费策略［J］. 华南农业大学学报（社会科学版），20（4）：54－62.

王娜，李琪，2015. 我国城乡居民消费结构对比研究：基于ELES模型［J］. 武汉商学院学报（1）：58-61.

王茜，2016."互联网＋"促进我国消费升级的效应与机制［J］. 财经论丛（12）：94-
102.

王强，刘玉奇，刘婷娜，2019. 中国新生代农村居民消费的影响因素［J］. 中国流通经
济，33（1）：90-98.

王强，刘玉奇，2020. 挖掘农村居民消费潜力：中国经济良性循环发展的重要一维［J］.
河北学刊，40（3）：123-131.

王淑翠，俞金君，宣峥楠，2020. 我国"新零售"的研究综述与展望［J］. 科学学与科
学技术管理，41（6）：91-107.

王思琛，任保平，2021. 新经济背景下我国高标准市场体系建设：理论机理、基本架构
与实现路径［J］. 经济体制改革（5）：20-26.

王小华，温涛，朱炯，2016. 习惯形成、收入结构失衡与农村居民消费行为演化研究
［J］. 经济学动态（10）：39-49.

王旭娜，谭清美，2020. 互联网平台用户偏好挖掘与推荐机理研究：基于经典扎根理论
的探索［J］. 情报科学，38（8）：49-56.

王延章，1988. 消费需求层次分析［J］. 系统工程（5）：29-36.

王彦，2018. 互联网经济对农村居民消费结构的影响：基于面板分位数回归的实证分析
［J］. 商业经济研究（14）：130-133.

王玉珏，2018. 互联网金融对消费结构升级影响研究［D］. 保定：河北大学.

王震，刘天琦，2021. 社会养老保险政策对农村老年人主观福利的影响：基于 CHARLS
数据的实证分析［J］. 财经科学（4）：105-117.

王子敏，李婵娟，2016. 中国互联网发展的节能减排影响实证研究：区域视角［J］. 中
国地质大学学报（社会科学版），16（6）：54-63.

韦森，张红伟，2020. 消费习惯形成视角下城镇化质量对农村居民消费的影响［J］. 农
村经济（4）：83-90.

魏鲁彬，2018. 农村土地所有权共享的理论逻辑：从"两权分离"到"三权分置"［J］.
财经科学（4）：39-53.

魏勇，2012. 农村居民消费行为变动及其制度成因研究：以重庆市为例［D］. 重庆：西
南大学.

温文清，2021. 浅析移动支付快速扩张下的支付安全问题［J］. 经济研究导刊（16）：
143-145.

温雪，吴定伟，潘明清，2019. 互联网、社会资本与农村居民消费［J］. 消费经济，35

（4）：47－54.

文启湘，2005. 消费经济学［M］. 西安：西安交通大学出版社.

乌家培，1986. 经济计量方法及其在我国的应用［J］. 数量经济技术经济研究（2）：7－13.

吴锦峰，常亚平，侯德林，2017. 传统零售商的线上品牌延伸：追求"线上—线下"还是"线上—原型"一致性［J］. 南开管理评论，20（2）：144－154.

吴庆田，陈孝光，2009. 农村社会保障消费效应的协整分析与误差修正模型［J］. 统计与决策（18）：79－80.

吴学品，李荣雪，2021. 中国农村居民消费习惯的动态效应研究：基于不同收入地区面板 ELES 模型的视角［J］. 宏观经济研究（5）：92－103.

奚路阳，2022. 论数字传播时代身体符号的生产与消费：基于消费主义视角［J］. 编辑之友（2）：51－55.

夏柱智，2021. "中坚农民"与农村社会秩序运行新机制［J］. 中国青年研究（11）：31－37.

向玉冰，2018. 互联网发展与居民消费结构升级［J］. 中南财经政法大学学报（4）：51－60.

肖红军，阳镇，2020. 可持续性商业模式创新：研究回顾与展望［J］. 外国经济与管理，42（9）：3－18.

谢康，夏正豪，肖静华，2020. 大数据成为现实生产要素的企业实现机制：产品创新视角［J］. 中国工业经济（5）：42－60.

辛利，周毅，王进，等，2006. 中国富裕乡镇居民体育消费现状研究［J］. 西安体育学院学报（6）：5－8.

熊婉婷，2021. 宏观审慎与微观审慎协调的国际经验及启示［J］. 国际经济评论（5）：34－52.

徐建，段永瑞，2021. 考虑消费者有限理性的体验式商品订购与库存配给策略［J］. 中国管理科学，29（10）：140－150.

徐啸，2018. 互联网改善地方民生公共服务发展研究［D］. 武汉：武汉大学.

徐亚东，张应良，2021. 城乡收入差距对农村居民消费的影响："抑制效应"还是"示范效应"［J］. 农村经济（8）：18－28.

烟竹，2021. 我国省域居民消费价格指数聚类分析与比较研究［J］. 价格理论与实践（1）：116－119.

严北战，周懿，2020. "互联网＋"对制造业升级的影响：基于供给侧、需求侧双向驱

动的分析 [J]. 科技管理研究，40 (22)：124 - 130.

杨光，吴晓杭，吴芷翘，2018. 互联网使用能提高家庭消费吗？：来自 CFPS 数据的证据
  [J]. 消费经济，34 (1)：19 - 24.

杨继瑞，薛晓，汪锐，2015. "互联网＋"背景下消费模式转型的思考 [J]. 消费经济，
  31 (6)：3 - 7.

杨文杰，张珏，2021. 以教育现代化支撑与驱动国家现代化：兼论我国教育现代化的发
  展愿景 [J]. 教育发展研究，41 (3)：1 - 11.

杨芷晴，孔东民，2020. 我国农业补贴政策变迁、效应评估与制度优化 [J]. 改革
  (10)：114 - 127.

杨宗之，李亚丽，2022. 基于 LUCC 的南昌市生态资产价值演变及生态经济协调性研究
  [J]. 生态经济，38 (3)：182 - 187.

杨宗之，2022. 基于 GRA 方法的城市生态基础设施健康水平测度研究：以南昌市为例
  [J]. 城市建筑，19 (7)：94 - 99，109.

杨宗之，2021. 竞争对手平台优势视角下网购体验感知与顾客粘性的互动关系 [J]. 商
  业经济研究 (23)：82 - 85.

姚东旻，许艺煊，张鹏远，2019. 再论中国的"高储蓄率之谜"：预防性储蓄的决策机制
  和经验事实 [J]. 世界经济文汇 (2)：13 - 36.

叶初升，任兆柯，2018. 互联网的经济增长效应和结构调整效应：基于地级市面板数据
  的实证研究 [J]. 南京社会科学 (4)：18 - 29.

殷丹丹，2017. 我国农村居民消费水平的影响因素及其对策建议 [J]. 太原城市职业技
  术学院学报 (4)：148 - 149.

尹世杰，2007. 消费经济学 [M]. 北京：高等教育出版社.

尹志超，刘泰星，王晓全，2020. 农村收入差距抑制了农户创业吗？基于流动性约束与
  人力资本投资视角的实证分析 [J]. 中国农村经济 (5)：76 - 95.

尹志超，刘泰星，严雨，2021. 劳动力流动能否缓解农户流动性约束：基于社会网络视
  角的实证分析 [J]. 中国农村经济 (7)：65 - 83.

余峰，2021. 如何正确测度我国农村居民的恩格尔系数？基于宏观和微观视角的实证研
  究 [J]. 经济问题 (7)：37 - 44.

余华义，王科涵，黄燕芬，2020. 房价对居民消费的跨空间影响：基于中国 278 个城市
  空间面板数据的实证研究 [J]. 经济理论与经济管理 (8)：45 - 61.

俞立平，2005. 中国互联网发展水平测度指标体系研究 [J]. 中国流通经济 (12)：32 - 34.

袁小慧，2019. 中国农村居民消费变化的实证分析及政策模拟 [D]. 南京：南京农业

大学.

臧旭恒，陈浩，宋明月，2020. 习惯形成对我国城镇居民消费的动态影响机制研究［J］. 南方经济（1）：60-75.

湛礼珠，罗万纯，2021. 人口外流与村庄内部分化：代际间的动态视角：基于对赣南 S 村十年变迁的考察［J］. 暨南学报（哲学社会科学版），43（2）：86-101.

张博胜，杨子生，2020. 中国城镇化的农村减贫及其空间溢出效应：基于省级面板数据的空间计量分析［J］. 地理研究，39（7）：1592-1608.

张广柱，2020. 居民消费结构与产业结构关系的实证［J］. 统计与决策，36（6）：118-122.

张红伟，向玉冰，2016. 网购对居民总消费的影响研究：基于总消费水平的数据分析［J］. 上海经济研究（11）：36-45.

张红宇，胡振通，胡凌啸，2020. 农村集体产权制度改革的实践探索：基于 4 省份 24 个村（社区）的调查［J］. 改革（8）：05-17.

张峁，王青，2010. 财政支农、农村居民消费与农民增收的动态分析：以辽宁省为例［J］. 统计教育（2）：29-35.

张沛然，黄蕾，卢向华，等，2017. 互联网环境下的多渠道管理研究：一个综述［J］. 经济管理，39（1）：134-146.

张秋惠，刘金星，2010. 中国农村居民收入结构对其消费支出行为的影响：基于1997—2007 年的面板数据分析［J］. 中国农村经济（4）：48-54.

张晓宏，2001. 再论中国传统消费模式的弊端［J］. 经济科学（2）：15-22.

张燮，2020. 农民分化与农村阶层关系的东中西差异［J］. 甘肃社会科学（1）：38-45.

张翼飞，陈宏民，2020. 长尾市场中平台的最优规模和竞争策略［J］. 系统管理学报，29（3）：425-433.

张永丽，徐腊梅，2019. 互联网使用对西部贫困地区农户家庭生活消费的影响：基于甘肃省 1 735 个农户的调查［J］. 中国农村经济（2）：42-59.

张勇，包婷婷，2020. 农地流转中的农户土地权益保障：现实困境与路径选择：基于"三权分置"视角［J］. 经济学家（8）：120-128.

章贵军，刘盟，罗良清，2021. 中国城乡居民相对贫困特征及变动原因研究：基于 ELES 模型的实证分析［J］. 中国软科学（8）：63-74.

赵保国，盖念，2020. 互联网消费金融对国内居民消费结构的影响：基于 VAR 模型的实证研究［J］. 中央财经大学学报（3）：33-43.

赵良杰，武邦涛，段文奇，等，2012. 消费者交互作用对网络效应产品扩散的影响——

基于产品生命周期的视角 [J]. 系统工程理论与实践，32（1）：67-75.

赵明辉，2018. 基于微观主体行为的居民消费行为变迁及其影响因素研究 [J]. 商业经济研究（9）：45-48.

赵伟，耿勇，2020. 住房不平等加剧了城镇家庭收入差异对消费差异的冲击吗？[J]. 经济经纬，37（5）：09-18.

赵伟伟，2020. 枢纽经济及其发展机制：以中国交通枢纽经济为例 [J]. 人文地理，35（3）：115-122.

郑家豪，周骥腾，2020. 农村人情治理中的行政嵌入与规则融合：以重庆市川鄂村整顿"整酒风"事件为例 [J]. 中国农村观察（5）：12.

钟燕琼，2016. 农村电商发展现状及对农村居民消费的影响 [J]. 商业经济研究（11）：173-175.

周建平，刘程军，徐维祥，等，2021. 电子商务背景下快递企业物流网络结构及自组织效应：以中通快递为例 [J]. 经济地理，41（2）：103-112.

周楠，2018. 互联网背景下居民消费行为特征与影响要素探析 [J]. 商业经济研究（24）：65-68.

周洋，华语音，2017. 互联网与农村家庭创业：基于 CFPS 数据的实证分析 [J]. 农业技术经济（5）：111-119.

周应恒，杨宗之，2021. 互联网使用促进了农村居民消费吗？基于江西省 739 个农户的调查 [J]. 经济地理，41（10）：224-232.

周应恒，杨宗之，2021. 生态价值视角下中国省域粮食绿色全要素生产率时空特征分析 [J]. 中国生态农业学报（中英文），29（10）：1786-1799.

朱佩芬，2021. 农村现代物流对农村居民消费水平和消费结构的影响 [J]. 广东社会科学（3）：44-53.

朱平芳，邸俊鹏，2017. 无条件分位数处理效应方法及其应用 [J]. 数量经济技术经济研究，34（2）：139-155.

朱宪辰，1993. 理性预期持久收入假设与检验方法 [J]. 数量经济技术经济研究（3）：30-33.

祝仲坤，冷晨昕，2017. 互联网与农村消费：来自中国社会状况综合调查的证据 [J]. 经济科学（6）：115-128.

祝仲坤，2020. 互联网技能会带来农村居民的消费升级吗？基于 CSS2015 数据的实证分析 [J]. 统计研究，37（9）：68-81.

卓唯佳，邹方雨，2021. 基于梅特卡夫模型的电商企业估值应用：以云集为例 [J]. 商场现代化（4）：33-35.

左孝凡，王翊嘉，陆继霞，2020. 社会保障支出、收入差距与农村居民贫困脆弱性［J］.
统计与决策，36（15）：84-88.

Anderson C，2004. The long tail［J］. Wired Magazine，12（10）：01-12.

Angeletos，George Marios，Laibson David，et al.，2001. The hyperbolic consumption
model：calibration，simulation，and empirical evaluation［J］. Journal of Economic
Perspective，15（3）：47-68.

Anselin L，2010. Thirty years of spatial econometrics［J］. Papers in Regional Science
（89）：03-25.

Barbie M，Hagedorn M，Kaul A，2006. Fostering within-Family human capital invest-
ment：An intragenerational insurance perspective of social security［J］. Social Science
Electronic Publishing，62（4）：503-529.

Becker G S，1993. Nobel lecture：the economic way of looking at behavior［J］. Journal of
Political Economy（101）：385-409.

Benvenuti M，Casolaro L，Ciani E，2017. Informal loans，liquidity constraints and local
credit supply：evidence from Italy［J］. Review of Economics of the Household，1099
（2）：05-23.

Berker G S，1965. A theory of the allociation of time［J］. The Economic Journal（75）：
493-517.

Caa B，2022. Digital divide in elderly：Self-rated computer skills are associated with high-
er education，better cognitive abilities and increased mental health［J］. The European
Journal of Psychiatry，36（3）：176-181.

Caballero Ricardo J，1990. Consumption puzzles and precautionary savings［J］. Journal of
Monetary Economics，25（1）：113-136.

Campbell J Y，Mankiw N G，1989. Consumption，income，and Interest rates：reinter-
preting the time series evidence［J］. Nber Macroeconomics Annual，4（3）：185-216.

Carroll C D，Samwick A A，1995. How important is precautionary saving？［J］. Nber
Working Papers（7）：410-419.

Charles R. Nelson，1987. A reappraisal of recent tests of the permanent income hypothesis
［J］. Journal of Political Economy，95（3）：641-646.

Cheruiyot K，2022. Detecting spatial economic clusters using kernel density and global and
local Moran's I analysis in Ekurhuleni metro，South Africa［J］. Regional Science Policy &

Practice, 14 (2): 307 - 327.

Cheynel E, Levine C B, 2020. Public disclosures and information asymmetry: A theory of the mosaic [J]. Accounting Review, 95 (1): 79 - 99.

Chinn M D, Fairlie R W, 2006. The determinants of the global digital divide: a cross - country analysis of computer and internet penetration [J]. Oxford Economic Papers, 59 (1): 16 - 44.

Chris, Forman, 2005. How did location affect adoption of the commercial Internet? Global village vs. urban leadership - science direct [J]. Journal of Urban Economics, 58 (3): 389 - 420.

Cochrane W, 1958. Farm prices: myth and reality [M]. Minneaplis: University of Minnesota Press.

Coste C E, Tcheng C, Vansieleghem I, 2021. One size fits some: analysing profitability, capital and liquidity constraints of custodian banks through the lens of the SREP methodology [J]. Occasional Paper Series, 256 (1): 43 - 45.

Dabu A, Aligica P D, 2020. Thecommunist period (1945—1989) from small peasant holdings to large - scale state and collective farms [J]. Economic Dualism and Agrarian Policies, 978 (3): 69 - 82.

Dasgupta P S, Ehrlich P R, 2013. Pervasive externalities at the population, consumption, and environment nexus [J]. Science, 340 (6130): 324 - 328.

Deaton J C, 1991. Photographicsilver halide material comprising gold compound [P]. Government & Official Publications.

Dehejia R H, Wahba S, 1998. Propensity score - matching methods for nonexperimental causal studies [J]. Review of Economics & Statistics, 84 (1): 151 - 161.

Dejuan J P, Luengo - Prado M J, 2006. Consumption and aggregate constraints: International evidence [J]. Oxford Bulletin of Economics and Statistics, 68 (1): 81 - 99.

Deng Shengliang, Jin Xiaotong, 2008. Excess sensitivity of consumption: An empirical analysis of urban residents in China [J]. International Journal of Emerging Markets, 3 (4): 378 - 389.

Dillon A, Morris M G, 1996. User acceptance of information technology: Theories and models [J]. Annual Review of Information Science and Technology, 31 (3): 425 - 478.

Dnmez G A, H Güne, 2021. Household consumption expenditures in Turkey: A comparative quantile regression analysis [J]. M U Iktisadi ve Idari Bilimler Dergisi，43（1）：179 - 196.

Double Click，2004. Retaildetails：Best practices in multi - channel integration [R]. New York：Double Click.

Duesenberry J S，1949. Income，savings and the theory of consumer behavior [J]. Review of Economics & Statistics，33（3）：111.

Dutton W，Kahin B，Callaghan R，et al.，2005. Charting digital divides：Comparing socioeconomic，gender，life Stage，and rural - urban Internet access and use in five countries [M]. Massachusetts：MIT Press.

Fang C，2010. Demographic transition，demographic dividend，and Lewis turning point in China [J]. Economic Research Journal，3（2）：107 - 119.

Fatma S，2021. Externalhabits formation and the environment [J]. Naše gospodarstvo/Our economy，67（1）：01 - 12.

Ferguson C，Finn F J，Hall J，et al.，2010. Speculation ande - commerce：The long and the short of IT [J]. International Journal of Accounting Information Systems，11（2）：79 - 104.

Ferson W E，Foester S R，Kein D B，1991. Test ofasset pricing models with changing expectations [J]. Weiss Center Working Papers（11）：27 - 87.

Friedman M，1957. A Theory of theconsumption function [J]. Nber Books，40（4）：220 - 240.

Fukuhara M，2020. Anoverview of online alternative finance [J]. Public Policy Review，16（04）：01 - 19.

Gilad B，Kaish S，1982. A note on the past and future of psychoeconomics [J]. Journal of Behavioral Economics，6（2）：132 - 163.

Gross D B，Souleles N S，2002. Do liquidity constraints and Interest rates matter for consumer behavior? evidence from credit card data [J]. Quarterly Journal of Economics，117（1）：149 - 185.

Gupta P，Sachan A，Kumar R，2020. Different stages of the e - service delivery system process：belief - attitude - intention framework [J]. International Journal of Retail & Distribution Management，48（7）：687 - 706.

Hall R E，1978. Stochasticimplications of the life cycle - permanent income hypothesis：Theory and evidence [J]. Journal of Political Economy，86（6）：971 - 987.

Hausman A，2000. A multi－method investigation of consumer motivations in impulse buy-ing behavior ［J］. Journal of Consumer Marketing，17 (5)：403－426.

Hew J J，Lee V H，Ooi K B，et al.，2016. Mobile social commerce：The booster for brand loyalty? ［J］. Computers in Human Behavior (59)：142－154.

Hobson D，Liang G，Sun H，2021. Callable convertible bonds under liquidity constraints ［J］. Papers，57 (4)：2962－2991.

Hollander S，1973. The economics of Adam Smith ［M］. Toronto：University of Toronto Press.

Horst K，Bucher T，Duncanson K，et al.，2019. Consumerunderstanding，perception and interpretation of serving size information on food labels：A scoping review ［J］. Nutrients，11 (9)：01－20.

Ibanez M，Schneider S O，2021. Incomerisk，precautionary saving，and loss aversion－an empirical test ［J］. Discussion Paper Series of the Max Planck Institute for Research on Collective Goods，6 (3)：01－45.

Ivus O，Boland M，2015. Theemployment and wage impact of broadband deployment in Canada ［J］. Canadian Journal of Economics，48 (5)：1803－1830.

Jagadeeswari B，Challa L N，Nayana H，2021. Pm kisan：Easingliquidity constraints of the farmers' ［J］. 3 (6)：424－425.

Kahneman D，Tversky A，1979. Prospect theory：An analysis of decision under risk ［J］. Econometica (47)：263－291.

Kampes C F，2021. Tail or no Tail? Applicability of thelong tail theory to the German on-line media market ［J］. Central European Journal of Communication，13 (27)：371－389.

Khalooii M A，1986. Dialecticism：A re－examination of marxism ［D］. Washington：American University.

Klerkx L，Leeuwis C，2008. Matching demand and supply in the agricultural knowledge infrastructure：Experiences with innovation intermediaries ［J］. Food Policy，33 (3)：260－276.

Kongsamut P K，Sergio R，Xie D，2001. Beyond Balanced Growth ［J］. Review of Eco-nomic Studies (4)：869－882.

Korupp S E，Marc S，2005. Causes andtrends of the digital divide ［J］. European Socio-logical Review (4)：409－422.

Kuang D，Kuang M，2021. The sustainable development of the Internet economy under the background of big bata［C］//Fuyang：International Conference on Applications and Techniques in Cyber Security and Intelligence.

Kuhn P，Mansour H，2014. Technical appendix to is Internet job search still ineffective? ［J］. The Economic Journal，124（581）：1213 - 1233.

LaRose R，Gregg J L，Strover S，et al. ，2015. Closing the rural broadband gap：Promoting adoption of the Internet in rural America［J］. Telecommunications Policy，31（6）：359 - 373.

Leland H E，1968. Saving anduncertainty：The precautionary demand for saving［J］. Uncertainty in Economics，82（3）：465 - 473.

Leong L Y，Hew T S，Ooi K B，et al. ，2021. Understanding trust in ms - commerce：The roles of reported experience，linguistic style，profile photo，emotional，and cognitive trust［J］. Information & Management，58（2）：103 - 416.

Lesage J P，Pace R K，2007. A matrix exponential spatial specification［J］. Journal of Econometrics，140（1）：190 - 214.

Liao X，Meng A，2020. Information technology's impact on marketing strategy of consumer demand［M］. Switzerland：Advances in Intelligent Systems and Computing.

Marjorie A. Flavin，1981. The Adjustment of Consumption to Changing Expectations About Future Income［J］. Journal of Political Economy，89（5）：974 - 1009.

Mcandless M，1999. Let'sgo shopping［J］. Intelligent Systems，14（1）：2 - 4.

Metcalfe，Bob，1995. Metcalfe's law：A network becomes more valuable as it reaches more users［J］. Infoworld，29（1）：20 - 21.

Mishra AK，Williams RP，Detre JD，2009. Internet access and Internet purchasing patterns of farm households［J］. Agric Resour Econ Rev，38（2）：240 - 257.

Modigliani F，Miller M H，1959. The Cost of Capital Corporation Finance and The Theory of Investment［J］. American Economic Review，48（4）：443 - 453.

Nath A，Saha P，2019. Salehi - Sangari E. Blurring the borders between B2B and B2C：a model of antecedents behind usage of social media for travel planning［J］. Journal of Business & Industrial Marketing，34（50）：1468 - 1681.

Park S，Kim G，2015. Same access，different uses，and the persistent digital divide between urban and rural Internet users［J］. Social Science Electronic Publishing，21（3）：01 - 21.

Park S，2017. Digital inequalities in rural Australia：A double jeopardy of remoteness and social exclusion [J]．Journal of Rural Studies（54）：399－407．

Princen T，1999. Consumption and environment：Some conceptual issues [J]．Ecological Economics，31（3）：347－363．

Ranjit Goswami S K，De B Datta，2009. Linguistic diversity and information poverty，in South Asia and Sud－Saharan Africa [J]．Universal Access in the Information Society（8）：219－238．

Renkow M，Hallstrom D G，Karanja D D，2004. Rural infrastructure，transactions costs and market participation in Kenya [J]．Journal of Development Economics，73（1）：349－367．

Rogers E M，Cartano D G，1962. Methods of measuring opinion leadership [J]．Public Opinion Quarterly，26（3）：435－441．

Safi F，2021. Out habits and environmental quality in an overlapping generations model [J]．Oradea Journal of Business and Economics，6（1）：42－51．

Salemink K，Strijker D，Bosworth G，2017. Rural development in the digital age：A systematic literature review on unequal ICT availability，adoption，and use in rural areas [J]．Journal of Rural Studies（54）：360－371．

Scheper H，Derogee R，Mahdad R，et al.，2019. A mobile app for postoperative wound care after arthroplasty：Ease of use and perceived usefulness [J]．International Journal of Medical Informatics，129（03）：75－80．

Schleife K，2010. What really matters：Regional versus individual determinants of the digital divide in Germany [J]．Research Policy，39（1）：173－185．

Scott A Neslin，Dhruv Grew al，Robert Leghorn，et al.，2006. Challenges and opportunities in multi－channel customer management [J]．Journal of Service Research，9（2）：95－112．

Shaowei Ge，2021. Research on the development of consumption concept in higher education of China from the perspective of university evaluation [J]．Research Journal of Education，7（2）：71－72．

Stigler G J，1961. The economics of information [J]．Journal of Political Economy，69（3）：213－225．

Taher F B，1986. Social security and private saving：A time series analysis [D]．State College：The Pennsylvania State University．

Tober W R，1970. A computer movie simulating urban growth in thedetroit region [J]. Economic Geography，46（2）：234 – 240.

Tobler H，1970. Vernderung der Differenzierungsleistung und der Transdeterminationsfrequenz durch Colchicin in Beinimaginalscheiben von Drosophila melanogaster [J]. Wilhelm Roux Archiv Für Entwicklungsmechanik Der Organismen，165（3）：217 – 225.

Vanhoose D D，2001. E – commerce economics [M]. Chongqing：South – Western College Publishing.

Whitacre，Brian，Gallardo，et al.，2015. How much does broadband infrastructure matter? Decomposing the metro – non – metro adoption gap with the help of thenational broadband map [J]. Government Information Quarterly，32（3）：261 – 269.

Wojan T R，Slaper T F，2020. Are the problem spaces of economic actors increasingly virtual? What geo – located web activity might tell us about economic dynamism [J]. Plos One，15（9）：01 – 22.

Woods A W，1981. Consumer Behavior [M]. Amsterdam：North – Holland.

Xiang A，2020. The Influence of Internet Economy on High School Students' Consumption Concept [J]. Journal of Finance Research，4（2）：08 – 11.

Xiong J，Zuo M，2019. How does family support work when older adults obtain information from mobile internet? [J]. Information Technology & People，32（6）：1496 – 1516.

Zeng X Q，Accounting D O，2020. Risk analysis and regulatory countermeasures research of "Internet finance" under the background of the new era [J]. Sci – tech Innovation and Productivity，1（10）：21 – 23.

Zhang W，Cheng X，2021. Empirical study on relationship between income structure and consumption of rural residents in Jiangsu [J]. Asian Agricultural Research，12（6）：01 – 03.

Zhu S，Chen J，2013. The digital divide in individual e – commerce utilization in China：results from a national survey [J]. Information Development，29（1）：69 – 80.

互联网经济时代农村居民消费调查问卷

尊敬的受访户：

您好，我是《互联网经济时代农村居民消费调查》项目的调研人员。本次调查获取的数据仅作为学术资料使用，您的信息我们会绝对保密，请您放心作答，感谢您的配合！

具体地址：_____市_____县_____村　访问员姓名：_____

被访者姓名：_____　　　　　　　　　被访者电话：_____

（1）农户和基本信息

1.1～1.23　此处填写与您共享收入、共担支出的家庭成员简况，包括一年以来您家庭成员的社会保障与保险情况，以及工作与收入情况，未从事工作者直接填写原因即可。

	成员	A	B	C	D	E
	1.1　与受访者关系					
	1.2　是否为户主					
	1.3　性别					
	1.4　年龄					
	1.5　教育程度					
基本信息	1.6　身体健康情况					
	1.7　是否为中共党员					
	1.8　是否担任过村干部					
	1.9　是否会上网					
	1.10　是否会移动支付/网购					
	1.11　是否拥有上网设备					

（续）

成员	A	B	C	D	E
1.12　参加何种医疗保险					
1.13　医保保费					
1.14　参加何种养老保险					
1.15　养老保险费用					
1.16　每年领取的养老金					
1.17　工作类型					
1.18　工作地点					
1.19　就业身份					
1.20　就业收入					
1.21　兼业类型					
1.22　兼业收入					
1.23　未从事工作原因					

社会保障（1.12—1.18），工作情况（1.19—1.23）

填写说明：

【与受访者关系】1. 本人　2. 夫妻　3. 子女　4. 父母　5. 岳父母或公婆　6. 祖父母　7. 媳婿　8. 孙子女　9. 孙媳婿　10. 兄弟姐妹　11. 其他，请说明；【性别】1. 男　2. 女；【年龄】实际年龄（单位：岁）；【教育程度】1. 未上过学　2. 小学　3. 初中　4. 职业高中/中专/技校　5. 普通高中　6. 大学专科　7. 大学本科　8. 研究生或以上；【身体健康状况】1. 良好　2. 不好　3. 残疾；【是否为户主】【是否为中共党员】【是否担任过村干部】【是否会上网】【是否会移动支付/网购】【是否有上网设备】1. 是　2. 不是；【参加何种医疗保险】1. 新型农村合作医疗（新农合）　2.（城镇）职工基本医疗保险　3.（城镇）居民基本医疗保险　4. 公费医疗　5. 商业医疗保险　6. 大病医保　7. 其他医疗保险　8. 没有参加任何医疗保险；【参加何种养老保险】1. 农村养老保险（老农保）　2. 新型农村社会养老保险（新农保）　3.（城镇）职工基本养老保险　4. 企业补充养老保险（企业年金）　5.（城镇）居民社会养老保险　6. 商业养老保险　7. 其他养老保险　8. 没有参加任何养老保险；【医保保费】【养老保险费用】【每年领取的养老金】实际保险金额（单位：元）；【工作类型】【兼业类型】1. 机关团体事业单位　2. 国有及国有控股企业　3. 集体企业　4. 个体工商户　5. 私营企业　6. 外商　7. 港澳台投资企业　8. 自由职业/打零工　9. 耕作经营承包地　10. 其他，请说明；【工作地点】1. 本乡（镇、街道）内　2. 本乡外本县（市、区）内　3. 本省其他县（市，区）4. 其他省/自治区　5. 国外；【就业身份】【兼业身份】1. 雇主　2. 雇员；【就业收入】【兼业收入】全年的工资性收入（单位：元）；【未从事工作原因】若未从事工作即填写，1. 丧失劳动能力　2. 做家务　3. 离退休　4. 有劳动能力，不想或找不到工作　5. 季节性工作，目前不在工作季　6. 还在上学　7. 其他。

1.24　您家过去一年实际门诊看病和吃药的支出大约_____元。

1.25　您家过去一年住院的支出大约_____元。

1.26　您家过去一年住院的实际报销大约_____元。

1.27　您家是否有直系亲属在城镇工作？

□是　□否

（2）家庭经营和收入情况

2.1～2.8　此处填写您家过去一年财产性和转移性收入金额（单位：元）

2.1　金融资产收入（利息、保险等收入）	2.2　农业补贴
2.3　土地租金收入	2.4　社会救济与政策性社会补贴
2.5　出租房屋净收入	2.6　赠送与赡养收入（包括分户子女给的生活费）
2.7　出租其他资产净收入	2.8　其他（包含集体分红）

填写说明：

【社会救济和政策性生活补贴】包括现金或实物形式提供的低保金、抚恤金、救灾款等政策性生活补贴；【赠送收入、赡养收入】包括现金或实物、卡券等形式；【其他】如定期得到的捐赠或赔偿收入等（需注明来源）。

2.9～2.19　若您家过去一年从事农业生产经营请填写

2.9　经营类型	2.10　经营品种	2.11　产量	2.12　销量	2.13　销售单价	2.14　产值	2.15　销售收入

填写说明：

【经营类型】1.粮食作物　2.经济作物　3.畜禽养殖　4.水产养殖　5.林木种植；【经营品种】直接填写如水稻、小麦、花生、蔬菜、水果、猪、鸡、鸭等养殖品种；【产量】【销量】按产品单位填写，如斤、公斤、只等；【销售单价】按产品单位填写，如斤/元、公斤/元、只/元等；【产值】销售单价与产量的乘积（单位：元）；【销售收入】销售单价与销售量的乘积（单位：元）。

2.16　您家从事农业生产经营雇用工人_____人，工作薪酬为每人_____元/月。

2.17　您家租赁农用机械以及农用运输车辆一共花费_____元。

2.18　您家采购农资（包括种苗、农药化肥、小型农机等）花费为_____元。

2.19　您家租赁了_____亩承包地，为耕地支付租金_____元。

2.20～2.22　若您家今年进行过非农经营，请填写

2.20　您家经营的类目是_____。

2.21　您家过去一年经营的年销售额为_____元。

2.22　您家过去一年的经营成本为_____元。

（3）家庭日常消费情况

3.1～3.16　请填写您家过去一年用于下列项目的消费

类别	项目	金额（元）	类别	项目	金额（元）
食品烟酒	3.1　食品类		生活用品服务	3.9　家具、电器	
	3.2　烟类			3.10　日用品	
	3.3　酒类			3.11　美容美发	
3.4　衣着				3.12　家庭服务	
居住	3.5　租房		交通通信	3.13　交通费	
	3.6　房屋修缮管理			3.14　通信费	
	3.7　水电燃料费		教育文化娱乐	3.15　教育文化	
3.8　其他用品及服务				3.16　娱乐	

填写说明：

【食品费】涉及食品、茶叶、饮料等（包含外出就餐花费）；【衣着】包括服装、鞋类、其他衣类及配件、衣着相关加工费用支出；【房屋修缮管理】包括房屋维修费、物业管理费等；【日用品】包括纺织品、装饰品、生活日用品等；【家庭服务】包括请家政、月嫂等；【交通费】包括购置交通工具、交通费、燃料费、维修费等；【通信费】包括购置通信工具、邮费、电话费、网络费等；【教育文化】包括学杂费、培训费、赞助费、购买教材、参考书、乐器、书报杂志；【娱乐】包括健身、旅游、演艺赛事门票等；【美容美发】理发、化妆品、美容护理等。

（4）互联网消费情况

4.1　您认为在互联网消费过程中，从线上下单到收取货物，快递平均需要多长时间？

□隔天　　　□2～3天　　　□3～5天　　　□5～7天　　　□1周以上

4.2　您家过去一年通过互联网产生的消费大概为_____元

4.3　基于您的互联网购物体验，是否还存在以下问题或者疑惑，请在栏中标识：

□操作复杂　□虚假信息　□隐私安全　□售后服务　□快递物流